习近平新时代中国特色社会主义思想的河南实践

系列丛书

建设幸福美好家园的
河南实践

THE PRACTICE OF BUILDING A HAPPY HOME
IN HENAN

主编 ◎ 陈东辉
副主编 ◎ 张侃 李三辉

社会科学文献出版社
SOCIAL SCIENCES ACADEMIC PRESS (CHINA)

“习近平新时代中国特色社会主义思想的河南实践”系列丛书
编委会

前　言

习近平总书记和党中央对河南工作高度重视、寄予厚望。党的十八大以来，习近平总书记先后四次到河南考察，多次发表重要讲话、作出重要指示，为河南发展掌舵领航。全省上下深入学习贯彻习近平新时代中国特色社会主义思想和总书记关于河南工作的重要讲话重要指示批示精神，踔厉奋发、不懈探索，努力推动习近平总书记重要讲话重要指示批示和党中央各项决策部署在河南落地落实、见行见效，全省各项事业开创了新局面，开启了全面建设社会主义现代化河南的新征程，奋勇争先建设更加出彩的河南。

河南省社科院研创出版“习近平新时代中国特色社会主义思想的河南实践”系列丛书。该系列丛书充分展示河南贯彻落实习近平新时代中国特色社会主义思想的具体举措和成功经验，既是向党的二十大献礼，又是落实 2022 年河南兴文化工程文化研究计划，为锚定确保高质量建设现代化河南、确保高水平实现现代化河南“两个确保”奋斗目标，实施“十大战略”凝聚强大精神动力的重大成果。

“习近平新时代中国特色社会主义思想的河南实践”系列丛书第二辑包括《总纲领总遵循总指引的河南实践》《创新驱动发展的河南实践》《数字化转型战略的河南实践》《建设幸福美好家园的河南实践》《法治化营商环境的河南实践》《传承弘扬红旗渠精神的河南实践》《法治政府建设的河南实践》。该系列丛书围绕习近平总书记关于河南工作的重要讲话和指示批示精神，深入领会习近平新时代中国特色社会主义思想的精神实质和丰富内涵，旨在全面展现习近平新时代中国特色社会主义思想的河南实践，为推动河南全面建设社会主义现代化，锚定“两个确保”、实施“十大战略”，奋力谱写新时代中原更加出彩的绚丽篇章提供理论支持和智力服务。

序

过上幸福美好生活始终是人类社会的永恒主题和孜孜以求的梦想。人作为一种自为的存在物，以其美好需要的无限性和广泛性，持续推进了生产力发展、社会全面进步、文明多元繁荣，并以不断超越的美好生活追求区别于其他动物的生存状态。人类社会生活实践中的“美好”，既是追求生活品质的标准，也是一种价值判断，涵盖人类的生存性、社会性、心理性及发展性需要，是人们对物质和精神的需求不断得以满足的向往。

人类发展史，是一部人类社会的文明史，也是一部人类为追求自由、幸福生活而不断探索的历史。人们对美好生活和理想社会的向往与追求源远流长。亚里士多德把美好生活同社会政治制度联系起来，寻求一种良好的城邦制度，并将城邦生活视为人类生存的基本方式，而城邦（国家）的目的则在于追求“美满幸福”和“优良的生活”。马克思恩格斯在《共产党宣言》中畅想了人类社会的美好生活：“代替那存在着阶级和阶级对立的资产阶级旧社会的，将是这样一个联合体，在那里，每个人的自由发展是一切人的自由发展的条件。”[①] 自由美好的幸福生活是各民族国家普遍的向往，也是中国人民的世代追求，是中国共产党团结带领全国各族人民执着追求的价值目标。中国共产党一经诞生，就把为中国人民谋幸福、为中华民族谋复兴确立为自己的初心使命。2017 年 10 月，习近平总书记在党的十九大上强调，永远把人民对美好生活的向往作为奋斗目标。中国特色社会主义进入新时代，我国社会主要矛盾已经转化为人民日益增长的美好生活需要和不平衡不充分的发展之间的矛盾，不断满足人民群众对美好生活的需要、不断创造更加美好的生活，也站在了新的历史起点上。

江山就是人民，人民就是江山。人民对美好生活的向往就是我们的奋

---

① 《共产党宣言》，人民出版社，2014，第 51 页。

斗目标。为了落实习近平总书记关于美好生活的重要论述，《河南省国民经济和社会发展第十四个五年规划和二〇三五年远景目标纲要》提出了 2035 年远景目标，即基本建成“四个强省、一个高地、一个家园”的社会主义现代化河南。其中“一个家园”就是幸福美好家园。2021 年 10 月，河南省委书记楼阳生在省第十一次党代会上再次强调，要不断创造高品质生活，促进全体人民共同富裕，到 2035 年基本建成幸福美好家园。改革开放以来，河南经济社会发展驶入快车道，并取得了辉煌成就，全体人民的生活质量和共享改革发展成果的水平也大幅提高。尤其是党的十八大以来，河南省委省政府深入学习贯彻习近平总书记关于河南工作的重要讲话和指示批示精神，坚持以人民为中心的发展思想，把“让老百姓过上好日子”作为一切工作的出发点和落脚点，统筹做好就业、收入分配、社会保障、教育、医疗卫生等各领域民生工作，人民群众的获得感、幸福感、安全感不断提升，也为加快建成幸福美好家园奠定了坚实的基础。

勠力同心圆梦想。当前，全面建设社会主义现代化河南的新征程已经开启，以人民为中心、不断迈向美好生活的新征程也开启了。正如习近平总书记所指出的：“不断地追求人民群众幸福美好的生活，这是一个永恒的主题，是永远进行时，是做不完的事情，所以我们还要继续做下去。”① 我们要牢记习近平总书记的殷切嘱托和讲话指引，以永不懈怠的精神为实现人民对美好生活的向往接续努力，不断开创美好未来！

---

① 《习近平：人民群众追求美好生活是永远进行时》，央视新闻客户端，2019 年 9 月 18 日。

目　录

第一章　推进基本公共服务标准化均等化

让人民生活幸福是“国之大者”。习近平总书记曾深刻指出：“坚持以人民为中心的发展思想。发展为了人民，这是马克思主义政治经济学的根本立场。”[①]“要始终把最广大人民根本利益放在心上，坚定不移增进民生福祉，把高质量发展同满足人民美好生活需要紧密结合起来”。[②]《河南省国民经济和社会发展第十四个五年规划和二〇三五年远景目标纲要》强调，要持续满足人民群众对于美好生活的向往和追求，不断深化新时代公共服务均等化建设，让人民群众的获得感成色更足、幸福感更可持续、安全感更有保障。[③] 不难理解，健全公共服务体系不仅是幸福美好家园建设的重要组成部分，也是全面建设社会主义现代化河南的重要内容。

第一节　健全基本公共服务体系

一直以来，中国政府就致力于增强公共服务职能，着力推动基本公共服务体系的构建和完善。新时期以来，以习近平同志为核心的党中央持续推动公共服务体系建设，基本公共服务体系建设取得了飞跃进展。[④] 近年来，河南省立足于新的历史起点，围绕人民群众生命全周期，着力完善普惠性、基础性和兜底性建设，不断推动基本公共服务标准化和均等化的实现，人民群众的获得感、幸福感稳步提升。

---

① 习近平：《论坚持全面深化改革》，中央文献出版社，2018，第 187~188 页。

② 《习近平在参加青海代表团审议时的讲话》，2021 年 3 月 7 日，载《论把握新发展阶段、贯彻新发展理念、构建新发展格局》，中央文献出版社，2021，第 533 页。

③ 《河南省国民经济和社会发展第十四个五年规划和二〇三五年远景目标纲要》，河南省第十三届人民代表大会第四次会议，2021 年 4 月 13 日。

④ 武晟、谢剑澍：《关于推进我国公共服务体系建设的几点思考》，《深圳信息职业技术学院学报》2021 年第 3 期。

一 河南省健全公共服务体系的内在逻辑与现实意义

（一）基本公共服务标准化均等化：推进公共服务体系建设的核心议题

公共服务是公共部门运用公共权力和公共资源，以实现和满足公民生存、发展权利为目标，向全体公民、社会大众提供公共产品和服务的综合。公共服务的主要特征就是强调公共服务供给部门的服务性和实现人民群众的基本权利。从内容上来看，公共服务包括普惠性的基本公共服务和普惠性的非基本公共服务两大类。其中，基本公共服务是指根据经济社会的发展阶段和总体水平，由政府提供的，旨在保障全体公民的生存和发展基本需求的公共服务，它具有基础性、广泛性的典型特征。比如由公共管理部门提供的义务教育、公共卫生、社会保障、公共就业等服务，无疑是人民群众最关心、最现实、最基本的公共服务。非基本公共服务则是为了满足人民群众更高层次的公共服务需求，保障满足社会整体福利，在基本公共服务的基础之上，由市场主体或是公益性部门或第三方社会机构提供的公共产品和服务。具体到公共服务体系构建，它也是由公共部门主导、社会多方参与的社会实践，其目的是保障全体公民的基本生存、全面发展和追求幸福等权利，构建一套有效促进公平正义、维护安定有序的体制机制。分析来看，公共服务体系大致包含公共卫生体系、公共文化服务体系、社会保险体系、社会福利体系等内容。一直以来，建立和完善基本公共服务体系、提供基本公共服务都是政府的重要职能，也是人民群众获得感、幸福感、安全感和认同感不断增强的重要载体。新形势下，随着生活水平的不断提升，人民群众对于公共服务的高质量发展提出了更高的要求，推动公共服务高质量发展的创新实践已成为当下公共服务建设的重要命题。[①] 结合经济社会发展实践需求和国家政策设计来看，持续推进基本公共服务标准化均等化建设，始终是我国公共文化服务体系建设的重要内容和行动方向。

---

① 高传胜：《“十四五”时期推动公共服务高质量发展研究》，《武汉科技大学学报（社会科学版）》2021 年第 5 期。

基本公共服务标准化是指利用标准化的制度和技术手段，推进基本公共服务的规范化和均等化实施，从而保障人民群众公平享有基本公共服务。[①] 所谓标准化，一方面是指作为基本公共服务供给的标准化，它不是一个静态的衡量标准设置，而是一个动态的完善基本公共服务体系的过程，以基本公共服务标准化的统一性来削弱区域间基本服务供给的不平衡，从而更好地实现社会的公平正义；另一方面，它是一种公共治理模式的标准化。基本公共服务的标准化实施，不仅从内在契合上体现了基本公共服务的公共性、公益性属性，也以权威性与客观性的供给标准为推进基本公共服务均等化提供保障。从某种程度上来说，政治化、标准化和制度化的基本公共服务实施过程，不仅是地方创新现代化治理的重要议题，也是国家整体层面推进社会治理现代化建设的重要实践内容。2021 年 3 月，经国务院批复同意，国家发改委联合多个部门印发了《国家基本公共服务标准（2021 年版）》。河南省按照国家标准兜底线，结合自身发展实际情况，也于 2021 年发布了《河南省基本公共服务实施标准（2021 年版）》，在贯彻中央要求的基础上，以基本公共服务标准化的供给提升全省公共服务供给效率，促进公平，推动河南省高质量发展成果惠及更广泛的人民群众，增加人民群众的幸福感与获得感。总体上看，该实施标准明确了各级部门履行基本公共服务职能的项目范围和底线标准，在幼有所育、学有所教、劳有所得、病有所医、老有所养、住有所居、弱有所扶、优军服务保障、文体服务保障等方面，制定了明确的服务对象、服务内容、服务标准和主体责任[②]，是实现基本服务标准化的重要依据。

推进基本公共服务均等化意在践行以人民为中心的发展思想，直面关切人民群众最直接、最迫切、最现实的民生需求，处理好公共服务发展不平衡、不充分的问题，构建让人民群众机会均等地享有基本公共服务的机制体制，从而让广大民众共享社会发展成果，推动新时代民生水平提升和人民群众生活福祉增进。长期以来，党和政府就十分重视公共服务体系建设和服务能力提升，着力于基本公共服务均等化的实现。早在 2004 年，党

① 韩文龙、晏宇翔：《构建高水平社会主义市场经济体制的重大理论与实践问题研究》，《政治经济学评论》2022 年第 2 期。

② 宋立根、丁卓霖：《加快制定地方政府公共服务实施标准，完善评价体系及配套政策》，《中国发展观察》2021 年第 9~10 期合刊。

的十六届四中全会就强调健全社会保障体系，促进科教文卫等多方面社会事业的发展。[①] 2020年，党的十九届五中全会通过的《国民经济和社会发展第十四个五年规划和2035年远景目标纲要》，明确了“人民生活更加美好，人的全面发展、全体人民共同富裕取得更为明显的实质性进展”的远景目标，而“基本公共服务均等化水平”也被作为衡量民生福祉增进、共建共治共享水平的一个重要指标。不难理解，建设覆盖全体社会成员的基本公共服务体系，稳步推进基本公共服务均等化，是适应经济社会转型发展的客观需要，是推进服务型政府建设的重要内容，事关社会民生事业发展，深刻影响共建共治共享社会治理格局的形成和社会主义现代化国家建设进程的推进。

新时期，按照逐步实现公共服务体系标准化和均等化的要求，推进河南省公共服务体系建设，一方面要不断增加公共服务供给的总量，满足人民群众的公共服务需求；另一方面也要创新公共服务的供给方式，优化公共服务的结构布局，向人民群众提供高效优质的公共产品和公共服务。事实上，河南省在实现基本公共服务标准化均等化上已具备一定的实践基础。“十三五”时期，河南省坚持新发展理念，以增进人民福祉和促进人的全面发展为目标，聚焦民生领域的热点、难点、痛点、堵点，积极推进基本公共服务均等化，公共服务能力持续提升，公共服务和社会保障体系也不断健全。站在新的发展起点上，未来河南仍要不断健全适应新形势要求的公共服务体系，持续提升基本公共服务的标准化均等化水平。

（二）健全基本公共服务体系的重要意义

健全基本公共服务体系是构建人民满意的服务型政府、提升公共治理效能的关键环节。从基本公共服务的主要内容看，它涵盖兜底线的保障底线生存服务、促发展的公共发展服务、织密网的基本环境服务和保基本的公共安全服务。做好底线生存服务保障工作，直接关系就业这一民生之本，关联城乡社会保障体系运转，是强化服务型政府建设以保障群众基本生活的内在要求。做好公共发展服务工作，关切教育服务资源的均等化分配、

---

① 李燕凌、高猛：《农村公共服务高质量发展：结构视域、内在逻辑与现实进路》，《行政论坛》2021年第1期。

特殊人群关爱发展，有利于加快推进学前教育普惠扩容工程、社区养老服务建设，有益于提高妇女儿童健康保障质量，深刻影响经济社会发展成果的全社会有效共享程度。在基本环境服务方面，健全基本公共服务体系有利于提升公共环境服务质量，促进人与自然更加和谐相处。在公共安全服务方面，健全基本公共服务体系有助于增强人民群众生命健康的安全保障，提升全社会公共安全保障能力和水平。不难发现，健全基本公共服务体系牵涉社会民生建设的多个领域，其建设程度与水平势必影响社会治理效能，也是推进社会治理体系和治理能力现代化的重要着力点。

健全基本公共服务体系是全面推进社会主义现代化河南建设的重要内容。每个人都是共同富裕的主体，推进人人都能均等享有的基本公共服务体系建设，是新时代社会主义现代化河南建设的重要方面和内在要求。作为拥有上亿人口的河南，其基本公共服务体系健全的程度，对于未来河南的社会建设水平、民生福祉保障、经济社会高质量发展具有十分重大的意义。当前，河南省依托四通八达的区位交通优势、初步完备的产业发展体系、巨大的市场潜力，经济社会发展水平不断提高，这对其基本公共服务体系的建设提出了更高的要求。为此，推进河南基本公共服务体系建设，要始终坚持以人民为中心的发展理念，尊重人民群众创造性、创新性的思想和活动，围绕全生命周期健全基本公共服务体系，加强均等普惠的民生保障建设，让发展成果更均等、更基础、更公平地惠及全体人民，不断实现人民群众对美好生活的向往。

二　河南省基本公共服务体系建设现状

近年来，河南省着眼于人民群众对美好生活的向往，持续践行以人民为中心的发展理念，以民之所盼、政之所向，积极推进基本公共服务体系建设实践，使全省基本公共服务体系日渐完善，推动实现了人民群众的获得感成色更足、幸福感更可持续、安全感更有保障。

（一）河南省基本公共服务体系建设成效

一是初步建立了基本公共服务体系，配套政策法规不断完善。“十三五”期间，河南省聚焦民生重点领域和关键环节，积极推进了公共服务供给侧改革，持续推动公共服务体系建设，公共服务标准体系逐步建立，均等化水平稳步提高，公共服务保障的各项制度规范也已基本成型。据统计，“十三五”期间，各级财政大幅度增加了公共服务财政投入总量，有八成的财政支出用在了增进民生福祉上，且基本公共服务资源也在不断向基层、农村和困难群众倾斜，初步建立了广泛覆盖、保障底线的基本公共服务体系。面向“十四五”和更远的未来，河南省已在持续增强公共服务体系建设上做好了谋划。在河南省第十一次代表大会上，楼阳生书记在确保人民群众享有更高品质的生活、促进全体人民共同富裕的实现方面提出了具体的要求，强调了充分推动高质量就业、发展优质均衡教育、提供全方位全周期公共服务、健全公平可持续的社会保障体系等工作要点。[①] 同时，《河南省“十四五”公共服务和社会保障规划》又进一步确定了“十四五”期间公共服务和社会保障的主要目标和任务要求，即在以人为本、应保尽保，尽力而为、量力而行，政府主导、分类实施，多元参与、共建共享的工作原则下，推进公共服务制度体系更加完善，基本形成政府保障基本、社会多元参与、全民共建共享的公共服务供给格局。此外，《河南省基本公共服务实施标准（2021 年版）》在幼有所育、学有所教、劳有所得、病有所医、老有所养、住有所居、弱有所扶、优军服务保障和文体服务保障 9 个方面，明确了基本公共服务项目范围和底线标准。

二是基础设施逐步完善，基本公共服务能力不断提升。伴随着中部崛起、黄河流域生态保护和高质量发展等战略的深入推进，河南省经济社会发展水平不断提高，基本公共服务能力和水平也日益提升。总体上看，河南省公共基础设施建设步伐不断加快，区域基本公共服务均等化进程得到了有效推进，全省已基本建立覆盖城乡的基本公共服务体系。在城市公共基础设施的完善方面，围绕城市空间布局规划、基础设施建设、“四治”建设、城市科学经营四个方向，全省着力推进了百城建设提质工程，有效推进了全省供水、燃气等市政公共设施的逐步完善，实现了城市综合服务设施的全区域覆盖。在交通运输方面，“十三五”期间河南省基本建成了沟通境内外、辐射全国的现代立体交通体系和物流枢纽通道。当前，河南省综合交通运输发展水平居于全国前列，航空枢纽经济已初具规模，交通区位

① 楼阳生：《中国共产党河南省第十一次代表大会关于中共河南省第十届委员会报告的决议》，《河南日报》2021 年 10 月 30 日。

优势持续显现。“十四五”期间，河南省将打造网络化的运输通道，实现交通层面的优势再造。在互联网覆盖和普及方面，河南已实现5G网络在县域以上的城区全覆盖，国家级互联网骨干直联点的总宽带居全国第三，全省信息基础建设处于全国领先水平。

三是民生福祉明显增强，和谐河南建设持续深入。近年来，河南省扎实推进“六稳”“六保”，促进民生改善，维护了和谐稳定的社会发展大局。在做好民生实事方面，河南省将财政资金投放的重点放在了保障基本民生上，“十三五”期间财政民生支出累计3.5万亿元，占一般公共预算支出比例稳定在76%以上，有力推进了重点民生实事的高质量完成。在促就业方面，面对现阶段疫情反复带来的空前压力，河南持续推进“人人持证、技能河南”建设，创新实施“四有一可”模式，多举措并举援企稳岗、扶持创业和促进就业，实现了城镇新增就业提升和就业局势稳定。在社会事业建设层面，河南省教育事业发展取得了新成效，基本实现了县域义务教育的均衡覆盖，高等教育保持持续发展。河南省第七次全国人口普查的数据显示，河南省大专以上学历的人口达1166.99万，全省15岁以上人口的平均受教育年限达9.79年，河南省人口受教育程度逐步提高。在社会保障方面，河南“十三五”期间基本养老保险、基本医疗保险实现制度和人群全覆盖，保障水平稳步提高，散居和集中供养孤儿补助标准及城乡低保标准持续提高，80岁以上老人享受高龄津贴、住院基本医保报销比例提高5个百分点，孤老病残基本生活得到有效保障。在基层社会治理创新方面，河南持续深入推进城乡社区治理体系建设，社会治安防护力量不断增强，应急管理体系和能力现代化建设稳步推进。

（二）河南省基本公共服务体系建设存在的问题

一是基本公共服务体系建设存在发展不均衡、不充分的问题。当前，我国的社会矛盾已发生深刻变化，反映到基本公共服务体系建设上，就是人民群众日益增长的生活需求与公共服务体系供给不充分、发展不平衡的矛盾。随着经济社会的转型发展，人民群众对基本公共服务的需求在不断增长，而当下的公共服务供给未能满足多样化、多层次化的公共服务需求。事实上，河南公共服务体系建设除了总体存在不均衡和不充分的问题，其内部也存在城乡间的公共服务供给不平衡和对特殊人群公共服务资源分配不充分的问题。这就使得广大农村地区的居民享受到的公共产品和服务的数量、质量、种类等都低于和少于城市居民。就公共医疗资源而言，城市是优质医疗资源的集中地，县域病人的外转率已超过18%，县级医院的医疗能力有待增强。就公共基础教育资源而言，河南普遍存在城镇教育资源短缺和农村“空心学校”的问题，教育资源分布呈现出“城市拥挤”“农村稀缺”的现象。同时，特殊人群所享受的公共服务水平低于其他社会群体。河南仍需合理确定特殊人群的基本生活标准，多举措保障全体社会公民生存和发展权利的实现。就人口老龄化问题而言，河南面临着严峻的人口老龄化形势，而现存的养老服务供给不能满足老年人的现实需要，养老服务体系建设和老龄产业发展面临不小挑战。

二是基本公共服务供给总量不足，公共服务水平有待提高。习近平总书记指出，人民对美好生活的向往就是我们的奋斗目标。增进民生福祉，是立党为公、执政为民的本质要求，因此，必须接续补齐民生保障短板，解决好人民群众急难愁盼的问题。从河南的社会建设发展水平看，河南在教育、医疗、体育等方面的发展程度均低于全国平均水平，包含基础教育生均建筑面积、生均教学仪器设备值、千人口执业医师和护士数、人均体育场面积等指标，致使“大班额”“看病难”“健身难”等问题依然存在。[①]同时，由于历史欠账、政府财力薄弱等多种因素叠加，部分基本公共服务供给的普惠性和均等性有待提升。再加上公共服务领域具有投资体量大、回报周期长、投资收益率低、社会资本吸引人才难等特点，社会资本投资公共服务领域的主观意愿不强且举办水平也有限。虽然河南省出台了很多支持社会力量积极参与公共服务的政策，但效果并不明显，公共服务主体和提供方式仍然比较单一。

（三）新时代健全基本公共服务体系面临的机遇与挑战

新形势下，河南省健全基本公共服务体系有着重要的战略机遇，可以抓住推动实现共同富裕和高质量发展的机遇期，深化改革、推动基本公共服务体系健全完善。习近平总书记在《扎实推进共同富裕》一文中，做出

---

① 翁珺：《河南省“十四五”时期推进基本公共服务均等化探析》，《决策探索》2020年第9期。

我国“已经到了扎实推动共同富裕的历史阶段”的重大判断。[①] 河南省第十一次党代会提出，要把握重大战略机遇、开拓高质量发展新局面，瞄准确保高质量建设现代化河南、确保高水平实现现代化河南的目标。而不断健全基本公共服务体系是“两个确保”的重要内容。当前，健全公共服务体系首先要适应新发展阶段下社会主要矛盾的变化，聚焦民生福祉，着力解决好发展不平衡和不充分的问题，夯实高质量发展、推动实现共同富裕的内在基础。新时代，建立健全公共服务体系的机遇可以分为政策红利机遇和乘势加快发展机遇。在政策支持方面，我国一直重视完善公共服务、促进共同富裕的战略擘画。依据中央的政治导向和立足河南发展实际，河南省出台了具体的实施方案，健全了河南公共服务体系的政策体系和工作机制，以更高水平推进幼有所育、学有所教、劳有所得、病有所医、老有所养、住有所居、弱有所扶，从而在完善发展共建共享的优质公共服务体系过程中推进共同富裕，健全服务河南省区域发展战略的重要政策体系，进一步释放政策红利。在乘势崛起机遇方面，近年来，一系列国家级的战略项目频繁在河南落地实施，极大促进了河南深度融入国家战略全局，提升了河南高质量发展层级，也为河南公共服务体系的健全发展提供了强劲动力和巨大支撑。

随着河南经济社会步入新发展阶段，河南的基本公共服务体系和社会保障事业建设也面临着前所未有的挑战。具体来看，新形势下的河南基本公共服务体系健全遭遇着新发展格局和新技术应用的双重挑战。当前和今后相当长的一段时间内，河南将持续加速构建新发展格局，政府财政在健全基本公共服务体系和提升社会保障能力方面的优先供给将面临不小的压力。据第七次全国人口普查数据，河南省 60 岁以上人口的占比达 18.08%。而依据联合国常用的人口老龄化的划分标准：区域 60 岁以上人口占总人口的比例达到 10%，或者是 65 岁人口占比达到 7%，就标志着该区域进入了老龄化社会。[②] 毋庸置疑，河南“十四五”期间将进入深度老龄化社会，这就意味着，养老、医疗等领域的供需矛盾会进一步加大，加快健全基本公

① 习近平：《扎实推进共同富裕》，《求是》2021 年第 20 期。

② 杨燕绥、于淼：《深度人口老龄化社会的积极社会保障政策》，《中国人力资源社会保障》2021 年第 6 期。

共服务体系的压力也会逐渐增加。同时，伴随着新一轮科技革命的深入推进，数字化、信息化已成为经济社会发展的关键核心驱动力。而新技术应用也对基本公共服务发展带来了挑战，它不仅对公共服务的公平和效率提出了更高要求，也对构建智慧型公共服务生态和创新公共治理的手段方式提出了更高要求。这就要求河南省加快实施数字化转型战略，推动传统产业的转型升级，加快构建新型的基础设施体系，不断推进数字河南建设，提升数字社会的治理能力。可以预见的是，数字化转型将是河南省双循环发展格局下培育新发展动能、打造高质量发展引擎的关键。在此背景下，推进基本公共服务体系健全就需要顺应当前信息基础设施发展的新趋势，全方位构建高水平、高效率的新型基础设施体系。

三　河南省健全基本公共服务体系的路径

（一）高质量推动基本公共服务均等化

推动实现河南高质量发展，并不单单是经济的高质量发展，更是社会各个方面的高质量发展，公共服务建设高质量是其重要内容。河南省高质量推动公共服务均等化的首要任务就是完善和健全惠及全民的基本公共服务体系。从本质上来说，基本公共服务旨在满足人民群众最基本的、最广泛的刚性需求，保障人民群众均等化地享有基本公共服务是维护人民群众生存权和发展权的核心内容。[①] 只有高质量建设好河南公共服务体系，才能为河南实现跨越式发展、实现共同富裕奠定坚实的基础。推动基本公共服务的均等化，既要提高总量、扩大覆盖面，也要注重提升质量、优化结构。一方面，要聚焦增加公共服务的总量，推动基本公共服务的全覆盖，推进基本公共服务的供给侧结构性改革，为社会提供优质高效的改革服务。随着河南省转型发展进入快车道，推动基本公共服务体系完善也是建设服务型政府的重要内容。这就要求，进一步强化政府的公共服务职能，完善公共财政体制，推进基本公共服务的均等化供给，从而不断丰富基本公共服务的内容，提高基本公共服务的能力和水平，促进公平正义、平安和谐的河南建设，保障人

---

① 陈润儿：《坚持科学发展主题　加快发展方式转变　为率先基本建成“两型”城市和基本实现全面小康而奋斗——在长沙市委十一届十六次全体（扩大）会议上的讲话》，2010 年 11 月 11 日。

民群众共享河南高质量发展的成果。另一方面，要优化公共服务结构，建立以需求为导向的公共服务供给体系，不断增进民生福祉。对于基本公共服务布局的谋划，要根据人口发展情况和区域发展的不同特征进行科学设置，因为这将直接决定人民群众享有基本公共服务的便捷性和有效性，影响城乡之间、区域之间、群体之间的基本公共服务一体化水平提升。

（二）全覆盖推进基本公共服务标准化

推进基本公共服务标准化，不仅是健全公共服务体系的重要内容，也是促进社会治理体系和治理能力现代化的重要议题。标准化、精细化的公共服务供给，不仅符合现代化公共治理的理念，也有利于进一步促进公共服务体系公平化、公益化。基本公共服务的标准化，就是以普惠性的、广泛性的、可实施的规范准则保障基本公共服务供给的全面性和持续性，既有利于基本公共服务功能和价值的彰显，也能为开展公共治理提供可行的衡量标准。为此，河南省适时出台了《河南省基本公共服务实施标准（2021 年版）》，为推动公共服务标准化、促进公共服务均等化提供了有力支撑，也推动了公共产品和公共服务向更高标准和更高质量升级，用均衡标准、优质高效的公共服务满足人民群众日益增长的公共服务需求。[①] 推进河南公共服务体系健全工作，需坚持问题导向，针对群众所急所盼多措并举、协同推进、补齐民生短板。接下来，河南省要确定基本公共服务标准的最低要求，注重关注重点区域、重点领域和困难特殊人群，织密基本民生保障网络，兜牢民生底线。针对河南省公共服务发展不均衡、不充分的问题，加快将基本公共资源向农村地区和经济基础比较薄弱的区域倾斜延伸，着力推动河南实现更加充分和更高质量的就业创业，落实河南“十四五”规划中的公共服务建设举措。同时，要增加公共服务标准的可实施性和可度量性，细化基本公共服务项目的服务内容、服务规范和责任主体，以基本公共服务标准化的实施推动基本公共服务均等化的实现。

（三）完善基本公共服务保障体系

完善基本公共服务保障体系是创造高品质生活、促进全体人民共同富

① 王学军：《价值共创：公共服务合作生产的新趋势》，《上海行政学院学报》2020 年第 1 期。

裕的关键。河南省已明确"十四五"期间公共服务和社会保障的主要发展目标，即到2025年，公共服务制度体系更加完善，政府保障基本、社会多元参与、全民共建共享的公共服务供给格局基本形成，多层次的社会保障体系更加健全，民生福祉达到新水平。[①] 为此，首先要完善保障基本公共服务发展的公共财政体系和公共政策体系。科学的公共服务政策体系不仅包含整体公共服务的发展规划，也包含大力发展科教文卫等方面的具体政策、积极促进就业的政策、健全的社会保障政策和完善的收入分配制度。这就需要政府的财政职能和政策导向不断向公共服务倾斜，构建包含合理的公共财政支出体系、科学的公共服务预算、完善的分税制度等的完备的公共财政体系，从而保障基本公共服务发展完善，推进服务型政府建设。其次，要完善多元参与、统筹协调、高效互动的公共服务运行机制。要着力推进公共服务体系的共建共治共享，促进多元一体的公共服务体系形成。从而更好地立足人民群众最关心、最直接的问题和需求，聚焦更稳定的就业环境、更优质的教育资源和更可靠的社会保障、更舒适的居住条件等民生福祉，精心制订和实施关于人口发展、社会保障、教育卫生、文化旅游等方面的专项规划，深入推进城乡建设和民生保障等方面的行动规划，逐步落实重点民生工程和民生项目，努力打造公共服务供给均衡高效、民生福祉不断增强的新时代河南。最后，要健全科学合理的公共服务动态评估和考核机制。规范科学的公共服务监督管理体系，应当是公共服务监管法治部门、专业的公共服务监督管理机构、行业自律组织和社会监督等多元主体共同参与所构建的行动机制。应当看到，公共服务体系的构建与完善不是一蹴而就的，而是一个动态发展的过程，这就需要建立科学可行的评估机制，以加强对公共服务项目的跟踪分析、督察，从而促进公共服务能力的稳步提升。

第二节　统筹推进公共服务设施布局

《河南省国民经济和社会发展第十四个五年规划和二〇三五年远景目标纲要》明确提出，河南省公共服务设施布局要坚持适度超前、整体优化、

① 《河南省"十四五"公共服务和社会保障规划》。

协同融合的原则，统筹推进新型基础设施和传统基础设施建设，构建系统完备、高效实用、智能绿色、安全可靠的现代化基础设施布局。[①] 统筹推进公共服务设施布局，科学规划传统基础设施与新型基础设施的布局，对推进基础设施与信息基础设施的协同发展、稳固河南现代化治理与数字化转型的基础至关重要。

一　统筹推进传统基础设施与新型基础设施科学布局

从内涵界定上来看，狭义的传统基础设施建设包含交通运输、能源供给、物流通信、水利农业等内容，广义的传统基础设施建设涵盖经济基础设施、社会性基础设施、油气建设和矿产开发等内容。从社会功能上看，基础设施建设是推进社会生产、生活实践的基础条件。近年来，为进一步强化区位优势、服务与融入新发展格局，河南始终重视全省基础设施建设工作，统筹推进传统基础设施与新型基础设施的科学布局。根据河南省交通运输厅的数据，2021 年河南省普通公路水路累计完成固定投资 259.9 亿元。目前，河南省已累计实现近 40000 个自然村通硬路，直接改善了超千万人民群众的出行条件；多项公路、水路的年度投资目标均提前完成，河南省的行业固定资产投资多年保持高位运行；全省内河水运基础设施基本建成，多个港口连接国际集装箱航线。可以说，河南已经基本建成连接中外、辐射全国的物流枢纽和现代立体交通体系。不过，在取得较好成绩的同时，河南省的基础设施建设仍面临供需不平衡、不充分等问题。一方面，河南综合性立体交通网络的功能发挥还不完善，枢纽经济的承载平台发展不足，与交通强省的建设目标还有一定差距；另一方面，传统基础设施建设对产业链的拓展和联动不足，创新动力尚未完全激活，依赖传统发展路径。

推进新型基础设施建设是河南贯彻新发展理念，以信息技术创新为驱动，以数字信息网络为基础，助推数字河南、智慧河南实现的重要工程。它主要包含 5G 基站建设、城市轨道交通建设、大数据网络建设、人工智能和工业互联网等领域。新型基础设施建设以数字信息技术为基础，通过数字信息要素的流通，弱化了区域空间的制约，有利于促进区域间均衡发展，

---

① 《河南省国民经济和社会发展第十四个五年规划和二〇三五年远景目标纲要》，河南省第十三届人民代表大会第四次会议，2021 年 4 月 13 日。

促进社会保障体系完善。同时，伴随着数字化、信息化的不断发展，新型基础设施的各项技术也会升级迭代，势必会催生更多的经济业态和社会治理模式，有助于提供更加多样化、人性化的基本社会保障，增强公共服务体系的社会属性。不过，当前河南的新型基础设施建设还存在数字信息技术应用场景支撑不足、科技创新能力不强、投融资来源单一等问题挑战，需要给予重视并加以解决。面向新时期的新型基础设施建设，《河南省国民经济和社会发展第十四个五年规划和二〇三五年远景目标纲要》明确要推进实施一系列新型基础设施重大工程。2022 年 2 月发布的《河南省 2022 年补短板“982”工程实施方案》也提出，要构建河南省高水平新型基础设施体系。① 这些都给“新基建”发展带来了“新机遇”，而加强全方位、高水平的新型基础设施建设不仅是完善公共服务体系的重要内容，也是建设现代化河南的重要战略性基础工程。

事实上，传统基础设施与新型基础设施的完善程度是衡量区域硬实力的一个关键指标。因为传统基础设施涉及交通运输和能源水利等内容，新型基础设施包含信息基础设施、融合基础设施和创新基础设施等内容。如果说传统基础设施建设是工业革命以来，人类社会发展进步的重要基础，那么，在以数字化、网络化为主要特征的数字信息革命的当下，实现以新技术为基础的新型基础设施体系深化发展则是新时期推进社会全面进步的重要基础，也是夯实现代化河南发展的重要基础支撑。值得注意的是，“新基建”不是舍弃传统基础设施建设，而是通过信息数字化，推动基础设施建设中的数字信息技术创新。

在传统基础建设的物理场景中应用数字信息技术以更好地促进经济社会发展。下一步，河南需在新形势下着力打造系统完备、功能齐全的基础设施体系，科学统筹传统基础设施建设与新型基础设施建设，兼顾实现基础设施体系的横向覆盖与纵向转型升级。首先，要持续强化创新驱动引领，将科技优势转化为河南高质量发展的核心优势。其次，要聚焦河南经济社会转型发展的实际，前瞻部署具有河南特色的创新性基础设施。最后，也要利用好制度创新，不断为公共服务建设打造活泼有序的发展格局。

---

① 李晓沛：《全面科学实施“十大战略”》，《河南日报》2021 年 9 月 8 日。

二 推进融合基础设施与信息基础设施协同发展

融合基础设施是新时期河南新型基础设施建设的重要内容。融合基础设施以现代数字信息技术为基础，主要指支撑传统基础设施领域转型升级的新型基础设施。根据河南省建设数字河南战略的需要，融合基础设施着力在工业化、信息化、现代化等多个方面开展建设。河南省融合基础设施建设，在创新和技术协同赋能、传统与现代协同发展的框架下，瞄准积极融入全国“新基建”网络、争做国家级工业互联网数据中心的目标，着力借助数字信息技术推动传统基础设施转型升级，从而为实现现代化河南建构系统完善、绿色智能、高效实用的新型基础设施体系。从实践上看，当前河南的融合基础设施建设仍处于起步阶段，融合基础设施的跨行业、跨领域的联动作用尚未完全发挥出来，宏观管理和谋划部门与基础设施建设部门的协作机制尚未完全建立，融合基础设施建设存在碎片化、不协调的现象，互联互通、共建共享的基础设施体系建设仍需完善。

信息基础设施是保障社会生产生活正常运行的基础支撑。做好信息基础设施的完善工作，不仅是积蓄经济社会发展转型新动能的需要，也是畅通国际国内双循环的内在要求。从内容上看，信息基础设施主要包括以5G、物联网、工业互联网、卫星互联网为代表的通信网络基础设施，以人工智能、云计算、区块链等为代表的新技术基础设施，以数据中心、智能计算中心为代表的算力基础设施等。[①] 从实践上看，河南的信息基础设施建设还面临着互联网互通程度不够、数据共享不足等问题。在现代化河南建设实践过程中，充分利用好现代信息技术高效连接各行各业运行的基础设施，促进数字信息要素在河南乃至全国范围内有效流动，从而带动其他发展要素高效互动，推进现代化河南的高质量发展。是当下河南信息基础设施建设的重要使命。

做好新形势下新型基础设施建设，河南需要跟随时代变化，统筹谋划融合基础设施与信息基础设施的协同发展，不断促进公共服务供给和需求的匹配，为河南抓住新发展格局的战略机遇以实现高质量发展夯实基础。一方面，信息基础设施建设能够为融合基础设施建设发展赋能。随着以数

---

① 《如何理解全面加强基础设施建设》，中央纪委国家监委，2022年4月29日。

字化为主要特征的第四次技术革命不断深入，数字化、信息化、智慧化的发展正在从消费领域不断向社会生产、社会服务和社会治理等关键领域渗透。信息基础设施跨界融合到传统基础设施，给传统基础设施的信息系统带来了转型升级，数字化赋能也进一步加快了信息基础设施向融合基础设施的升级，形成了融合基础设施的基本形态。另一方面，融合基础设施能够不断推动信息基础设施的创新。信息基础设施通过先进的技术手段，为融合基础设施提供数据采集、传输、计算和处理的功能，降低了信息技术应用成本。同时，融合基础设施的进一步发展又反过来对数字信息技术的运用，如信息安全、网络连接、数据处理等提出了更高的要求，而更高的现实需要也会进一步激发信息基础设施的创新。①

三　河南省统筹推进公共服务设施布局的具体举措

（一）系统布局奠定基础——引领未来的新型基础设施

一是加快建设新一代信息基础设施网络。与传统基础设施的通信建设不同，新一代信息基础设施是顺应数字信息技术发展新趋势和传统基础设施更新迭代的需求，以信息化网络为运行基础，以数据要素流通为核心，提供网络化、数字化、智慧化的综合性信息基础设施。具体到河南的新一代信息基础设施网络建设，需要持续强化新兴技术的创新引领，以加速推进河南信息基础设施建设。在基础设施网络的重要节点建设上，要提升发挥郑州作为国家级互联网骨干直联点的关键枢纽功能，推动郑州、开封、洛阳三个城市的互联网数据通道扩容提速，加速河南电信运营商大区重点骨干节点建设。在运用新技术升级基础设施方面，要持续推进“全光网河南”升级工程，部署通信网络从 4G 向 5G 升级，实现 5G 网络的全区域覆盖，按步骤推进家庭宽带从百兆向千兆升级，实现城市家庭宽带向千兆升级，普及农村家庭百兆宽带。在信息基础设施网络的拓展和深入方面，要注重新一代信息技术的培育研发与应用推广，包含天地一体化、量子信息技术和第六代移动通信等未来网络技术的发展研发。积极探索云计算、区

① 《“十四五”新型基础设施建设解读稿之六：推进融合基础设施与信息基础设施协同发展》，国家发展改革委官网，2021 年 11 月 29 日。

块链等相关基础设施建设，培育新一代人工智能中心，不断适应新发展时期面临的新型技术挑战，优化信息基础设施体系。此外，也要大力加强河南省新型计算基础设施建设，它不仅能为完善数字经济发展打下坚实基础，而且对于增加河南数字安全保障能力、提升数字社会治理和服务水平、推动数字化河南建设有着积极意义。

二是加强融合基础设施发展。大力推进融合基础设施建设，是河南省构建完善的基础设施体系的重要内容，也是时代发展的必然趋势。在传统基础设施数字化升级改造方面，要不断通过数字化、智慧化赋能传统基础设施建设，提升基础设施智能化管理和运营水平。要加快推进河南交通基础设施智能升级，完善以智慧机场、智慧港口和智慧道路等为重要核心和节点的智慧交通网络，建设具有河南特色的智慧交通基础设施体系。要充分利用新一代数字信息技术推动融合基础设施建设发展，联动传统产业的升级转型，从而促进新产业、新业态的发展。这将直接带来新型社会性服务与设施的供给，不仅有利于改善公共服务供需结构，促进公共服务高质量发展，而且有利于改善公共治理，创新数字化、智慧化的公共治理模式。2022 年 3 月，河南省发布《2022 年河南省数字经济发展工作方案》，提出河南省 2022 年将持续重点推进新型智慧城市的深入覆盖，提升公共治理的精细化和数字化水平。在智慧化基础设施的构建方面，要在深入推进新型智慧城市建设中着力拓展数字信息技术的应用场景，促进融合基础设施建设覆盖到居民日常生活的关键范围和重要领域，积极加强智慧社区、智慧养老、智慧教育等方面的基础设施建设，促进公共服务均等化的实现。在智慧能源基础设施建设方面，对于能源发电，要充分运用人工智能和大数据技术，智能调配传统发电容量，改造智能化的电网基础设施，构建以新能源为主体的河南新型电力系统；在运输配电环节，要推进河南电网的智能运行和维护，构建能源信息网络体系的互联互通，实现对电力和物联的全面感知，提升能源的综合管理能力；在用户使用环节，要进一步精细化管理用户能源消耗，设定合理低碳的能源调度和用户方案，助力日常生活和行业低碳运行与发展。

（二）构建便捷畅通的综合交通体系

一是要着力打造多向连通的骨干运输通道，建设立体互联的内畅网络。

河南处在沟通南北、连接东西的重要区位，是全国交通物流和信息通信的枢纽，这也是河南融入新发展格局的重要切入点。经过很长一个时期的建设，河南已初步形成以高速铁路、高速公路为主干，以普通铁路和普通公路为基础的综合立体交通网络。新时期，如何持续推进交通区位优势转化为枢纽经济的发展优势，打造具有国际竞争力的中原特色骨干枢纽经济先行区，是河南交通基础设施建设面临的重要议题。其中，充分发挥郑州市国际性综合交通枢纽的优势，建立多向连通的骨干运输通道、立体互联的内陆畅通网络，是构建便捷畅通、高效绿色的综合交通体系的关键，也是推进河南省独特区位枢纽经济发展的重要基础支撑。为此，2021 年 12 月河南省发布了国内首个将着重发展区域枢纽经济、推动交通运输体系建设与区域经济发展和社会布局深度融合发展的省级规划，即《河南省“十四五”现代综合交通运输体系和枢纽经济发展规划》①，它将交通运输体系建设、经济社会发展和区域布局规划作为一个系统整体，以构建现代化综合交通运输体系为发力点，以区位优势转换为枢纽经济优势为切入点，以创新要素的汇聚和重组为支撑点，指向实现河南省交通区位优势再造，为高质量建设现代化河南提供持续发展动力。未来的河南将以综合交通枢纽为支点，以“米+井+人”综合运输通道为主骨架，以“通道+枢纽+网络”运行系统为支撑，促进资源要素自由流动和高效配置，推动产业链一体化布局，科学引导城镇空间开发，构建“一核四区、四带牵引、五型支撑”的综合交通运输体系和枢纽经济融合互促发展总体布局。②

二是要构筑多层级的综合交通枢纽，全面提升交通服务效能。《河南省“十四五”现代综合交通运输体系和枢纽经济发展规划》明确提出了交通运输体系建设发展目标：交通区位优势向枢纽经济优势转化取得显著成效，充分发挥交通运输对于经济社会发展的支撑引领力，交通强省的建设取得较大进展。在交通网络的多层次立体互联建设层面，要立足国家综合立体的交通网络主架构，推动河南多层次轨道交通建设，承接好国内大循环和国际双循环的有效互动，打造内畅网络轨道布局上的城市群与都市圈。构

① 《河南省“十四五”现代综合交通运输体系和枢纽经济发展规划》，河南省人民政府，2022 年 1 月 26 日。

② 《河南省“十四五”现代综合交通运输体系和枢纽经济发展规划》，河南省人民政府，2022 年 1 月 26 日。

建具有河南区域特色的"米+井+人"综合交通运输布局，加快形成多方式通道、多路径网络的立体交通格局。同时，也要紧抓重大发展战略机遇以健全河南公共交通体系，加快黄河流域高质量发展战略的生态化通道建设，推动交通强国战略的交通高质量发展试点运行和都市圈发展战略的一体化交通体系建设。在推进交通枢纽一体化建设层面，首先要强化郑州国际性的综合交通枢纽地位，其次拓展全国性的交通枢纽工程，最后推动区域性的综合交通枢纽建设，构建河南省"1+3+4+N"的多层一体现代化交通枢纽体系，促进资源要素在区域内的畅通流动，实现交通运输与经济社会发展的优质有机融合，促进枢纽经济成为河南省经济高质量发展的重要增长极。其中，"1"是指巩固和提升郑州国际铁路、国际航空和国际邮政的枢纽地位，"3"是指增强和拓展洛阳、南阳、商丘 3 个城市的枢纽服务功能和枢纽发展空间，"4"是指打造安阳、信阳、漯河、周口 4 座城市各具特色的重要区域交通枢纽，"N"是指结合河南省多地的空间布局加快推进枢纽规划和建设。

（三）构建低碳高效的能源支撑体系

一是要增强多元外引能力，不断完善能源输配网络。2022 年 3 月，《河南省扩大有效投资十条措施》指出，要加快河南重要能源设施建设，突出抓好电力、天然气、油品等资源发展的管道建设。在电力资源方面，河南要积极拓展外电入豫的新通道，提升电力交换能力，推进电网的优化升级，强化河南作为全国电力联网枢纽的地位和以郑州都市圈为核心的电网主网架构，打造多元外引与优化内源、城市配电网与农村电网灵活调配的智能电网。同时，积极推进电力"网源储"优化工程。在天然气资源方面，依托国家主干的输气管道，积极多元引入外气，同时谋划建设"郑汴洛濮"氢走廊，对外形成多方向天然气源头和多途径引入的互通互联格局，省内形成延伸城乡、协调有序的天然气供应网络，推进河南"两纵四横"的天然气主线建设。在油品资源方面，持续坚持节能优先、创新引领的原则，积极推进油气保障能力提升工程，扩大油品资源输入河南的总量和规模，完善油品资源的运输和分配网络，提升国际国内不同环境下的管道运行能力和水平。

二是要不断优化省内能源结构，提升能源储备调节能力。能源基础能力提升事关经济社会发展，是现代化河南建设的基础支撑。要深入推进新能源提质工程，全面提升能源技术装备水平，加速释放能源体制机制的创新活力。着力推进能源绿色低碳发展，深化能源领域改革创新，强化节能降碳增效，持续推动能源高质量发展，增强能源安全保障能力，加快构建清洁低碳、安全高效的现代能源体系，为中部地区绿色崛起、谱写新时代中原更加出彩绚丽篇章提供坚实可靠的能源保障。①

（四）构建兴利除害的现代水网体系

一是要全力保障黄河长治久安，促进黄河流域生态保护和高质量发展。河南要深度融入“一带一路”建设，建设“智慧黄河”数字化平台，构建“一轴两翼三水”黄河水安全保障格局，努力把河南建设成为大河治理和生态保护示范区、现代农业发展先行区、高质量发展引领区、黄河文化优势彰显区。② 在积极推进水资源保护工程的同时，河南也要增强黄河文化的传承弘扬，科学编制黄河文化保护传承弘扬专项规划，以建设黄河文化主地标城市为抓手，实施黄河文化标识工程，加快建设黄河国家文化公园、黄河流域非物质文化遗产保护展示中心等地标建筑，着力打造具有国际影响力的黄河文化旅游带。③ 二是要优化水资源配置，形成“一纵三横六分区”的水资源调配格局。河南要秉持节水优先、空间均衡的系统治理理念，加强省内重点水利工程建设。依托黄河、沙颍河、淮河和南水北调中线工程，着力打造水清、岸绿、景美的宜居环境，助力百城建设提质工程、乡村振兴和美丽河南建设。三是要聚焦重大风险防控薄弱环节，统筹推进河南防洪体系完善。河南要紧扣治水主要矛盾，以水安全风险防控为底线，强化重要水利基础设施的安全保障，完善防洪减灾应急管理体系，统筹推进“水源、水权、水利、水工、水务”综合改革，为河南经济社会高质量发展提供坚实的水安全、水保障、水支撑。

---

① 《河南省“十四五”现代能源体系和碳达峰碳中和规划》，河南省人民政府，2021 年 12 月 31 日。

② 刘正才：《提高政治站位 主动担当作为 全力助推黄河流域生态保护和高质量发展》，《黄河·黄土·黄种人》2021 年第 28 期。

③ 河南省第十三届人民代表大会常务委员会第二十七次会议，《关于促进黄河流域生态保护和高质量发展的决定》，2021 年 9 月 29 日。

第三节　创新公共服务供给方式

人类发展的本质是实现人的发展，而人的发展所依赖的重要条件之一就是公共服务的供给。近年来，河南的公共服务供给总量呈逐年增长趋势，供给水平持续提升，公共服务供给的创新模式也在不断拓展，公共服务和社会保障体系不断健全。进入新发展阶段，河南的公共服务发展面临着新机遇、新挑战，因此，需要聚焦民生重点领域和关键环节，积极推进公共服务供给侧改革，创新公共服务提供方式，这对于增强人民群众生活的幸福感、提升生活品质，促进共同富裕目标的实现意义重大。

一　新时代河南公共服务供给的发展基础

（一）公共服务供给总量逐年增长

总体上看，河南省的公共服务体系已初具规模，公共服务的财政投入大幅增加，公共服务能力和水平明显提升。据统计，河南省各级财政近五年用于增进民生福祉、改善民众生活的公共服务的财政支出累计达 3.64 万亿元，占总体财政支出的 80%左右。河南省统计年鉴显示，2010 年河南省一般公共预算收入是 1381.32 亿元，2015 年是 3016.05 亿元，2020 年是 4168.84 亿元，11 年间增长了 2787.52 亿元。2010 年河南省一般公共预算支出为 3416.14 亿元，2015 年为 6799.35 亿元，2020 年为 10372.67 亿元，11 年间一般公共预算支出增长了 6956.53 亿元。其中，科学技术、公共卫生和基础教育的支出保障情况良好，为河南省做好“六稳”“六保”工作提供了有力的财政支撑。

（二）公共服务供给水平稳步提升

近年来，河南公共服务建设取得巨大成绩，建立起了比较完善的公共服务体系和社会保障体系。在高等教育和人才队伍建设方面，河南在“十三五”期间累计引进各类人才近 14 万人，1600 余个人才项目落地实施。郑州大学和河南大学两所高等院校被评为“双一流”建设高校，有 10 所高校获博士学位授权，近 20 所高校获硕士学位授权。“十四五”期间，河南将大力实施创新驱动的人才强省和科技强省战略，推动高等教育战略性、重塑性改革，努力打造中西部高等教育的战略支点，更好地提升河南公共服务质量和水平，为现代化河南建设提供源源不断的人才支撑。

在保障基本医疗卫生服务水平方面，2020 年河南发布了《河南省基层医疗卫生机构建设三年行动计划（2020—2022）》，旨在满足城乡居民基本医疗卫生服务，打造优质高效的基层医疗卫生服务体系，不断提升河南基本医疗卫生机构标准化水平和均等化服务能力，让广大人民群众享有公平可及、系统连续的基本医疗卫生服务，促进城乡医疗卫生资源均衡配置，推动卫生健康事业高质量发展。[①] 现阶段，河南全省基层医疗卫生保障机构的标准化率接近 100%，基层乡镇卫生院或社区医疗卫生服务中心都达到了公共卫生服务的基本标准，全省基本医疗服务和公共卫生基础设施不断完善，诊疗设备、信息管理等方面的公共卫生服务能力也在不断提升。

在基本公共文化服务方面，《2020 年度全省现代公共文化服务体系建设绩效考核工作报告》显示，河南全省已经初步建成覆盖城乡、便捷高效、保基本、促公平的综合公共文化服务体系。当前，全省实现了公共文化设施全覆盖，已初步构建省、市、县、乡、村五级公共文化服务网络。近年来，河南全省虽然面临着常态化疫情防控的严峻挑战，但仍安全有序地扎实开展了各类公共文化惠民活动，如平顶山市举办 1000 余场送戏下乡活动，放映了 3 万余场公益电影；开封市持续打造了“大宋年文化节”“菊花文化节”等文化品牌活动，一系列公共文化品牌项目相继落地，取得了较好效果。毋庸置疑，河南公共文化服务的服务效能在实践探索中得到了提升，不仅探索了新的管理模式和公共服务供给方式，也丰富了公共文化服务的内容。

（三）动态优化科学高效的公共服务发展政策

近年来，河南持续根据经济社会发展新变化，在公共服务供给的实践中不断进行探索，科学设计公共服务的供给模式。2019 年，河南发布了《河南省基本公共服务领域省与市县共同财政事权和支出责任划分改革方

① 河南省卫生健康委员会：《关于印发〈河南省基层医疗卫生机构建设三年行动计划（2020—2022）〉的通知》，2020 年 9 月 2 日。

案》，明确了不同行政层级关于18项基本公共服务领域的财政事权的权责划分范围，以期建立标准合理、保障有力的基本公共服务财政事权的保障体制机制。2020年，河南在公共卫生服务层面连续推出了《河南省公共卫生服务能力提升三年行动计划（2020—2022年）》《河南省基层医疗卫生机构建设三年行动计划（2020—2022）》等；在新型基础设施建设层面推出了《河南省加快5G产业发展三年行动计划（2020—2022年）》；在促进就业、鼓励创业层面实施了《河南省加快培育创新型企业三年行动计划（2020—2022年）》，一系列规划行动的实施有力地夯实了河南公共服务的运行基础。河南在2021年又制定出台了《河南省基本公共服务实施标准》(2021年版)，明确了政府承担基本公共服务供给保障的主体责任，标准化界定了政府所提供的公共产品和服务，有助于各类基本公共服务设施的合理规划建设，加快补齐基本公共服务短板，不断提高基本公共服务的可及性和便利性，推进基本公共服务标准化和均等化的实现。2022年，河南以让人民群众的获得感、幸福感和安全感逐步增加为出发点，出台了《河南省“十四五”公共服务和社会保障规划》，明确了河南“十四五”期间公共服务体系完善和社会保障提升方面的主要目标和主要任务，以加快形成政府保障基本、社会多元参与、全民共建共享的公共服务供给格局。

二　新时代河南公共服务供给存在的突出问题

（一）公共服务供给总量未能满足人民日益增长的美好生活需要

当前，河南省公共服务供给呈现出粗放式特征，现有的公共服务体系对人民群众公共服务需求的把控和管理缺乏一定的精准性，从而在满足公共服务需求层面造成了供需结构失衡和效率低下。作为供绝大多数群体共同消费和使用的公共产品和准公共产品，公共产品和服务的供给存在着明显的非排他性与非竞争性。多数公共产品和服务的使用效能难以明确评估衡量，供需信息不对称。而公共服务供给与需求的有效匹配，是实现公共服务均等化和标准化、构建科学高效的公共服务体系所要面对的核心议题。从公共服务的供给侧来说，虽然河南对公共服务供给的财政支出在逐年增加，在一定程度上缓解了公共服务供给和需求之间的失衡矛盾，促进了公共服务体系建设完善，但随着河南经济社会发展进入新常态，政府财政收入增长呈现出减速态势，这就意味着未来一段时期内，依靠政府这一单独力量来增加公共服务供给的潜力有限。换言之，仅凭在公共服务供给上增加财政支出来扩大公共服务的供给总量，难以使公共服务的能力和水平获得快速的提高，要在服务量扩充的同时注重公共服务质量的提升，不断优化公共服务供给结构，满足人民群众多样化的公共服务需求，推进人民满意的服务型政府建设。从公共服务的需求端来说，随着居民生活水平的不断提升，人口结构的发展变化，人民群众对公共服务的需求逐渐呈现出多层次和多样化的特征。准确把握基本公共服务的需求侧，是推进公共服务供给侧改革的重要前提。为此，公共服务的供给部门需树立“用户思维”，科学分析民众对基本公共服务要素的关注度，它是直观反映公众基本公共服务需求和期待的窗口，也是展现民生改善的晴雨表。① 整体上看，要实现河南公共服务的高质量发展，必须坚持问题导向、优化供需结构，着力补齐基本公共服务短板，不断推进幼有所育、学有所教、劳有所得、病有所医、老有所养、住有所居、弱有所扶，全面增强中原人民在共建共享发展中的获得感、幸福感、安全感。②

（二）公共服务供给主体单一带来公共服务低效问题

当前，公共服务需求的多元化、异质化和复杂化的特征愈加明显，而国内公共服务供给主体单一的普遍性问题仍未解决，使得公共服务供给存在着失配和低效，这也是河南公共服务供给发展面临的突出问题。目前，数字信息技术正以前所未有的发展态势，在更深层次上、在更广泛的领域里融入并改变人们的日常生活，人民群众对公共产品和公共服务的诉求也通过数字网络得到最大程度的宣扬，人民群众对于美好生活的向往和需求也得到了前所未有的表达。虽然公共服务部门已经意识到此类问题，并尝试以多元化的公共服务供给缓解公共服务单一供给所带来的困境，但当下的公共服务供给还是主要依靠政府，公共资源的配置方式也主要依靠政府规划，市场主体、社会组织力量的发挥远远不够。同时，在实践过程中，

---

① 钟君、刘志昌、吴正杲：《公共服务蓝皮书：中国城市基本公共服务力评价（2016）》，社会科学文献出版社，2016。

② 《“中部崛起系列谈”提高公共服务保障能力打造幸福中部》，中宏网，2021 年 8 月 23 日。

各自为政、零和博弈以及难以打破的行业组织壁垒，也阻碍了公共服务供给的整体性、一致性与连续性发展。[①] 从一些地方的经济社会建设实践来看，个别公共服务供给部门存在“重面子，轻里子”的现象，看似投入大量的人力、财力建设了一些公共服务项目，但其在日常生活中利用效率不高、效益不大，偏离群众日常生产生活中所需、所盼的公共文化服务，没有把公共服务的政策规划真正落实到工作实践的各个环节和领域，未能切实满足人民群众合理的公共服务需求。这在一定程度上更加凸显了其对切实改善民生福祉的重要基础性服务项目的关注度不高，不利于缓解公共服务自身供需不匹配的问题。河南要破除公共服务供给单一的困境，就要实现公共服务“三大供给”主体的有效互动，不断促进公共服务的高效高质供给。

（三）公共服务供给结构不均衡，基本公共服务均等化任重道远

一是河南区域公共服务供给存在失衡问题。随着河南城镇化率的不断提升，人民群众对于公共服务的需求大幅度增加，而公共资源的配置和公共设施的建成量远远落后于不断增长的现实需求，现存的公共服务体系未能充分激活公共服务职能发挥。据有关部门对河南公共文化服务城乡供给的评估报告，河南各级公共文化服务供给和公共文化服务效能差异较大，城乡公共产品和服务供给不平衡的局面没有得到根本改善。而且，河南还面临着城乡之间乃至新旧城区之间公共服务水平不均等问题。未来，河南高质量发展需要依靠“大小结合”、均衡高效的多极支撑，仅仅发展作为国家级中心城市的郑州和中原城市群副中心洛阳远远不够，其他城市的公共服务发展也至关重要。[②]

二是财政保障不充分增添了公共服务供给的结构性失衡难题。随着经济社会发展的不断推进，人口结构的快速变化，人民群众对公共服务供给有着更高质量和多元化的需求，基本公共服务供给不足的矛盾十分突出，而这背后直接关联的是增加公共财政的现实要求，而省内多地在基本公共

---

① 何继新、李莹：《公共服务供给“共享共建”的创新转向：一个网络化治理论纲》，《人文杂志》2017 年第 3 期。

② 龚金星、王汉超：《抓住重要机遇期，打赢转型攻坚战——访河南省省长陈润儿》，《人民日报》2017 年 8 月 25 日，第 13 版。

服务支出占公共财政支出比重上与其他发达地区相比仍有很大差距，财政投入保障须进一步完善。

三是公共服务的专业性人才短缺，公共服务的供给水平不足。受多重经济社会发展因素的制约，河南对各类专业人才的吸引力不强，致使其在教育发展、医疗卫生、康养护理等公共服务的相关领域，面临着专业人才结构性短缺的问题。

三　新时代河南公共服务供给侧结构性改革的机遇与挑战

（一）公共服务供给环境改变带来发展挑战

进入新常态的河南经济社会发展，不同于之前经济社会的高速增长，其更注重经济社会的高质量发展，注重人民群众获得感和幸福感的实现。当前，河南省经济社会发展仍处在重要战略机遇期，推进公共服务的供给侧结构性改革，建设优质高效的公共服务体系，是适应新常态、把握新常态和引领新常态的重要举措，也是重要的基础工程。推进新形势下的河南公共服务供给侧结构性改革，首要任务是创新公共治理理念。理念创新是体制机制创新的前提，这就需要提供公共产品和服务的部门，紧紧围绕人民群众对美好幸福生活向往的需求适时强化公共服务理念革新。因为，新时期带给河南公共服务供给发展的不单单是整体运行环境变化下的机遇与挑战，更为直接的现实是广大人民群众随着经济社会发展和生活水平的日益提高，对于公共产品和服务的诉求发生了深刻变化，呈现出多样化、个性化的特征。显然，公共服务部门如何及时回应人民群众日渐提高的公共服务关切和诉求，科学统筹公共服务的供给布局，增进公共服务能力、丰富公共服务内容，是当下河南深化公共服务体系建设的重点和挑战。

（二）公共服务的需求结构变更带来的挑战

推动公共服务体系的完善和良性发展，首要任务就是创新公共服务的供给方式，明晰公共服务在供给侧结构性改革中的角色定位。① 毋庸置疑，随着新一轮信息技术革命的蓬勃展开和产业结构的升级调整，河南公共服

① 句华：《“十三五”时期公共服务供给方式创新探讨》，《理论探索》2017 年第 2 期。

务的供给手段和方式都面临着不小挑战。一方面，多元主体参与公共服务供给，给单一的行政型供给的转型升级带来挑战；另一方面，河南城镇化格局也已进入重塑优化阶段，人口要素、资源要素不断向优势区域聚集，中心城市和都市圈承载的人口和经济发展的比重不断提升，这也就给省域内的公共服务供给提出了更高的要求。随着河南城镇化的持续推动，省内各地城市的发展模式转型不断加速，紧凑的城市布局逐渐形成，而特大城市所面临的风险逐渐增加，公共服务需求的复杂性也逐渐增强。① 可以预见的是，未来的城市发展将更加注重智能精细、绿色低碳、高效安全，亟须进一步提升公共治理能力，创新公共服务的供给方式，从而保障人民群众更高品质、更加幸福的生活。同时，随着人才、资本等要素的流动性不断增强，城乡“两栖人口”的发展状态将渐趋常态化，这不仅需要加快建立健全城乡融合发展的体制机制，也亟须强化标准化、均等化的基本公共服务供给，优化公共服务供给结构。②

四　河南创新公共服务供给方式的对策建议

（一）加强公共服务的精准化供给

推进公共服务的精准化供给，是提高公共产品和服务有效供给的最直接手段，也是最大化满足人民群众最直接、最切实、最关心的公共服务需求的重要保障。可以说，不断实现公共服务的精准化供给是创新公共服务供给方式、实现公共服务供给侧结构性改革的实践逻辑和行动准则，是政府适应大数据时代的服务转型要求，是实现资源整合并及时满足群众需求、提升民众生活品质所必须大力解决的问题。

因此，新形势下，河南必须以公共服务的精准化供给进一步推动公共服务的供给侧结构性改革。而要实现公共服务的精准化供给，就需要解决此前公共服务供给主体单一、内容重复、缺乏弹性等问题，补齐社会高质量发展过程中的公共服务短板，将公共服务供给与人民群众的需求相对接，实现公共服务供给模式的转变。直面公共服务领域基本矛盾的变化，这意

① 郑菊花：《城市公共服务承载力差异与对策研究》，《洛阳师范学院学报》2021 年第 9 期。

② 孙彩红：《基本公共服务结构性分析与供给侧改革路径》，《云南社会科学》2019 年第 1 期。

味着公共服务供给要体现创新性、个性化，不断提升公共服务供给的精准化。同时，推进公共服务的精准化供给需要不断拓展公众参与公共服务建设的渠道，让公共需求的表达可以通过决策程序得以体现，进而从根本上、基础上建立公共服务需求识别、分类和整合的运行体制，最终及时准确地掌握公共服务需求。

（二）推进公共服务的网络化供给

公共服务的网络化供给依赖的基础是深度跨界融合的网络化社会治理，即突破原先公共服务供给过程中传统层级结构纵向的权力线轴与公共服务整体化、多元化的低效建设，依靠新兴的数字信息技术和创新融合的治理理念而形成多个公共服务部门协同发展的网络化公共服务供给模式。公共服务的网络化供给，意味着把分散的、低效的公共服务进行有效的衔接与改造，使得公共服务效率提高和保证公共服务的均等化成为可能。在公共服务的网络化供给模式中，公共服务供给领域中的市场主体和社会组织的活力和潜力被极大释放，政府的角色变成了引导者、参与者与服务者，促使政府职能转移到了规范公共服务供给的行为和标准上，转移到了提升社会治理的成效和创新上，转移到了构建公平开放的公共产品和服务的供给平台上。推进河南公共服务的网络化供给，就需要探索出“网络化治理”的供求均衡范式，协同发挥多个行为主体的合力，保障人民群众的公共权益。就公共服务供给的市场主体而言，要积极投身于公共服务市场化的趋势中，充分发挥市场在公共服务资源配置中的决定性作用。通过政府、市场和社会多方力量的有效配合，协同发力共同构建公共服务的供给网络，从而形成政府有力引导、市场发挥关键作用和社会广泛参与的公共服务多元供给机制，不断提升公共服务的供给效能。

（三）强化公共服务的智慧化供给

作为智慧河南建设的重要维度，实现公共产品和服务的智慧化供给，推进公共基础设施的智慧化建设是其重要内容和任务。从发展路径上看，植根于科学技术变革和社会发展需要的公共服务的智慧化供给，突破了原先依靠行政力量的传统公共服务单线型的供给方式，削弱了公共服务供给不同部门之间、供给和需求之间的隔阂和界限，建立了扁平化、高效化的公共服务供给运行模式，畅通了公共服务供给与需求之间的信息传递，从而也提高了公共服务供给决策的科学性与可行性。推进河南公共服务的智慧化供给，需要加强公共服务的信息化建设，增进科技创新的智慧赋能，打造河南公共服务数据要素共享共建的平台。[①] 基于大数据的深度应用，要积极推进政府的数字化转型，推动基本公共服务供给与政务服务深度融合，不断提升治理体系和治理能力的现代化。之前，传统公共服务供给模式在各个部门、各个行业间展开，未能形成有效联动模式，带来了“数据孤岛”现象。当前，随着数字信息技术的飞速发展，技术的革新与应用为公共服务供给的完整性、有效性建设提供了基础，有力支撑了公共服务供需平衡的实现。而要全面掌握多样化、动态化的公共服务需求，就需要整合公共服务数字信息要素，打造覆盖全节点、全样本的公共服务大数据平台。

① 张启春、杨俊云：《基本公共服务均等化政策：演进历程和新发展阶段策略调整——基于公共价值理论的视角》，《华中师范大学学报（人文社会科学版）》2021 年第 3 期。

第二章　强化就业优先政策

就业是民生之本。党中央、国务院一直都高度重视就业问题。习近平总书记多次强调，“要坚持就业优先战略，把解决人民群众就业问题放在更加突出的位置”“党和国家要实施积极的就业政策，改善就业环境，创造更多就业岗位，提高就业质量”。《中共中央关于制定国民经济和社会发展第十四个五年规划和二〇三五年远景目标的建议》也明确提出，要强化就业优先政策。这是更加积极的就业政策在新形势下的延续和发展，反映了我国经济转型升级对就业工作的新要求，也为更好谋划和推动新发展阶段的就业工作指明了方向。切实解决好就业这一影响经济社会发展大局的关键问题，要以经济发展为就业导向，坚持政府促进就业和鼓励创业、劳动者自主就业、市场调节就业的方针，实施就业优先战略和更加积极的就业政策，着力解决结构性就业矛盾，重点解决好重点人群的就业问题，让群众就业更充分。要深入推进体制机制创新，健全就业公共服务体系，支持和规范发展新就业形态，完善多渠道灵活就业保障制度，有效应对失业风险，不断扩大就业岗位。

第一节　稳定和增加就业岗位

就业的背后是亿万家庭，是民生和民心工程，关乎经济发展和社会大局稳定。如何做好稳定和扩大就业工作，一直是各级党委和政府高度关注的重大问题。进入“十四五”时期，如何扩就业、防失业，实现更高质量就业，成为后疫情时代我国民生保障工作的重中之重。

一　稳定和增加就业岗位的背景与重要意义

（一）背景分析

就业泛指劳动者从事某个工作或职业，其在一般意义上反映的是一个具备劳动能力的人达到法定劳动年龄后，在市场所处的一种被雇用的状态。就业问题是世界各国面临的普遍性问题，尤其是经济全球化的加速发展，如何解决好就业问题更加成为国际社会共同面临的一个挑战。对此，世界各国也纷纷采取了一系列措施进行了积极应对。从国外的情况看，美国在2013年度的国情咨文中就提出了提振就业的经济刺激计划，包括提高最低工资水平、加大投资用于基础设施建设创造就业岗位、吸引制造业回流等；欧盟也推出了“青年保障计划”，要求各成员国向青年人提供继续教育、就业、培训机会，并对雇用学生的中小企业加强扶持等。不难发现，国际社会也是从国家战略高度来把握就业问题，多措并举地实施积极的就业政策。

回望国内，新冠肺炎疫情深刻影响了我国的经济社会发展秩序和民众的工作生活。受疫情影响，我国经济增速呈下降态势，投资、消费和进出口均面临较大压力。国家统计局公布的数据显示，2020年我国一季度的GDP同比增速为-6.8%，是我国自1993年正式启用GDP作为国民经济核算指标以来，首次出现的大幅负增长。依据美国著名经济学家阿瑟·奥肯提出的“奥肯定律”，经济增速的下滑将会导致失业率的上升，对就业市场产生负面影响。智联招聘发布的报告显示，2020年春节复工一个月内，企业整体招聘职位数与招聘人数分别同比下降了31.43%和28.12%。面对严峻的就业形势和问题，从中央到地方都出台了一系列稳就业、保民生的政策措施。在中央提出的“六稳”“六保”中，“稳就业”“保居民就业”都被放在首位强调，足见就业工作的极端重要性和中央抓好就业工作的决心。李克强总理在2021年全国就业创业工作暨普通高等学校毕业生就业创业工作电视电话会议上也强调，要提供更多市场化就业创业机会，支持和规范发展新就业形态，努力完成就业目标任务。不可否认的是，常态化疫情发展形势可能会在一定时期内持续对经济社会发展和就业局势带来影响，但依然应该看到就业机遇与挑战并存。事实上，伴随着新兴产业的不断发展，新型就业岗位在不断涌现。2021年人社部发布了18个新职业，包括集成电路工程技术人员、服务机器人应用技术员、电子数据取证分析师、密码技术应用员、智能硬件装调员等，主要集中在信息智能技术产业。同时，短视频平台的快速兴起也催生了大批新型线上就业岗位。不少专家都表示，新职业的蓬勃发展，一方面反映了我国经济社会转型发展特别是经济结构调整的成就，另一方面也展示了我国劳动力市场结构、劳动需求结构的巨大潜力和光明未来。新形势下，不断实现更高质量的就业，不仅是全面建设社会主义现代化国家的内在要求，也是践行以人民为中心的发展思想、扎实推进共同富裕的重要基础。

（二）重要意义

1. 稳定和增加就业岗位是保障和改善民生的头等大事

习近平总书记曾深刻指出，就业是最大的民生工程、民心工程、根基工程。李克强总理也多次强调，有就业就有财富增长，就有社会稳定发展，要坚持经济发展就业导向，强化就业优先政策。河南省委书记楼阳生在河南省第十一次党代会上强调，要推动更加充分更高质量就业，适应新时代经济社会发展需要，促进充分就业和持续增收。不难发现，从中央到地方，都高度重视就业问题。因为没有就业就没有工作收入，人们就无法保障基本生活，更谈不上家庭幸福和实现人的全面发展。同时，就业也是劳动者实现自身价值、融入现代社会、共享经济社会发展成果的重要途径。可以说，就业是保障和改善民生的头等大事，是经济社会发展的支撑，必须积极扩就业、防失业，力保基本民生。

2. 稳定和增加就业岗位是社会和谐稳定的压舱石

民惟邦本，本固邦宁。社会和谐稳定，百姓安居乐业是基础。放眼全球，一些国家政局不稳、社会动荡，一个很重要的原因就是就业问题没解决好，居高不下的失业率使得许多人无事可做，成为社会不稳定的重要因素。从这个意义上讲，促进就业是安国之策、和谐之基。作为世界上人口最多的发展中国家，解决好就业问题，始终是我国经济社会发展的重大任务。近年来，党中央、国务院始终把稳就业放在经济社会发展的突出位置，下大力气创造良好的就业环境，多渠道扩大就业。做好稳定和增加就业岗位工作、做实特殊人群的托底就业帮扶，不仅有利于民生工程、民心工程、根基工程的夯实，而且是保障社会公平、维护社会稳定的关键举措。

3. 稳定和增加就业岗位是经济社会高质量发展的内在要求

稳定和扩大就业是经济社会发展的重要目标，失业率是经济运行的"晴雨表"。现代国家大多把促进充分就业与经济增长、物价稳定、国际收支平衡作为宏观经济运行的四大目标。我国自 2003 年也开始把就业作为政府宏观调控的重要指标，而宏观调控的主要目的就是避免经济大起大落，使经济运行保持在合理区间。其“下限”就是稳增长、保就业，“上限”就是防范通货膨胀。正如习近平总书记所指出的那样，“企业正常生产就能保障国家经济正常运行，就能给大家创造就业机会，大家有收入，家里就有了保障。”从生活实际情况看，工资是我国居民收入的主要来源，个人和家庭的保障从根本上都依赖于劳动收入。只有保住了市场主体，才能有效地稳定和增加就业岗位，保住居民就业。而保居民就业不仅是高效复工复产的重要前提，也是保住基本民生的坚实基础，是我国经济社会高质量发展的内在要求。

二 河南省稳定和增加就业岗位的发展现状

近年来，河南省大力实施积极的就业政策，不断改善就业环境，在经济下行压力持续加大和产业结构深入调整下，就业形势保持了总体平稳，为保障我国经济社会发展大局稳固做出了重要贡献。

（一）就业规模持续扩大，失业率保持在较低水平

近年来，河南省积极贯彻落实党中央、国务院的决策部署安排，深入实施就业优先战略，始终将稳定和扩大就业、实现更加充分的就业作为经济社会发展的重要目标，推动了更高质量就业的不断实现。2021 年，河南省城镇新增就业 125.4 万人，超额完成 110 万人的预期目标，同比增长 2.28%；12 月末城镇登记失业率和调查失业率均控制在年度预期目标范围内。其中，郑州市为应对特大暴雨灾害和多轮疫情冲击影响，稳定就业局面，有针对性地加大了财政保障力度，多渠道提供就业岗位，建立创业孵化平台 54 家，发放开业补贴和运营补贴 556 万元，发放求职创业补贴 7791 万元，新增城镇就业 13.63 万人。信阳市则通过积极引导外出务工来促进就业，与杭州、苏州等地签订了长期劳务合作协议，实施定点式对接、订单式培训、专车式输送。可以预见的是，面对日益复杂严峻的就业形势环境，河南会持续采取积极有效的措施来扩大就业规模，推进“技能河南”建设，稳定重点群体就业，接续实现城镇新增就业的全年任务目标，保障基本民生。

（二）就业结构不断调整，就业形式更加多元

伴随着经济结构调整、新业态发展和减税降费等相关促进政策的推进，

新经济、新业态获得了快速发展，就业渠道更加多元，尤其是互联网领域成为就业创业新阵地。一是网络经济、数字经济快速增长。“互联网+生活服务业”承接了大量转移就业农村劳动力，外卖、快递、网约车等新兴行业提供了大量就业岗位，新职业、新业态成为吸纳就业的重要蓄水池。二是新业态融合发展迅猛。随着信息技术在农业农村领域的不断拓展，农业与第二、第三产业加速融合，增加了农村就业岗位。近年来，河南省内各地的乡村旅游、家庭农场、休闲观光旅游、土地流转、采摘园等大量涌现，返乡创业、就地就近就业实现了双增长。三是灵活就业成为年轻人主流意愿。相较于从前，以“90后”“00后”为主体的新生代农民工的就业心态发生了显著变化，他们不愿长期从事枯燥无味的流水线工作，对企业忠诚度降低，自主创业、灵活就业已成为该群体的主要就业形式。

（三）就业政策日益完善，就业质量进一步提升

就业政策是推动劳动力就业和失业人员再就业的政策手段。为统筹推进疫情防控和经济社会发展，河南相继出台施行了重大就业政策，如《中共河南省委办公厅、河南省人民政府办公厅关于促进劳动力和人才社会性流动体制机制改革的实施意见》、《河南省人民政府办公厅关于支持多渠道灵活就业的实施意见》、《河南省就业创业工作要点》、五部门《关于强化部分减负稳岗扩就业政策措施的通知》等，以打好政策支撑“组合拳”稳固就业底盘。同时，还有针对性地出台了具体发力措施，如《河南省促进2021年高校毕业生更加充分更高质量就业若干政策措施》《全省人力资源社会保障系统服务“万人助万企”活动若干举措》《关于协助做好富士康等重点企业用工保障工作的通知》等。毋庸置疑，这些就业制度文件、政策举措的实施极大推动了河南就业优先政策体系的完善，一系列支持性政策也为就业创业者保驾护航。从运行效果看，当前河南失业率波动幅度较小，中长期处于平稳下降趋势，一系列就业优先政策初步见效，就业紧张形势趋缓，就业稳定性和质量都得到了进一步提高。

（四）经济持续恢复发展，稳就业仍需精准发力

当前，国内疫情进入常态化防控阶段，河南经济社会发展在持续恢复，促进就业形势总体保持稳定，但受国际不确定性环境因素影响，河南省经

济恢复仍不稳固、不均衡，就业形势依然面临较大不确定。数据显示，2021年河南省全年地方生产总值 58887.41 亿元，比 2020 年增长 6.3%；全年全省城镇新增就业人员 125.39 万人，城镇失业人员再就业 40.46 万人。通过分析可以看出，尽管经济平稳增长为就业提供了重要基础，但结合全省发展实际，就业总量压力和结构性矛盾依然较大，如零星散发疫情导致部分聚集性、接触性服务行业用工需求偏弱，完全恢复仍受到限制；高技能人才短缺，企业"招工难"与劳动者"求职难"矛盾交织现象仍然突出。因此，下一步，稳就业仍需精准发力，要延续实施减负稳岗扩就业政策，强化全方位就业服务。

三　河南省稳定和增加就业岗位面临的现实问题

随着经济结构深刻变动、人口老龄化进程加速、新一轮技术革命和产业调整持续推进，再加上国际环境的不确定性对就业产生的广泛而深刻的影响，当前和今后一个时期国内就业问题依然复杂严峻，就业压力和结构性矛盾依然较大。

（一）就业需求向城镇集中，就业总量压力仍然较大

总体来说，我国劳动年龄人口规模总量较为庞大，劳动力供给与需求总量矛盾依然存在。从需求看，受国内外各种因素影响，企业生产经营面临困难，加之技术进步和"机器换人"，劳动生产率提高和生产方式变革，都直接或间接带来了劳动力需求的相对减少。从供给看，预估"十四五"时期，我国每年高校毕业生、中职毕业生等需在城镇就业的新成长劳动力达 1500 万人左右，加上年均 200 多万的新增农村转移劳动力和 1000 万左右城镇失业人员，促进就业任务异常繁重。可以预见，全国整体的就业结构形势和就业总量压力势必会传导到国内各地，而河南作为全国人口大省，在全国就业"需求下降，供给不减"的大背景下，势必会面临类似的发展困境，劳动力总量压力不容忽视。

（二）新旧动能转换提速，结构性就业矛盾更为突出

近年来，随着科学技术发展加快、新旧动能转换提速等因素的进一步叠加影响，河南结构性就业矛盾愈加凸显，集中表现在"就业难"和"招

工难”交织并存，存在高层次、高技能人才普遍短缺，一线普工和“急难险重”岗位“招工难”的现象；也有低技能、大龄劳动者的“求职难”现象。调研发现，驻马店市企业用工缺口主要在技术工人和高层次人才方面，而转移就业人员素质普遍不高、同质化严重，劳动力市场的供需不匹配矛盾仍在加剧。一方面，随着产业转型升级和技术进步要求，高层次人才和技能人才的短缺问题会更加突出。而企业效益下滑也使提升薪资待遇福利受到限制，不利于招工难问题的缓解。另一方面，部分高校毕业生和一些低技能劳动者就业困难。特别是供给侧结构性改革力度加大，势必造成一大批职工转岗就业，其中不少人年龄偏大，转业转岗能力差，就业难问题将更加突出，结构性、摩擦性失业或将增多。

（三）就业政策仍需完善，就业服务质量有待提升

当前，为有效提高常态化疫情防控下的就业服务质量，河南省深入开展了“万人助万企”活动，以进一步促进稳岗就业，推动经济社会发展。自 2022 年 2 月 9 日起，河南将就业返岗复工复产包车纳入绿色通道政策，实施“点对点”员工返岗复工运输行动，以切实保障就业员工安全便捷、经济舒适返岗复工。但也应当看到，返岗复工的后续政策支持尚未完善，技能培训还不到位，出现了一些就业员工复岗再下岗的现象，存在一定的失业风险。同时，河南省的就业服务还存在城乡分隔、地域歧视等情况，如“城市人”和“乡下人”的公共服务、薪资报酬不对等问题凸显。值得注意的是，面对互联网经济发展下的用工方式和劳资关系的重大变革，新业态从业人员、新就业人员及灵活就业人员的薪资待遇，劳动争议调解机制，劳动关系保障机制，劳动培训体系等政策都亟待进一步完善。

（四）创业态势持续向好，返乡创业质量有待提高

返乡创业是就业人员积极响应国家号召参与乡村振兴的重要方式，各级政府支持返乡创业是党和国家的重要部署。据河南 2022 年一季度经济数据，河南一季度全省城镇新增就业 30.04 万人，新增农村劳动力转移就业 24.69 万人，新增返乡入乡创业 4.1 万人，完成技能培训 114.95 万人次，创业人群以农民工、退役军人、大学生为主。虽然返乡创业的发展态势良好，但融资难的问题依旧突出，创业平台效率不高，创业带动就业能力不

强，良好的创业生态尚未形成，导致创业质量普遍不高。具体来看，在创业政策带动方面，各级部门扶持创业的联动机制存在一定的欠缺、疏漏；在创业资金方面，存在融资难、资金续航能力差等问题；在营销模式上，营销能力弱和技术含量低等因素导致市场竞争弱、利润率低，生存发展困难。

四　河南省稳定和增加就业岗位的对策建议

就业是永恒的课题，也是难题。做好新形势下的稳定和增加就业工作，河南须坚持稳企业保就业同向发力，统筹推动以保促稳、稳中求进、进中蓄势，全力做好稳就业保就业各项工作，确保全省就业大局稳定。

（一）全面落实落地就业优先政策

河南省要进一步贯彻落实新发展理念，坚持实施就业优先战略和更加积极的就业政策，将稳定和扩大就业作为宏观调控的优先目标和经济运行合理区间的下限，为实现更加充分更高质量就业提供根本保障。一是推动就业政策与宏观政策的统筹协调。要将促就业、稳就业作为河南宏观经济政策的优先目标，持续加强就业政策与财税、投资、货币、贸易、产业等宏观经济政策以及人才、社保、培训、教育、户籍等社会政策的统筹协调，形成促就业的宏观政策体系。二是建立健全各地就业与宏观部门的联动机制。明确各部门在促就业中的职责职能，建立有效的、制度化的部门协调工作机制。三是多措并举开展减负、稳岗、扩就业行动。要持续落实阶段性减免企业社会保险费的政策，扩大失业保险援企稳岗“护航行动”享受补贴的覆盖范围，增加全省工业企业结构调整专项奖补资金，用于支持受贸易摩擦和疫情影响的企业稳就业。

（二）积极发挥创业带动就业的作用

鉴于创业能够促进产业结构、经济结构和社会结构的调整，有力推动经济社会发展。河南各级政府要持续优化创业环境和创业政策体系，全面升级创业服务，强化创业带动就业的作用。一是要落实创业培训、创业担保贷款、创业孵化、创业辅导“四位一体”的创业扶持政策。加大创业培训的推进力度，推动出台“互联网+创业培训”相关技术标准，确保完成全年创业培训任务。要积极协调财政部门尽快出台关于进一步加大创业担保贷款贴息力度的政策文件，力争全年有计划地发放创业担保贷款。积极举办创新创业大赛，组织开展创业孵化示范基地评选认定、创业政策宣讲、创业项目辅导等服务活动，支持创业孵化基地、众创空间、科技企业孵化器等各类载体建设，为创业者提供低成本场地支持、指导服务和政策支持。二是要结合乡村振兴战略，编制返乡创业项目目录，建设返乡创业综合服务中心，开展返乡创业网络大赛，评审认定一批省级农民工返乡创业示范园区和示范项目，促进返乡下乡创业和就地就近就业创业。

（三）拓宽“三新”经济就业空间

要抓住疫情影响下非接触型经济快速发展的有利时机，着力发展互联网经济、数字经济，催生新业态新岗位，持续激发新的就业增长点。为此，一是要抓紧清理取消限制灵活就业的不合理规定，支持发展共享用工、就业保障平台，为灵活就业者提供线上社保和就业服务。同时，不断拓展多渠道灵活就业，支持和规范发展新就业形态，增加非全日制就业机会，促进微商电商、网络直播等新经济模式健康发展，拓展就业新空间。二是要研究出台新就业形态的用工管理、工时制度、社会保障制度，形成上下统一的支持灵活就业发展、保护劳动者权益的政策体系。三是要以支持建设国家大数据综合试验区为抓手，积极培育数字经济核心产业，在人才引进、用工保障等方面加大支持力度。

第二节　加大重点群体就业扶持力度

当前和今后一个时期，我国就业领域面临着总量压力加大、结构矛盾上升的形势，而重点群体就业始终是焦点问题。习近平总书记多次强调，要提高人民生活品质，做好高校毕业生、退役军人、农民工和城镇困难人员等重点群体就业工作，帮助群众解决社保、医保、就学等方面的实际困难。习近平总书记的讲话，聚焦困难集中、问题突出的重点群体、重点地区、重点行业，着眼于实际问题，为我们做好稳就业保民生工作划出了重点、指明了努力的方向。

一　加大重点群体就业扶持力度的社会背景与重要意义

（一）背景分析

近年来，受国际国内经济发展环境、新冠肺炎疫情、劳动人口供需矛盾等因素的叠加影响，我国就业领域面临着异常复杂的就业形势。受全球疫情严峻形势的持续影响，外贸型企业复工复产后订单减少，就业岗位缩减的不确定性和风险较大。同时，国内高校应届毕业生数量逐年增长，2022年更是突破 1000 万，创历史新高，就业任务繁重。而疫情也加剧了返乡农民工返岗就业的问题，需注重防止因疫失业返贫，尽更大的努力来稳定和扩大农民工就业。可以说，新形势下我国就业工作有着诸多不稳定性不确定性因素，遭遇着巨大的压力，保障重点群体就业也面临着不少难题。

从国内实践操作看，为扎实做好高校毕业生、城镇青年、退役军人、农村劳动力、残疾人等重点群体就业创业工作，国家和地方有关部门一直在密切跟踪经济和就业形势变化，研究完善新的政策举措，推动实现更充分更高质量就业。北京、深圳、辽宁、江苏等省市都出台了新政策扶持创业带动就业，以及支持灵活就业和新就业形态发展。全国许多地方都坚持稳存量、扩增量、促匹配、兜底线，不断举办大规模引才活动，并拿出落户新规、住房补贴等一批颇具吸引力的举措，突出抓好重点就业群体扶持工作。比如北京市采取了多项举措来保障就业：支持企业吸纳就业，对在北京市行政区域内参保的企业，招用毕业年度内本市高校毕业生，符合条件的将给予不超过 3 年的社会保险补贴。支持灵活就业，对于离校 2 年内的高校毕业生，初次就业是灵活就业的，可以申请灵活就业社保补贴，最长可按标准享受 3 年。支持就业见习，还没落实工作的毕业生，可以先选择参加就业见习，积累工作经验，按照灵活就业享受社保补贴。深圳市为把疫情对就业的影响降到最低，印发了《深圳市进一步稳定和促进就业若干政策措施》，实施了 21 条稳就业措施，聚焦高校毕业生、贫困劳动力等重点群体的就业保障问题。辽宁省出台了《关于做好当前和今后一个时期促进就业工作的实施意见》，提出统筹发挥实体经济、民营经济、小微企业的各项支持政策联动作用，催生吸纳就业新市场主体，努力实现更高质量和更充分就业。事实上，如何稳定和促进就业不但是政府的工作任务，也是学界研究的重要主题。有些专家人士表示，做好重点群体就业工作，需将高校毕业生和退役军人作为新增就业吸纳的主要对象群体，做好包括农村脱贫人口在内的农民工群体的转移就业，进一步突出保重点、不断强化精准帮扶、促进重点群体多渠道就业，以更加积极的政策促进低收入群体实现多种形式的就业。①

（二）加大重点人群就业扶持力度的重要意义

就业是“六稳”“六保”的关键任务，是实现共同富裕的基础，也是最大的民生和社会稳定之基。推进就业问题的有效解决，关键在重点人群、在稳住重点人群就业，可以说，抓好重点人群就业就抓住了稳定就业基本盘的“牛鼻子”。

1. 加大重点人群就业扶持是实现社会和谐稳定的客观要求

近年来，随着高校毕业生、退役军人、残疾人等特殊人群就业人数增加和就业难情况的不断出现，再加之国内外经济下行态势不断演化，重点人群的就业问题愈发明显，给经济社会发展带来了很大压力。事实上，为有效缓解就业形势，各地结合经济社会发展程度，出台了重点人群就业扶持政策，也陆续开发了公益性岗位以解决下岗失业人员再就业的问题。但由于家庭或自身原因，重点人群在市场就业中往往处于劣势，需持续落实落细就业优先的各项举措，做好重点人群的就业扶持工作。解决好重点人群的就业问题，不仅是构建社会主义美好生活的重要内容，关系个人价值实现和家庭幸福，更关乎国家长远发展和社会和谐稳定。

2. 加大重点人群就业扶持是补齐民生短板的现实需要

党的十八大以来，习近平总书记多次强调补齐民生短板在社会主义现代化建设中的重要性，党的十九届五中全会又将“民生福祉达到新水平”作为“十四五”时期经济社会发展的主要目标之一。重点人群就业工作保障，影响的不仅是就业者群体，更有其背后关联的家庭及广大人民群众的日常现实生活，影响的是社会民生事业发展全局。进入新的历史发展阶段，各级政府当结合地方发展实际，适时联合多部门出台支持重点人群就业创业的政策，加大重点人群就业扶持力度，以促就业为归宿，集中多方力量

① 李志明：《促进三大重点群体多渠道就业》，《学习时报》2021 年 6 月 30 日，第 A7 版。

补齐重点人群就业短板，兜牢民生底线，缩小收入差距，推动共同富裕。

3. 加大重点人群就业扶持是盘活地方经济的重要措施

就业是经济发展的重要基础，也是激发社会活力、盘活地方资源的重要渠道。一直以来，促进就业和经济增长之间都是相互促进、相互影响的关系。地方实现经济社会良性发展，需将区域内经济发展与就业统筹起来，地方经济的循环发展需要就业的刺激，活跃的经济主体和消费经济是区域经济可持续发展的重要保障。也只有在稳定的就业环境中，才能增强区域经济活跃度。做好重点人群就业扶持无疑会有助于实现经济发展和扩大就业的良性互动。

二　河南加大重点群体就业扶持力度的主要做法

近年来，河南全省各地、各部门主动扛起稳就业保就业的政治责任，深入实施就业优先战略，完善落实减负稳岗扩就业政策，支持市场主体稳定就业岗位、拓宽就业渠道扩大就业增量，优化培训服务提升就业质量、加强监测预警防范就业变量，实现了“十四五”良好开局，就业各项指标任务圆满完成，为全省经济社会平稳运行和大局稳定贡献了就业力量。

（一）统筹谋划，做好高校毕业生就业工作

做好高校毕业生就业工作一直是党和政府的重点工作任务，确保高校毕业生就业大局稳定事关民生福祉、社会稳定和高质量发展。近年来，河南高校毕业生规模逐年攀升，连续 4 年居全国首位。2018～2022 年，河南高校毕业生总量从 57.3 万增加到 81.7 万，增长率达 42.58%。不难发现，屡创历年新高的高校毕业生规模使得河南就业任务重。对此，河南省出台了一系列促进就业创业政策，省人社、教育部门强化统筹谋划、做好信息衔接，省委编办、省卫健委、省国资委、团省委等成员单位，立足自身职责，深入实施高校毕业生就业创业促进计划和基层成长计划。比如出台了《促进高校毕业生更加充分更高质量就业若干政策措施》等 10 余个政策文件，全面夯实了实名制登记、强化了就业帮扶、推进了精准招聘、扩大了见习规模，促进了河南省毕业生就业支持政策体系的健全，实现了高校毕业生就业全过程服务。实施了《河南省促进创业投资发展办法》，为保障大学生创业、扶持大学生创业项目提供资金帮助，助力大学生创业项目正常运转。

将促进毕业生就业纳入各地人才工作重点内容，鼓励各地结合实际实施留人用人计划。强化“一揽子”惠企纾困政策，发挥企业吸纳毕业生的稳岗就业作用。

（二）动态监测，保障农村劳动力转移就业

着眼于保障农村劳动力转移就业，省人社、农业农村、乡村振兴、商务等部门协同配合，切实做好巩固拓展脱贫攻坚成果助推乡村振兴工作，4.3万边缘易致贫人口全部实现就业。同时，持续抓好“豫见·省外”劳务对接，推进劳务品牌建设，如驻马店市打造的“平舆防水”“遂平家政”叫响了全国就业带动类劳务品牌，对推进农村劳动力转移就业起到了积极作用。此外，河南省着力加强农村劳动力转移就业的动态监测工作，做好已外出农民工的稳岗追踪，保障农民工在就业地平等享受就业服务政策，尽最大努力帮助其就地就近就业。

（三）登记建档，做好就业困难群体的就业帮扶

聚焦帮扶就业困难群体，河南省不断完善就业失业登记办法，降低失业登记门槛，动态调整就业困难人员认定标准，全面推行了告知承诺制办理。2021年，全省共帮助40.46万失业人员再就业，13.86万就业困难人员实现了就业，实现了零就业家庭动态清零。同时，不断强化困难人群的精准帮扶，持续落实“七个优先”政策，确保建档立卡贫困劳动力“应就业尽就业”。

（四）精准帮扶，完成特殊群体就业安置工作

为促进退役军人、妇女、残疾人等人群的就业工作，省退役军人事务厅、妇联、残联等相关部门，持续完善落实相关就业创业政策，有效保障了各类重点群体的就业工作。一方面，多部门协同配合做好“僵尸企业”及化解过剩产能企业职工的安置工作，使特殊群体的就业工作得到有效保障；另一方面，开展重点帮扶，积极统筹做好退役军人、残疾人等群体和其他就业不稳定人员的就业工作，兜牢困难人员的就业“底线”。

三 河南加大重点群体就业扶持力度面临的问题

近年来，受错综复杂的国内国际形势、特大洪灾以及新冠肺炎疫情的

交织影响，河南经济发展面临严峻挑战，就业压力巨大，河南全省上下齐心协力、多措并举，实现了就业局势总体稳定并好于预期。从整体上看，河南就业工作的基本面是好的，就业的各项指标基本平稳，个别指标偏高也在合理区间内。但从长期来看，全球疫情仍存在很大变数，经济发展面临需求收缩、供给冲击、预期转弱三重压力，就业总量特别是新成长劳动力供给不减，结构性矛盾更加凸显，部分行业企业和区域稳岗压力还在增加，稳就业任务依然繁重，做好当前重点人群就业工作仍存在不少困难和问题。

（一）高校应届毕业生就业难度加大

河南省就业形势的一个特点就是，就业总量压力居高不下，特别是高校应届毕业生就业压力较大。囿于当前河南省高校学科专业设置及培养方式，毕业生供给与经济社会发展需求不相适应，一些企业的招聘意愿有所下降，合适的岗位也不充足，加之高校毕业生就业观念、教育结构与市场需求脱节的矛盾比较突出，毕业生就业需求日益个性化、多元化，这些都加大了高校毕业生求职难度，致使高校毕业生就业稳定性差、质量不高和压力增大。受疫情的影响，相较于以往高校毕业生的求职季，近年来的就业市场需求总体下降，线下招聘暂停，选择余地明显收窄，毕业生求职就业受到较大影响。

（二）贫困劳动力就业扶贫压力不减

虽然河南是内陆省份，经济受中美贸易摩擦的直接影响相对较小，但大部分外出农民工在东部沿海地区务工，多数企业遭受“产业链”受阻、订单减少等不利影响，部分企业用工需求不足，不得不降薪裁员，部分外出务工的贫困劳动力经济收入减少，外出务工意愿降低，增添了就业扶贫压力。当前新生代农民工比重大幅增加，虽然他们的技能素质和文化水平参差不齐，但对就业岗位有很高的期待，对融入城市有更强的诉求，一旦经济下滑出现大规模失业，他们很难回到农村，势必加重贫困劳动力就业问题。

（三）其他困难群体就业帮扶压力仍未完全释放

当前，“扶贫攻坚”工作中对贫困劳动力及退役军人等困难群众的就业帮扶工作压力仍未得到完全释放。退役军人在脱下军装进入职场时，明显会感觉不适应，在找寻合适的工作中面临着一些难题。再加上，近几年的就业环境并不乐观，使得能提供给退役军人的就业岗位进一步收紧，加剧了就业困难。此外，虽然河南与全国各地一道在 2020 年如期全面完成了脱贫攻坚任务，但河南接踵而至的多轮突发疫情、洪涝灾害等，给巩固脱贫攻坚成果带来了严峻挑战，直接影响了残疾人、农村妇女等特殊群体的就业帮扶工作进程和效率。

四 河南进一步做好重点群体就业扶持的对策建议

着眼于河南经济社会发展大局，现代化河南建设中的就业保障工作必须持续做好，尤其是要着力解决好重点群体的就业问题，做好退役军人、高校毕业生、农民工、就业困难人员等重点人群就业工作，织密织牢就业保障网。

（一）突出做好高校毕业生就业工作

一是要坚持“拓宽渠道、搭建平台、培育市场主体、教育引导”多管齐下的工作原则，切实把高校毕业生就业摆在就业工作的首位，促进高校毕业生多层次就业。二是要继续做好离校未就业毕业生实名制登记和监测，加强就业市场供需衔接和精准帮扶。三是要持续实施高校毕业生基层成长计划，扩大“三支一扶”“特岗教师”“西部计划”等基层服务项目规模，优化岗位招录时间，引导和鼓励高校毕业生到基层工作。四是要大力实施青年就业见习计划，扩大就业见习规模。五是要积极鼓励企业吸纳重点人群就业，通过税费减免、创业贷款等政策支持重点人群创业，促进更加充分更高质量就业。

（二）推进农村劳动力转移就业

一是要积极促进农村劳动力转移就业，完善区域劳务协作机制，加强与沿海省份劳务协作，促进农村劳动力就地就近就业和有序劳务输出。二是要加强农民工信息对接、劳务市场供需对接，实现就业服务精准化，推动有序转移就业，抓实就业脱贫，全力打赢脱贫攻坚战。三是要引导外出人士回乡创办领办经济实体，在现有基础上，再增加一批能够拉动内需、带动就业的新生企业，转移农村富余劳动力。四是要加大以工代赈实施力度，实施农民工素质提升工程等行动，努力促进农民工外出务工和就地就近就业创业。

（三）加强就业困难人员就业帮扶

一是省人社、民政、农业农村和残联等部门，要持续做好失业保险金、最低生活保障待遇发放，及时提供临时救助，保障失业人员基本生活，做好乡村低收入群体托底安置保障。二是不断完善困难人员动态跟踪调整机制，采取一对一帮扶，强化跟踪服务，及时落实扶持政策，确保有业可就，稳定增收。三是不断优化公益性岗位实名制数据系统，健全公益性岗位统计分析和动态信息监管制度，确保零就业家庭动态清零。四是做好化解过剩产能职工安置工作，强化服务、分类指导，通过公益就业服务和职业培训，实现再就业。

（四）加强退役军人就业保障

一是要不断完善退役军人就业政策，引导鼓励支持退役军人到重点行业、支柱产业、开发区和农村就业创业，促进退役军人就业。二是要稳定和拓宽就业渠道，增强职业技能培训实效性，给予政策支持，提升退役军人就业能力。三是要优化自主创业环境，鼓励军转退役人员自主创业，积极提供包括贷款服务、贴息扶持、职业培训补贴等一系列优惠政策，把创业者“扶上马、送一程”。

（五）统筹做好其他重点群体就业

一是要不断完善按比例安排残疾人就业办法，鼓励各级党政机关、事业单位、国有企业招录（聘）和安置残疾人就业。二是要进一步规范招聘行为，促进妇女公平就业。三是要持续完善针对特殊群体的社会保障政策，监督企事业单位按比例、按要求缴纳养老保险、失业保险等，确保特殊群体享受应有的服务。四是要鼓励、培训特殊群体利用“互联网+”等新业态，线上就业，足不出户实现灵活就业。五是要统筹做好来驻外国人、社区矫正人员、戒毒康复人员等特殊群体的就业工作。

第三节　健全就业公共服务体系

就业服务是国家基本公共服务，是稳定扩大就业、化解失业风险的基础手段。党的十九届五中全会审议通过的《中共中央关于制定国民经济和社会发展第十四个五年规划和二〇三五年远景目标的建议》提出，要“强化就业优先政策”“健全就业公共服务体系”，为稳就业、推动实现充分就业提供了重要遵循。2022 年政府工作报告也强调，要“坚持尽力而为、量力而行，不断提升公共服务水平，着力解决人民群众普遍关心关注的民生问题”。这就要求我们，必须扎实提升公共就业服务能力、优化就业服务机制、推动人力资源服务业高质量发展，健全公共就业服务和人力资源服务业发展体系。同时，持续改善劳动者就业条件、促进平等就业、维护劳动者权益、加强交流合作，优化就业环境。

一　发展背景与重要意义

（一）背景分析

就业公共服务制度是政府为促进充分就业而进行的各项就业公共服务的总称。按照服务功能划分，其主要包括：开展职业介绍、求职、招工登记；开展职业咨询和职业指导；对求职者进行再就业培训；对高校毕业生、残疾人、农村转移劳动力等特殊群体给予就业帮助；实施劳动者就业促进计划；搜集和提供劳动力市场统计信息，协助预测就业趋势和制定政策、开展劳动力市场研究；参与失业保险金的管理、发放，激活劳动者再就业意向等。现行的公共就业服务体系主要针对传统就业模式，使雇主和雇员之间签订长期劳动合同。目前，除鼓励各种电商平台建设、培养新就业形态载体以及对部分劳动者进行电商和相关信息技术培训之外，针对新就业形态从业人员，或拟进入新就业形态的从业人员的公共就业服务，包括职业介绍、技能培训等服务都存在一定的空白。后疫情时代，非长期劳动合同的雇佣关系可能会更加“常态化”，因此，需要加快建立与新就业形态相适应的就业服务体系。

在“劳动者自主择业、市场调节就业、政府促进就业和鼓励创业”的就业总方针下，党的十八大提出要推动实现更高质量的就业。2015 年“两会”期间，李克强总理指出，大众创业、万众创新和增加公共服务、公共产品是推动中国经济发展、解决中国就业问题的重要引擎。2017 年，国务院印发了《“十三五”推进基本公共服务均等化规划》，其核心是促进机会均等，重点是保障人民群众得到基本公共服务的机会，而不是简单的平均化。在有关政策制度的支持下，“十三五”时期，我国人力资源市场体系和公共就业服务体系建设取得了很大进展，人力资源市场不断壮大，人力资源服务信息化建设持续推进，公共就业服务体系逐步成熟。如何进一步高效配置人力资源，实现劳动者更高质量就业，是我国“十四五”时期就业工作的主要目标，而健全公共就业服务体系、推进人力资源市场体系建设是实现就业目标的基础手段。为此，2021 年 8 月国务院发布了《“十四五”就业促进规划》，提出要持续加强统一规范的人力资源市场体系建设，着力打造覆盖全民、贯穿全程、辐射全域、便捷高效的全方位公共就业服务体系，提升劳动力市场供需匹配效率。

（二）重要意义

就业公共服务体系是我国基本公共服务体系的重要组成部分，逐步完善就业公共服务体系，对于扩大就业规模、改善就业结构等具有重要意义。

1. 推进就业公共服务均等化

就业公共服务包括职业介绍、职业辅导、职业培训等多项内容，健全的就业公共服务体系可以扩展就业服务的覆盖面、提升就业服务的精准度。为此，河南省人力资源和社会保障厅等四部门联合印发了《河南省提升就业服务质量工程实施方案》，强调“凡年满 16 周岁（含）至依法享受基本养老保险待遇、有劳动能力、有就业要求、处于失业状态的城乡劳动者（含港澳台劳动者）可就近就地（在常住地或户籍地或参保地或就业地）进行失业登记和申请公共就业服务”，无疑会进一步提升公共就业服务的覆盖率。良好的公共就业服务措施有利于改善劳动力市场状况、减缓失业带来的消极影响、促进用人单位和劳动者有效对接，实现更加充分、更高质量就业。

2. 促进就业信息和数据互通共享

完备的就业信息是有效开展就业服务的基础和前提。健全就业公共服务体系，可以为信息采集、使用、共享提供完善的体系保障，提高就业信息数据的完整性、准确性和及时性。而进一步拓宽招聘信息归集发布渠道，完善岗位信息免费发布机制，推动就业信息和数据互通共享，有利于降低信息获取成本，提升招聘信息归集和匹配服务精准度，对于提高就业公共服务的质量和效率具有重要意义。

3. 鼓励引导社会力量参与就业服务

不断健全完善就业公共服务体系，有利于拓展社会力量参与就业公共服务的渠道，有利于发挥相关机构的优势，开展大规模多层次职业技能培训，促进公共就业服务训练基地建设，如面向脱贫劳动力、高素质农民、退役军人、转岗职工、残疾人、灵活就业人员等群体的以持证就业为目的的技能培训和创业培训，进而不断促进技能人才培养体系的完善，提升重点群体重点企业就业帮扶的主动性。

二 河南健全就业公共服务体系的主要做法

近年来，河南省瞄准满足劳动者和用人单位多元化的就业服务需求，在不断健全就业公共服务体系方面开展了一系列有益探索，为推进实现更加健全的均等化就业服务制度、更高水平的基本公共就业服务打下了坚实基础。

（一）坚持政治引领，不断完善稳就业政策体系

河南省委、省政府始终高度重视就业工作，不断强化省就业创业工作领导小组的职能发挥，建立了定期调度和工作会议机制。省委办公厅、省政府办公厅先后出台支持多渠道灵活就业、促进劳动力和人才社会性流动等硬核举措，省直相关部门密集出台一系列减负稳岗扩就业政策措施，省就业创业工作领导小组办公室组织编印《2021 年全省稳就业保就业主要政策 87 条》。当前，全省各地都在积极开展“万人助万企”活动，扩大稳岗返还惠及范围，2021 年就为企业稳岗减负超过 37 亿元。此外，河南省近年来打造的就业援助“四新”体系，被人社部推广；还形成了“1+3”科技信贷管理体系，得到了央视的专题报道。

（二）强化创业创新，有效发挥创业带动就业的作用

近年来，全省各级人社部门不断优化“四位一体”创业扶持体系，其

他相关职能单位也在职能范围内积极发挥各自优势以促进就业发展，如税务部门加大税收优惠政策扶持力度，市场监管部门深化“证照分离”“多证合一”“企业开办+N 项服务”等改革，为灵活就业和自主创业提供便利。得益于全省好的政策环境支持，河南省近几年的创业带动就业实现了“倍增效应”，如 2021 年新增创业担保贷款 118.3 亿元，累计发放总量居全国前列，扶持 7.09 万人自主创业。此外，近年来，全省各地坚持创业创新，创新创业的氛围渐趋浓厚，为创业带动就业奠定了基础。在 2021 年全国“双创”活动周中，洛阳市、鹤壁市荣获“城市创业精品展示项目”，许昌市荣获“城市创业优秀展示项目”，鹤壁市在“创业引领城市经济高质量发展”主题交流活动中作为典型案例进行了展示分享。

（三）持续做好职业技能培训和见习，提高促就业创业能力

近年来，河南深入推进“人人持证、技能河南”建设工程，取得了一定的实践成效。2017 年 12 月，河南省率先在省级层面出台《河南省职业培训条例》，推动职业培训工作法治化、规范化、品牌化、国际化。截至 2020 年底，全省技能人才总量 900 万人，其中高技能人才 226 万人。为进一步促进青年就业创业，河南省人社厅、团省委共同签署《关于共同实施“河南青年就业创业促进行动”（2020-2022 年）的框架协议》，随着政策落地见效，青年群体就业创业能力明显提升。2021 年，河南省委省政府办公厅又出台了《高质量推进“人人持证、技能河南”建设工作方案》，要求大规模开展“全劳动周期、全工种门类”职业技能培训和评价取证。河南省 2021 年开展各类职业技能培训 399.27 万人次，超额完成了年度目标任务。此外，从省内的一些地方实践看，各地也在持续加大工作推进力度，如漯河市在 2022 年度预算中增加专项资金用于“技能河南”建设，信阳市将“技能河南”建设纳入职教新城和人才未来社区建设规划，优先保障土地、资金需求，等等。总体来看，全省各地各部门围绕“人人持证、技能河南”建设目标，都采取积极举措推进职业技能培训和劳动者技能就业，有力助推了人口数量红利向素质红利转变的加快实现。

（四）精准对接就业供需，不断强化就业服务效能

为有效做好全省公共就业服务工作，近年来河南省人社、教育、乡村

振兴、工会、妇联、工商联等部门群团，始终重视全省公共就业服务一系列专项活动的运转效果，着力打造了就业援助月、春风行动、金秋招聘月、招才引智创新发展大会等知名服务品牌。同时，省内各地也结合工作实际积极创新招聘形式，拓宽就业渠道，如濮阳市打造了“就业红娘”直播间，漯河市推出了“刷刷视频找工作”，这些都有力促进了就业供需的精准对接。此外，河南省人社、住建、市场监管等部门持续强化人力资源市场监管，适时清理取消对就业的不合理限制，不断提升了劳动者合法权益的保护效度。

（五）加强就业服务保障，不断提升公共就业创业服务能力

为进一步增强公共就业服务能力，河南省近年来不断健全公共就业服务标准体系，逐渐统一了就业服务标准和业务流程，促进了全省就业服务标准化、专业化水平的提升。在推进公共就业信息化建设方面，建立了岗位信息归集发布制度，健全了公共招聘信息发布平台，同时着力推进了“互联网+就业创业”信息系统的应用，拓展了“智慧就业”“掌上就业”，实现了就业业务全覆盖、就业经办全天候、就业服务零距离。在优化就业服务方面，建立了重点企业人社服务专员制度，通过“一对一”“一站式”服务方法直接帮助企业享受社保和就业优惠政策，保住市场主体。同时，积极采取多种举措整合调动社会资源，提升人力资源配置能力，支持公共就业服务机构与专业性民办服务机构共同发展，指导用人单位通过调整薪资、轮岗轮休、调整工时、在岗培训等措施，保留劳动关系、稳定就业岗位。

三　河南健全就业公共服务体系面临的问题

当前，河南省的经济社会发展正处于增速换挡、动能转换、结构调整的关键阶段，传统企业转型可能会对部分岗位产生“挤出效应”，而去产能、处置“僵尸企业”任务比较重的行业和地区的就业压力也会加大，再加上新经济、新动能对劳动力的需求日趋多元化，就业市场的总量压力和结构性矛盾仍然存在。因此，我们必须直面就业领域主要矛盾的变化，深入分析其面临的机遇和挑战，坚持问题导向，调动各种积极因素，不断开创就业工作新局面，推动实现更高质量的就业。

（一）就业公共服务制度设计存在局限

就我国的就业公共服务制度设计而言，政府无疑是绝对的主体，但其所提供的就业公共服务内容大多是针对低技能行业从业人员的，对高端行业从业人员的就业服务相对较少，这就导致其在就业公共服务的模式供给上无法适应新形势下的就业需求，急需政府协调市场、营利及非营利组织等主体，建立多主体协调合作的就业公共服务制度。同时，虽然河南省已基本建立基层公共就业服务体系，实现了省、市、县、镇、村五级全覆盖，但就业公共服务的标准化、均等化建设与群众的就业期盼仍有不小差距，公共就业服务体系建设有待进一步提升。

（二）公共服务领域总体供给不足

作为公共服务体系的重要内容，就业公共服务体系不是孤立存在的，健全就业公共服务体系也不能只就就业而谈就业，要构建科学、高效的就业公共服务体系，离不开政府等其他公共服务体系的供给和支持。从实践上看，虽然河南就业公共服务体系宏观层面的制度建设已基本满足社会需求，但作为就业人口众多的人口大省，河南大部分就业者受教育水平不高、劳动权益保护程度不高、职业安全和健康等问题突出，得到的其他诸如教育、社会保障、公共卫生等内容的公共服务体系供给仍不足。着眼于此，河南省在 2022 年发布了《河南省基本公共服务实施标准（2021 年版）》，也专门就做好就业创业服务和工伤失业保险服务提出了明确标准，涵盖了就业登记与失业登记、就业见习服务、劳动关系协调、就业援助、职业技能培训等。可以预见的是，未来河南的就业公共服务在明确的“标尺”下必将获得更好的发展，全省的公共服务体系和社会保障体系也将不断健全，从而进一步助推就业公共服务体系的完善。

（三）就业公共服务资源不均等问题凸显

毋庸置疑，良好的就业公共服务能促进用人单位和劳动者有效对接，缓解失业带来的消极影响，实现更充分更高质量的就业。“十三五”时期，河南逐步建立起了比较完善的就业公共服务体系，就业服务水平进一步提高。但从整体上看，不同地区、不同群体在获得就业资金投入、岗位培训、就业帮扶等公共服务方面差距还很大，全省的就业公共服务资源不均等问题比较突出。例如，为应对疫情冲击，2020 年前三季度，河南省通过“补、减、保”，累计筹措支持就业资金 88.7 亿元，减免社保费用 288 亿元，落实好重点群体就业创业政策，稳住全省就业基本盘，但就业资金投入更倾向于发达地区和城市就业人群，就业资金投入具有明显的不均衡性。

（四）就业公共服务的信息化建设水平还不高

做好就业公共服务的信息化建设，既是满足就业群体便捷获取信息资讯的现实需要，也是高效开展就业服务的基础和前提。近年来，河南在加强就业信息化建设上做了不少工作，强化了流动人员人事档案库房、服务场所和信息系统等基础设施建设，推进了就业创业政策信息和各地公共就业服务机构招聘、见习、培训等服务信息的联网发布，并针对疫情影响组织开展了“万人助万企”线上双选会等，这些都有效促进了全省高质量就业。但也应当看到，目前全省就业公共服务信息化建设缺乏统一的规划、管理，导致公共就业服务一体化建设、就业服务标准化建设受限，就业服务信息化的整体水平还不高，这既影响了就业信息的互通共享，制约了劳动力市场资源要素配置，造成“信息孤岛”现象，也不利于就业服务水平和就业服务效率的进一步提升。

四　河南健全就业公共服务体系的对策建议

河南是人口大省，劳动力资源丰富，切实解决好就业问题十分重要。河南省要紧扣“十四五”规划要求，不断健全就业公共服务体系，坚持扩容与提质并重、均等与精准并举，力争在就业服务制度更加均等化、就业服务经办更加精准化以及就业服务更加智慧化等方面取得一些突破性的进展，以此来进一步健全完善覆盖全民、贯穿全程、辐射全域和便捷高效的全方位公共就业服务体系。

（一）构建多元化服务机制，提升就业服务质量

一是要健全公共就业服务体系。河南省人社、发改、财政、民政部门应着力推动落实《河南省就业服务提质工程实施方案》，统筹开展“11+N”公共就业服务系列专项活动。人社部门应会同工信、公安、卫健等部门，

细化做好服务重点企业的招工用工工作，以缓解“招工难”问题。二是要建设高标准人力资源市场体系。加快推进河南省人力资源市场条例立法，制定推进全省人力资源服务业高质量发展的实施意见，开展人力资源服务业发展法治化、规范化、品牌化建设行动，提升就业服务质量。三是要推进公共就业服务信息化建设。有序开展就业服务标准化试点工作，推动就业服务向移动终端、自主平台延伸，实现就业服务“一窗通办、一网通办”，力争公共就业服务事项能够100%网上办理。

（二）推进公共就业服务均等化、标准化建设，优化就业服务环境

一是要推进公共就业服务均等化。建立覆盖城乡劳动者的就业创业公共服务体系，完善普惠性的公共就业创业服务制度，创新公共就业创业服务供给模式和服务功能。持续深入推进公共就业服务事项的“一网通办”。二是要推进公共就业服务标准化。持续推进“减证便民”，进一步压缩办事时限，提升就业服务质量。创新服务模式，建立公共就业服务规范承诺制。扩充服务手段，以公共就业服务管理为重点，研制一批地方标准，规范公共就业服务内容、服务范围、服务流程，加快推进机构统一、标识统一、名称统一、柜台统一的窗口服务品牌建设。

（三）完善创业扶持体系，增强带动就业能力

一是各相关部门要大规模开展创业扶持培训，着力激发创业创新动力。市场监管部门应深化“证照分离”改革，财政、人社、科技、税务部门要强化创业融资支持，增加创业担保贷款发放额度。二是发改、人社、科技部门要建设特色化、标准化、专业化的高质量创业平台载体，办好“双创”活动周、“豫创天下”、“凤归中原”等创业大赛和创业推进活动。三是人社部门要积极牵头健全灵活就业劳动用工和社会保障政策，实施新就业形态劳动者权益保障专项行动，建设一批规范化零工市场，支持灵活就业健康发展。

（四）抓好技术技能人才培养培训，提高劳动者素质

要不断强化技能培训对经济发展的人才支撑和减缓就业压力的“缓冲器”作用，推动开展大规模职业技能培训，扩大以工代训范围，支持企业

通过线上线下培训平台以训待岗、以训稳岗，对受疫情影响需要转换工作岗位的人员或暂时失业下岗的人员，提供更便捷的学习机会和专门的培训，积极发展适合灵活就业人员转岗培训的新职业。同时，可探索职业教育与技能鉴定的结合方式，及时赋予与之相匹配的职称和待遇。

第四节 加强失业风险防范

2021 年 5 月，习近平总书记发表了重要文章《正确认识和把握我国发展重大理论和实践问题》，指出“要加大人力资本投入，提升教育质量，加强职业教育和技能培训，提高劳动者素质，更好适应高质量发展需要，切实防范规模性失业风险”。近年来，面对疫情防控和经济形势下行的双重压力，如何保就业防失业、兜住民生底线，切实解决民众就业问题，防范规模性失业风险，成为后疫情时代我国民生保障工作的重中之重。

一 发展背景与重要意义

（一）背景分析

很长一段时间以来，我国经济社会发展形势运行良好，有力支撑了就业增长的基本面，但受近年来疫情形势的影响，我国局部存在规模性失业风险。当前，我国的失业风险主要源自三个方面：一是新冠肺炎疫情冲击的直接及后续影响；二是国内经济进入新常态对就业造成的压力；三是对外开放与输入型的就业风险。其中，新冠肺炎疫情的冲击是目前我国失业风险加大的主要诱因。据中国企业改革和发展研究会关于新冠肺炎疫情的跟踪调查，98.4%的受调查企业都表示疫情会对企业的经营产生影响，仅有 1.6%的企业认为疫情以来企业的经营发展面临新的机遇。而企业在受到疫情冲击后，应对策略往往以降薪裁员为主，这就使风险迅速传导至劳动力市场。应当看到，虽然新冠肺炎疫情对我国就业市场造成了直接的影响，但就业风险不仅来自疫情，经济新常态下的经济增长放缓也是失业风险增加的一大因素。此外，当与我国有贸易往来的国家经济发生危机时，就业风险也会通过外贸、投资等途径传导到国内，进而通过上下游产业链波及更多企业和产业，对我国就业市场产生冲击。从近期的国际形势与环境看，输入型就业压力依然较大。

面对严峻的就业压力、失业风险，我国也相继出台了一系列保民生、稳就业的保障措施。2020 年 7 月，国家发改委印发《关于全力做好下半年稳就业保就业有关工作的通知》，明确要集中政策资源，强化要素支撑，加强项目资金投入，促就业举措要应出尽出，拓岗位办法要能用尽用。2021 年 8 月 27 日，国务院发布的《“十四五”就业促进规划》提出，到 2025 年，就业领域风险监测预警和应对处置机制不断健全，失业人员保障范围有效扩大、保障水平进一步提高，困难群体得到及时帮扶，就业安全保障更加有力。就我国当前的就业总体形势看，基本面无疑是好的，但就业领域面临的新挑战也在不断出现。可以预见的是，今后一段时间内，我国的就业结构性矛盾和就业总量压力会长期存在，既有超千万人的高校毕业生等新生劳动力就业压力，也有相当体量的农村富余劳动力需要转移就业，扩大就业容量、促进重点群体就业任务艰巨。与此同时，“就业难”和“招工难”并存已成为就业领域的突出矛盾，解决技术人才的持续性短缺问题，提高劳动者技能水平，将成为防范规模性失业、兜牢民生底线的当务之急。

（二）重要意义

2021 年国务院印发的《“十四五”就业促进规划》，对产业结构调整、政策变化等过程中潜在的失业风险进行了梳理分析，部署了“妥善应对潜在影响，防范化解规模性失业风险”重点任务，以确保加强风险应对处置和监测预警。做好重大突发事件的稳就业预案，落实失业帮扶，对稳固就业形势乃至社会安定至关重要。

1. 加强失业风险防范有助于促进就业和社会大局稳定

就业是经济社会发展最基本的支撑，也是最大的民生，更是社会稳定的基石。从实践操作上看，加强失业风险防范是落实就业优先政策的重要推力，要保证新增就业目标完成，必须通过监测预警、准确识别，对潜在的失业风险加以把控，以确保就业政策有效实施。事实上，降低失业风险最有效的手段就是监测摸底开展失业风险评估，并结合实际制定稳就业预案。后疫情时代，针对重点行业、重点群体，不断强化失业风险监测、失业预警处置等失业风险防范措施，不仅有助于推进就业政策落实、实现更高质量就业，也深刻影响着社会和谐稳定大局的巩固。

2. 加强失业风险防范可以规避规模性失业风险

《“十四五”就业促进规划》明确提出，要全面强化风险应对处置。可以预见，不断强化失业风险防范，预警潜在的规模性失业风险，尽可能调动一切力量扩大和新增就业岗位，将成为“十四五”时期就业促进政策的重要内容。面对就业形势的新变化、新挑战，要从经济社会发展全局看待失业的潜在影响，把稳就业、防范失业风险摆在更加突出位置，强化底线思维，做实就业优先政策，既努力创造更多就业岗位，也要稳定现有就业岗位。为此，从宏观政策面和细则实施上都尽力做好失业风险防范工作，将会最大限度地减少失业现象，即使有一般性失业，也能够有效应对规模性失业风险的发生。

二　河南加强失业风险防范的主要做法与成效

（一）持续推进“技能河南”建设

近年来，河南省持续推进全民技能振兴工程，深入贯彻落实《河南省职业培训条例》，健全完善技能人才评价体系，落实各项人才补贴政策，大力开展各类职业技能竞赛。在技能培训方面，强力推动了企业职工全员培训，大力发展了技工院校人员培训，河南 2021 年完成各类职业技能培训 300 万人次，新培养高技能人才 80 万人，新增技能人才 240 万人。同时，还组织开展了职业技能竞赛活动，举办河南省职业技能大赛，有力促进了优秀高技能人才脱颖而出，提升了劳动者的就业能力，为加快建设知识型、技能型、创新型劳动者队伍提供了重要支撑。

（二）扎实做好就业扶贫工作

为进一步巩固拓展脱贫攻坚成果，提升已脱贫贫困劳动力的“抗失业风险”能力，促进贫困劳动力就业创业，河南省结合全省工作实际，在 2020 年启动开展了就业扶贫百日攻坚行动，已确保贫困劳动力实现应就业尽就业，如期完成决战决胜就业扶贫这场硬仗的各项目标任务。同时，河南省多部门还联合出台了《河南省稳定和扩大贫困劳动力就业创业 12 条措施》，以稳定和扩大建档立卡贫困家庭劳动力就业创业，有力促进了贫困劳动力就业增收，减缓了贫困劳动力的失业风险。在此背景下，省内多个地方也结合实际出台了做好稳定和扩大建档立卡贫困家庭劳动力就业创业工作的实施意见，如《开封市稳定和扩大贫困劳动力就业创业 15 条措施》《遂平县稳定和扩大贫困劳动力就业创业 15 条措施》等，借助开发公益性岗位、落实各项补贴政策等措施，有效促进了贫困劳动力稳岗工作，带动了贫困劳动力就业创业。其中，开封市在 2020 年新开发了 4642 个扶贫公益性岗位，累计开发 25975 个，扎实推进了就业扶贫工作，并成为全省典型。

（三）不断完善就业援助服务

近年来，为缓解就业压力，防范规模性失业，各级政府积极开展就业援助工作，通过公益性岗位安置等途径，对就业困难人员实行优先扶助和重点帮助。河南各地在严格遵守疫情防控相关规定的前提下，积极通过政策宣讲、“云”招聘、专场活动和提供技能培训、专项帮扶资金等形式，探索建设线上公共就业服务体系，为就业困难群体送技术送岗位。2022 年，河南省着力开展了以“就业帮扶真情相助”为主题的“就业援助月”活动，有力助力了困难群体就业，为企业送服务、保用工。此外，全省各地还以社区（村）为单位开发便民服务岗位，以街道（乡镇）为单位搜集辖区内企业空岗信息，并以县（市、区）为单位开发一批辅助性、非营利性、临时性的公益性岗位，为困难群众提供托底安置。

三 河南加强失业风险防范面临的问题

（一）数字经济背景下新旧业态更迭带来规模性失业风险

当前，数字经济正在快速发展，其已深刻影响了就业结构的调整，而实体经济也在数字新技术的影响下，外延被不断扩展，新经济、新业态日渐涌现。从实践上看，近年来电子商务进乡村活动、直播带货脱贫致富在全省各地开展得有声有色。2022 年直播带货更是被首次写入中央一号文件，强调要实施“数商兴农”工程，推进电子商务进乡村。毋庸置疑，随着电子商务的迅速发展，网络就业创业渐趋扩展，商品销售不再受销售范围、销售时间的限制，经营成本大幅下降，对就业空间起到了拓展作用，但也在一定程度上对传统实体行业造成很大冲击，削弱了线下就业吸纳力。据观察发现，线上经济的冲击导致大量线下企业生意惨淡，经营困难或破产倒闭，相应的岗位需求大幅缩减。而类似的情况在传统行业或新业态中普遍存在，这种行业结构性的变化可能会导致规模性失业问题，应予以高度重视。

（二）传统产业转型升级可能诱发失业风险

一直以来，传统产业都是吸纳就业的主力军，在河南省产业发展中具有举足轻重的作用，关乎经济发展基本盘的稳定。就河南省的传统产业而言，它们是以钢铁、煤炭为主的资源型重工业，中低端制造业以及农业。不过，当前河南省正在积极推进传统产业转型升级，着力提升传统产业领域企业自主创新水平，加快培育传统产业领域创新型企业集群，这给传统产业带来了转型机遇和发展挑战。与之伴随的是，在淘汰落后产能和智能农业的快速推进下，传统产业吸纳劳动力就业的能力在不断弱化。比如随着生产智能化的发展，郑州富士康引入机器人代替人工，就业拉动力度减小；河南能源化工集团旗下多家煤矿限产停工，导致工人失业下岗。再加上，传统产业转型升级对高精尖人才的需求大幅增加，使得非技能劳动力就业更加困难，加剧了其失业风险。

（三）劳动力技能素养不足加剧失业风险

河南是全国常住人口第三大省、劳务输出第二大省，但河南居民人均可支配收入却很低，据统计，2020 年在全国 31 个省份中排在第 24 位。其中一个重要的原因就是，劳动者技能素养不足，就业层次偏低，工作技术含量不高。当前，河南省的产业结构转型升级和数字经济正在加速发展，对劳动力就业技能素养提出了新的要求，而新兴职业、新岗位也在逐渐淘汰旧岗位，新岗位所要求的职业技能也变得多元化、丰富化，岗位边界逐渐变得模糊化，中小企业对复合型技术人才的需求越来越大。这就使得就业供需矛盾被进一步激化，低技能劳动者就业市场紧缩且面临失业风险，而高技能劳动力岗位人才缺口严重。

四　河南加强失业风险防范的对策建议

（一）持续推进“技能河南”建设，不断提高劳动者职业素养

一方面，要加快推进“人人持证、技能河南”建设，大规模开展“全

劳动周期、全工种门类”的职业培训和评价取证，确保完成各类职业技能培训任务；另一方面，各成员单位要立足自身职责，强力推动企业职工全员培训。教育部门要发挥院校培训主力军作用，抓好技工院校专业设置，提高人才培养结构与行业产业结构的契合度。公共就业训练中心和社会培训机构要进一步扩大培训规模，服务失业人员再就业。同时，河南省人社、教育、财政、工会、妇联、残联等部门及团省委要广泛开展职业技能竞赛活动，举办河南省职业技能大赛，通过职业技能比赛增进交流，不断提升劳动者的职业素养。

（二）常态化开展就业形势分析研判，做好就业风险防控工作

人社、统计部门要健全常态化就业失业统计监测制度，紧盯重点领域建立舆情分析、信访跟踪、裁员报告联动机制和联合处置机制。加强重点企业用工监测，完善落实稳就业总体预案和规模裁员应对、失业人员帮扶、重点地区援助、突发事件处置 4 个分预案，防止发生影响社会大局的规模性失业风险和群体性就业事件。人社、公安部门协调移动、联通、电信等单位，要加强农民工转移就业监测，在全省范围内建立“反应迅速、行动高效、反馈及时、双向联动”的工作机制。此外，各地各部门要持续开展清理整顿人力资源市场秩序的专项行动，依法查处招聘中的虚假欺诈现象，严厉打击就业歧视、非法中介等行为，防止发生冲击社会认知、引发舆情炒作的事件。

（三）不断加强劳动仲裁法治化建设，维护劳动者合法权益

要着力加强劳动人事争议调解仲裁法治化建设，完善仲裁机构工作制度，规范办案流程，创新办案方式，优化办案程序，依法加大终局裁决、先行裁决、先予执行裁决力度。不断健全裁审衔接与工作协调机制，进一步提升多方联动化解和仲裁快速处理能力。持续优化以信息化为载体的仲裁办案及质效管理体系，全面推进“互联网+调解仲裁”，大力推进数字仲裁、智能仲裁和“互联网+仲裁”服务平台建设，畅通各类争议绿色通道，提高争议处理效能。着力加强基层调解组织建设，推动各类企业普遍健全内部劳动争议协商调解机制，重点指导规模以上企业建立专业、规范、高效运转的调解委员会。加强乡镇（街道）专业性劳动争议调解中心规范化建设，初步实现仲裁队伍职业化、专业化。

第三章　优化收入分配结构

党的十九大报告指出，我国社会主要矛盾已转化为人民日益增长的美好生活需要和不平衡不充分的发展之间的矛盾，而做好收入分配工作无疑是实现平衡、充分发展的关键环节。

习近平总书记曾深刻指出，要发挥分配的功能和作用，处理好效率和公平关系，构建初次分配、再分配、三次分配协调配套的基础性制度安排。可见，不断完善收入分配制度是实现共同富裕的重要制度保障，因为实现共同富裕的目标，不仅需要全国人民共同奋斗把“蛋糕”做大做好，更需要通过合理的制度安排把“蛋糕”切好分好。从我国的发展现状看，2021年我国 GDP 总量已突破 110 万亿元，这昭示我国已经将经济这块“蛋糕”做大，这是改革开放四十多年来，中国共产党带领全国各族人民勠力同心、共同奋斗所取得的成果。与此同时，等待我们的考验是：如何“分好蛋糕”？收入分配问题不得到合理解决，势必会使得经济与社会的协调发展面临阻碍，而优化收入分配结构，对于提升人民幸福指数、稳步推进共同富裕至关重要。着眼于河南现阶段的居民收入及分配状况，推进河南收入分配结构优化，首先要拓展居民收入增长渠道，这将有助于居民收入水平及消费能力的提升。其次，应当培育与扩大中等收入人群，这能够有效地减少城乡收入发展不均衡以及城市和城市之间收入水平不均衡的问题。最后应进一步完善再分配制度，这能够更好地保障和改善民生，促进社会公平。

第一节　拓展居民收入增长渠道

得益于改革开放的带动，近几十年来我国的国民经济获得了飞速发展，综合国力显著提升。要使老百姓真正享受到经济发展所带来的红利，应确保居民收入与经济增长步伐相一致，拓展居民收入增长渠道，也就是要确保居民收入与经济增长步伐的一致性。当前，河南省经济规模总量巨大，GDP 总量在我国长期稳定排在前五位，但是人均收入指标却排在全国后位，其主要原因就是河南地区发展不平衡，居民收入差距较大；居民收入渠道较为单一，以工资性收入为主。要消除地区发展的不平衡，改善当前居民收入单一的现象，持续满足人民追求美好生活的愿望，河南势必要积极采取多种措施加速拓展居民收入增长渠道，不断推进河南幸福美好家园建设。

一 拓展居民收入增长渠道的背景和意义

（一）背景分析

回顾“十三五”，河南居民收入取得了显著的增长，居民收入基本与经济增长保持同步。2016 年，河南省生产总值突破了 4 万亿元大关，达到了 40249.24 万亿元，2020 年增长至 54997.07 万亿元，在全国 31 个省份中位居第五。居民人均可支配收入在 2017 年突破了 2 万元大关，达到了 2.02 万元，2020 年增长至 2.48 万元，同 2015 年相比增加了 7685.35 元，增长率达到 44.88%，年平均增长率为 7.72%，扣除物价上涨因素，年均实际增长率为 5.50%，[①] 这和省内人均生产总值的增长幅度基本保持一致，但落后全国居民人均可支配收入平均增速 0.2 个百分点。从分析来看，其主要原因是河南省居民收入渠道单一以及面对突发危机时的应变能力和韧性不足。应当看到，河南在庞大的人口基数下，居民人均可支配收入增速能与全国增速基本持平已属不易，这说明河南在经济社会发展过程中做到了统筹兼顾、以人为本。从河南省的城乡收入差距来看，城乡居民收入水平仍有继续拉大差距的倾向，但农村居民人均可支配收入增长速率要快于城镇，城镇居民人均收入与农村居民人均收入的差距持续缩小。这主要得益于精准脱贫政策的深入贯彻与执行，以及脱贫攻坚和乡村振兴的有效衔接。不过，河南在全国发展大局中的战略定位是人口大省和农业大省，对于一个拥有着一亿多人口，其中农业人口占比超 40%的农业大省来说，实现居民收入的整体提升面临着巨大压力。

① 《河南省统计年鉴 2021》，河南省统计局官网，http：//oss.henan.gov.cn/sbgt-wztipt/attachment/hntjj/hntj/lib/tjnj/2021nj/zk/indexch.html，2021 年 12 月 16 日。

（二）重要意义

无论是一个国家还是地区，经济的繁荣昌盛、社会的安定和谐是建立在提高全体居民收入的基础上的。拓展居民收入增长渠道，增加居民收入来源，是提高全体居民收入、缩小收入差距的重要举措，更是深化收入分配制度改革、实现共同富裕的必由之路。当前，河南正处于经济快速发展向经济社会高质量发展稳步过渡阶段，不断拓展居民收入增长渠道，让民众的钱袋子鼓起来，确保全体居民增收与经济发展同步，是推动社会经济高质量发展、实现共同富裕的题中应有之义。拓展居民收入增长渠道，使居民收入保持持续、健康增长，有利于满足居民群众对物质文化方面的基本需求，提高居民群众的幸福感安全感获得感；有利于增强居民收入的稳定性和抗风险性，维护社会大局稳定；有利于倒逼产业多元化的发展，进而为经济发展提供源源不断的动力。因此，河南省应不断致力于拓展居民收入渠道，多措并举实现全体居民收入稳定增长，让河南经济发展成果惠及全体民众。

二　河南省居民收入构成现状与存在的问题

当前河南经济社会发展已由高速发展转向高质量发展，居民收入实现了稳步增长，收入结构也在发生调整和优化。从构成上看，居民收入主要包括工资性收入、经营性收入、财产性收入和转移性收入。

（一）工资性收入

在居民收入结构中，工资性收入是占比最大的一项。2020 年，河南省居民人均工资性收入为 1.24 万元，占居民收入的 50.1%，同 2015 年河南省居民人均工资性收入相比上涨 3643.66 元，年均增长率为 7.2%，工资性收入占居民收入比例同 2015 年 51.4%相比下降了 1.3 个百分点，但工资性收入仍然是河南省居民收入增加最大的“发动机”，对居民收入增加贡献率达到了 47.41%。[1] 不过，河南工资性收入也存在着一个突出问题，那就是城

① 《河南省统计年鉴 2021》，河南省统计局官网，http：//oss.henan.gov.cn/sbgt-wztipt/attachment/hntjj/hntj/lib/tjnj/2021nj/zk/indexch.html，2021 年 12 月 16 日。

乡工资性收入差距大，农村居民与城镇居民的收入差距主要来自工资性收入，其主要原因在于农村人口就业渠道受限，工资性收入增长压力大。随着河南省城镇化进程的不断加快，一些农村人口选择离开农村进城务工，这使得农民的工资性收入取得了一定幅度的增长。2017 年河南省农村居民的工资性收入达到 4770 元/月，所占比重为 37.5%，至此河南省农村居民的工资性收入逐步成为其主要收入来源之一，并占据最主要的地位。河南省农村居民的工资性收入与我国平均水平相比，虽然差距在逐渐拉小，但河南省的工资性收入所占比重依然不高，尤其是当前河南农村人口受教育程度普遍较低，缺乏专业的知识与技能，无法适应专业性岗位，所以，农村人口的工资性收入并未从根本上得到提高。据河南大学“百县千村”整村调研数据，目前河南省农村居民受教育程度主要是初中，该教育程度人口占比达 55%；其次是小学，该教育程度人口占比为 13.7%；还有 2.87%的农村居民未接受任何教育。通过此数据可以看出，河南省农村人口中有超过七成人口未接受过初中以上教育。正是因为农村进城务工人员受教育层次较低，缺乏从事专业性职业的专业技能，大多数人只能从事一些重复性的体力劳动，可选择的劳动岗位较少，就业渠道单一且不通畅，更缺乏工资议价权，存在着找活难、工期不延续、被过度压价等现象。近年来，国家对于农业、农村、农民即“三农”问题持续关注，使得农村居民的经营性收入稳中有升，但要持续推进农村居民收入增长，缩小其与城市居民的收入差距，就必须消解农村居民工资性收入增长的压力。

（二）经营性收入

在居民收入结构中，经营性收入是提高收入水平的助推器。据相关统计，2020 年河南省居民人均经营性收入为 5142.42 元，占居民收入的 20.7%，同 2015 年相比上涨 1073.3 元，年均增长率为 4.86%。不过，经营性收入在收入结构中所占的比重有所下降，同 2015 年 23.8%相比下降了 3.1 个百分点。作为河南省居民收入增长的重要助推器，经营性收入对居民收入增加的贡献率为 14.53%。具体到河南农村地区，与城市居民相比，河南农村家庭经营性收入占农村人口收入比例更大，其在很大程度上影响着农村居民生活质量的提高。在全面实施乡村振兴战略的大背景下，河南农村居民家庭的经营性收入增长主要面临以下几方面困难：一是随着农民向城市迁移，河南农村地区农业劳动力成本显著提升，且相关生产要素的价格也随之提升，更加导致了农业的生产成本日益加大，从而减少了农村居民家庭的经营性收入。二是在经济全球化的影响下，中国从海外进口农产品的关税价格逐渐降低，甚至出现海外进口农产品价格低于国内主要农产品的价格，这导致了国内外农产品价格的倒挂，从而严重影响了国内农产品的大宗交易量。三是受限于农民自身文化素养的现状，尽管农业新科技、新产品不断涌现，但他们无法将先进且有着较大市场缺口的新技术与新品种应用在农业生产、经营中，并将之转化为自身的生产力。四是河南特色农产品的二次开发能力欠缺，没有形成丰富多元的农业产业链，农业自身品牌的效应没有显露出来，这对农民的农业经营性收入影响很大。

（三）财产性收入

财产性收入由国民收入初次分配产生，在核算居民财产性收入时，主要计算居民以积攒的资本在社会生产和生活活动中所获得的收入，即居民通过运营个人动产以及不动产所获得的收入，包括将自身财产使用权赋予他人（如通过货币借贷所获得的利息），出租闲置房屋获得的租金，授权他人使用专利获得的专利收入等，或运营自身财产所获得的利润（如购买基金、股票、保险等获得的分红、增值收益等）。财产性收入是居民可支配收入的四大支柱之一，它不但是改善人民生活最有潜力的部分，同时也是我国深化收入分配制度改革、优化居民可支配收入结构的重要内容。据相关统计，2020 年河南省居民人均财产性收入为 1563.25 元，占居民收入的 6.3%，与 2015 年相比上涨了 625.29 元，年均增长率为 11.29%。同时，在收入结构中河南省居民财产性收入所占的比重由 2015 年的 5.5%上升至 2020 年的 6.3%，但是财产性收入在居民收入中所占的比例仍然过小，导致财产性收入增加拉动居民收入增长的效果并不明显，对居民收入增加的贡献率为 8.14%。此外，目前河南居民获得财产性收入的渠道较少，城乡之间、区域之间的财产性收入差距巨大，使得改善财产性收入问题变得异常复杂。不过，综合对比后可以发现，财产性收入在四大可支配收入中增长最快，这背后是河南居民物质财产总量增加和对物质财产运营能力的逐渐变强。

（四）转移性收入

在居民收入结构中，转移性收入是推动居民收入增长的重要动力。据相关统计，2020 年河南省居民人均转移性收入为 5664.72 元，占居民收入的 22.8%，同 2015 年相比上涨了 2343.1 元，在收入结构中所占比重增加 3.4 个百分点，年均增长率为 11.28%，对居民收入增加的贡献率为 30.49%，与居民财产性收入增长率基本持平，是居民收入增加的第二大动力。近年来，河南省政策性生活补贴、社会救济和补助、赡养补贴、城乡低保和养老金标准都有大幅提高，覆盖面在不断扩大，社会保障体系逐步完善，从而显著拉动了居民转移性收入的增长。就河南农村地区而言，河南省农村人口转移性收入从 2014 年开始快速增长，所占收入比重也从 2010 年的 5%增长至 22.9%，开始超过河南省居民转移性收入的平均水平。不难发现，河南省政府对民生的转移性收入扶持力度在持续加大。不过，由于各种社会性和自然性因素，目前政府财政收入有所下滑，靠补贴来增加农民转移性收入的压力逐渐上行，惠农方面的补贴效率也有所下降，如我国多项补贴政策在 WTO 中属于黄箱范畴，某些农作物的补贴其实已经达到上限，无法继续增加，这也是乡村振兴推进过程中所面临的一个挑战，需要进一步拓展财政收入空间，创新农业补贴方式。

三　拓展居民收入渠道的具体途径

（一）积极实施稳就业保就业政策，把稳市场基本盘

就业是民生之本，是发展之基，也是财富创造的源头活水。近年来，河南积极贯彻中央提出的“六稳”“六保”工作总方针，以保就业、稳就业为核心，瞄准提升居民收入水平目标，围绕就业千方百计保民生。稳就业是稳收入之本，稳市场是稳就业的前提，因此，把稳市场基本盘，激发市场主体活力成为稳定和完善就业环境的首要之举。一是要着力健全就业市场体系，确保岗位供给顺畅，减少摩擦性和结构性失业的数量。二是要为中小微企业排忧解难，增强中小微企业岗位供给的稳定性，减少非自愿性失业的数量。2020 年以来，河南深入开展了“万人助企”活动，出台了帮助中小微企业纾困解难的一系列措施，通过采取积极宽松的财政、税收、

金融等政策助力小微企业稳定发展，2021 年河南省为小微企业稳岗减负投入超过 37 亿元[①]，保障了就业岗位提供不受疫情影响。三是要实施更加积极的专项就业政策，重视和保障弱势群体的就业，通过公益性岗位安置、职业介绍、技能培训等途径，促进特殊失业群体再就业。四是要强化实施人才强省战略。当前，河南正在不断加大产业结构升级的力度，各产业正在由劳动密集型向人才聚集型转变，因此，要进一步加大人才培育力度，不断提高适龄人群的教育素养和就业能力，提升就业人群的职业技能，多元化谱写“人才强省”的交响曲。2017~2021 年，河南省各类职业培训惠及 1773.61 万人次、新增高技能人才 79.27 万人，全省高技能人才总量达 226.59 万人。[②] 五是要持续完善相关保障机制，鼓励开展自主创新创业。近年来，河南通过完善政策支持、加强教育培训、聚合孵化资源，开设了创业基础课，推进了创有所学、创有所助、创有所成，促进了双创支持体系的健全，为高校毕业生创业发展提供了新动力。六是要持续打造公平竞争的市场环境，完善公平竞争的就业保障机制，从而促进公平就业。

（二）拓展农村劳动适龄人员非农业就业渠道，提高农村居民收入

保障和提升农村居民人均收入需重视农村劳动适龄人员的就业问题，不断拓展农村劳动适龄人员非农业就业渠道。一是应当扩展农村劳动适龄女性非农业就业渠道。政府以及相关劳动部门应当重视农村女性劳动力工资性收入增长所面临的困难和问题，制定和完善相关政策，增设适合农村女性劳动力就业的岗位，扶持农村女性劳动力自主创业，同时提高农村女性进城务工的比例。二是要加大农村教育的财政投入力度，加强对农村适龄青年职业教育，重视农村适龄青年就业发展问题，提高农村劳动力素质。首先要加大对义务教育的财政投入，提升农村基础教育水平，减少初中以下学历水平的人群比例，同时加强农村居民的教育法律意识，提升农村居民对义务教育既是义务更是责任的认知。其次，要提升乡村教师的福利待遇，改善乡村地区的

---

① 《河南省坚持“五路并进”努力做好高校毕业生就业创业工作》，2022 年 4 月 22 日，教育部官网，http://www.moe.gov.cn/jyb_sjzl/s3165/202204/t20220422_620555.html。

② 《保就业之本 育技能人才 河南聚焦人才市场稳量增质》，大河网，https://news.dahe.cn/2021/11-04/920543.html，2021 年 11 月 4 日。

教学场所及其教学条件。最后，鼓励农村地区开办各类农村职业技术学校、培训中心、技工技师学校，并向本地区农村居民开展多维度、多层次、专业化、精细化的技能技术培训，提高农村劳动人口的职业技能，提升农村劳动力就业竞争力。三是要结合实现乡村振兴战略和各地农村发展实际，加快推进农业现代化，加强农产品深加工、采摘、观光、文旅等产业的融合发展，进而从根本上拓展农村适龄劳动力的就业渠道。

（三）拓展居民工资性收入渠道

工资性收入是居民最稳定、最基础也是占比最大的收入。拓展居民工资性收入渠道需从以下几个方面入手。一是着力稳发展、保就业，确保经济大盘持续稳定增长，人民的工资性收入才能拥有稳定来源。二是推动产业结构调整，加快第一、二、三产业融合，增强新兴产业前后旁侧的关联效应，实现产业多元化发展，从而实现多元化拓展就业渠道、增加就业数量。三是推动产业结构整体升级，加快产业价值链整体攀升，从根本上打破工资性收入的增长界限。四是健全工资合理增长和支付保障机制，完善最低工资标准和工资指导线形成机制，积极推行工资集体协商制度。五是加强和完善按要素分配政策制度，坚持以按劳分配为主，健全劳动力生产要素报酬由市场决定的机制。六是完善国有企业市场化薪酬分配机制，普遍实行全员绩效管理，改革完善体现岗位绩效和分级分类管理的事业单位薪酬制度。规范劳务派遣用工行为，保障劳动者同工同酬。七是促进社会公共服务事业的发展，通过增加社会公共服务岗位的供给，拓宽居民工资性收入渠道。八是加强适龄人员的就业指导、技能培训，通过加强教育分流，扩大职业教育体量，提高适龄就业人员的教育水平，整体改善劳动力从业素质。

（四）拓展完善居民财产性收入渠道

财产性收入是居民收入的重要组成部分，拓宽河南省居民财产性收入渠道对于缩小收入差距、提高居民人均可支配收入有着重要意义。一是完善产权、所有权相关法律法规，明晰居民财产权，保护居民私有财产，保障居民财产的抵押、转让、出售及出租等经济活动的顺利运行。杜绝相关法律界定模糊造成互相扯皮，使居民个人财产和财产性收入受到损害的现象，让居民的个人财产能够合法、合理、高效地在市场中运营并充分获得财产性收入。二是进一步完善金融资本市场监督管理的法律法规，加强对投资理财和财富管理机构的监管，促进金融市场的健康发展。政府要严惩地下金融、内幕交易、操纵市场等违法行为，积极维护中小投资者的利益，为居民利用闲散资金获取财产性收入提供公平有序的市场环境。三是要拓展金融投资渠道，创新金融产品与金融工具，深化金融市场改革，推动金融创新。鼓励各大金融机构不断推出真正使居民获益的金融产品，拓展居民投资渠道，创新金融性财产收入方式。

（五）拓展完善居民经营性收入渠道

经营性收入是河南省居民收入增长的重要“助推器”，对居民收入增加贡献率为 14.53%。当前，全省正在大力推进乡村振兴战略，相较于城市，农村农业生产组织化程度低，产业化经营程度低，农民在价值链中的利益难以维护，拓展和完善农村居民的经营性收入渠道显得尤其重要。传统的农业生产方式主要围绕中低端农产品供应，无法为农民带来较高收入，随着消费市场升级及人们对食品安全的重视，农产品供给升级将是农业发展的必然要求。因此，要拓展和完善农村人口经营性收入渠道，首先要加大农业供给侧结构性改革。一是做好统筹规划，积极围绕对高品质农产品日益旺盛的需求，进一步调整农产品种植结构，选择优质品种，提高农产品供给质量。二是积极引进发达地区农产品生产技术及技术标准，更新种植技术和方法，把传统种植思维模式转变成现代化农业生产理念，输出高品质高标准的农产品。三要做好市场对接，拓宽多种营销渠道，提高农民在种植过程中的回报，提升农民经营性收入水平。其次，要完善政策支持，鼓励农民返乡创业。一是优化农村产业发展环境，强化产业链的互补衔接、产业集群的关联协作以及产业配套服务体系的完善，为农村产业发展创造更多机会。二是以特色农业产业园、农业高新区、特色小镇、工业园区为载体，发展农民工创业园、创业孵化器和创客空间，为农民工创业者提供场地支持、技术支持、创业培训和政策服务。三是统筹推进城乡创业活动，把返乡农民工创业纳入各地一次性创业补贴政策覆盖范围，鼓励各地创业担保贷款基金为返乡农民工创业项目提供担保服务。

（六）完善社会保障机制

完善社会保障机制是确保居民收入多渠道稳定增长的基础。一是要立足河南省情，针对性地解决河南居民收入渠道单一问题，多元化、创新性地拓展居民收入渠道。二是要深化农地改革，促进农地三权分置与流转的制度性改革。三是要强化就业创业保障，营造良好公平的就业创业环境。四是要积极制定和完善公共事业发展的相关政策，促进公共事业的持续稳定发展，从而保障公共服务事业的就业供给。五是要加强规范金融、资本、财产交易和租赁市场秩序的制度建设，依法保障公民各类财产权利不受侵害，并确保居民财产增值收益和运营收益。

第二节 扩大中等收入群体

共同富裕是社会主义的本质要求，而在扎实推进共同富裕的过程中，扩大中等收入群体规模是一项重要举措。《中共中央关于制定国民经济和社会发展第十四个五年规划和2035年远景目标的建议》提出，在“十四五”时期，经济社会发展应进一步增进民生福祉，持续提高低收入群体收入，扩大中等收入群体，缩小收入差距。《河南省人民政府关于印发〈河南省国民经济和社会发展第十四个五年规划和2035年远景目标纲要〉的通知》也明确提出，河南省2035年远景目标之一是建设美好幸福家园，使居民收入迈上新的大台阶，中等收入群体显著扩大，人的全面发展、全体人民共同富裕取得更为明显的进展。作为推进国家经济发展的中坚力量，中等收入群体拥有巨大的消费潜力，能够拉动经济持续增长。作为拥有1亿人口市场规模、2000多万中等收入群体的大省，河南的内需潜力仍需进一步释放。为此，河南需通过合理的收入分配机制推动更多低收入人群迈入中等收入的行列，加强对高收入人群收入的规范和调节，推动形成两头小、中间大的橄榄形收入分配格局，为河南建设美好幸福家园打牢基础。

一 扩大中等收入群体的背景和意义

（一）背景分析

当前，对不同收入阶层的划分并没有统一的标准，但居民收入出现分层是不争的事实。根据统计年鉴数据，河南省城镇居民收入水平可划分为五等分组：低收入组家庭年人均可支配收入为1.41万元，中低收入组为

2.26万元，中等收入组为3.08万元，中高收入组为4.21万元，高收入组为7.71万元。从增长幅度来看，相较于2015年，五组收入增长率分别为25.2%、22.3%、26.1%、30.6%、49.3%，中等收入组家庭可支配收入增长速度快于中收入组及中低收入组，慢于高收入组和中高收入组。与之对应，河南省农村居民收入也是五等分组：低收入组家庭年人均可支配收入为7385元，中低收入组为1.11万元，中等收入组为1.45万元，中高收入组为1.92万元，高收入组为3.32万元。从增长幅度来看，相较于2015年，五组收入增长率分别为89.4%、51.4%、44.3%、43.3%、40.78%，与城镇居民收入五等分组相比，农村居民高收入组人年均可支配收入增长速度慢于低收入组，中等收入组增长速度仍位于第三。根据世界银行发布的标准，发展中国家中等收入人群的划分线是：平均每人每天10~100美元。基于此，国家统计局将年收入在10万~50万元的家庭定义为中等收入家庭。按照此标准，河南省2020年中等收入群体为2200万左右，从绝对数量来看，河南省中等收入群体的数量庞大，但从其占总人口比例来看，河南中等收入群体占全省总人口数量的22.1%。这同我国28.3%中等收入群体比例相比有所差距，同发达国家中等收入群体占总人口70%以上的情况相比，更是相距甚远。

河南省统计年鉴数据显示，河南省城乡居民人均年可支配收入由2015年的2.56万元、1.09万元分别上涨至2020年的3.48万元、1.61万元，城乡居民恩格尔系数，分别由2015年的28.1%、29.2%下降至2019年的25.3%、26.2%，由此反映出河南省城乡居民不仅整体生活质量不断提高，而且城乡居民的恩格尔系数也逐渐持平。当前，河南处于经济高质量发展的关键阶段，实现经济发展成果由全省人民共享是经济高质量发展的内在要求，因此，河南要以扩大中等收入群体为抓手，不断增进民生福祉，推进共同富裕，但在发展壮大河南中等收入群体的过程中仍然存在诸多问题。首先是居民收入存在区域性、结构性不平衡；其次，社会流动性差阻碍橄榄形收入分配格局的形成；再次，居民收入的抗风险性和持续增长的稳定性差；最后，市场机制不健全也制约着中等收入群体的不断扩大。

（二）扩大中等收入群体的意义

2002年党的十六大首次明确了“扩大中等收入者比重”的工作任务，

"中等收入群体"这一概念就此诞生。长期以来，我国在社会主义共同富裕目标的指引下，坚持和落实"扩大中等收入群体"的目标和方向。2020 年，党的十九届五中全会提出的 2035 年远景目标也包括"中等收入群体显著扩大"。河南省的 2035 年远景目标也提出，要实现"中等收入群体显著扩大"。对于河南而言，扩大中等收入群体是推进河南省经济高质量发展、实现共同富裕的关键路径。对于广大民众而言，扩大中等收入群体是充实人民钱袋子、保护人民利益的重要举措，能在一定程度上激发"低收入群体"向"中等收入群体"迈进的积极性和创造性。具体而言，扩大中等收入群体具有以下积极意义。一是有利于优化社会结构，促进社会稳定。高收入群体所拥有的财富的社会流动性较弱，容易导致财富固化，而低收入群体所拥有的社会财富占比较小，社会话语权也十分有限，如果低收入群体的诉求长期得不到解决，容易激化社会矛盾，反观中等收入群体在社会中具有"稳定器""缓冲垫"的功能。扩大中等收入群体有助于缓解阶级固化的社会矛盾，在这个过程中，社会资源也会得到进一步的优化分配。同时，在扩大中等收入群体以促进"橄榄形"社会形成的过程中，部分低收入群体会变为中等收入群体，成为经济发展的受益者，势必也会大幅带动其对经济社会秩序和社会发展认同感的提升，从而更容易促进社会的稳定发展。此外，随着中等收入群体的扩大，社会主流意识形态会更偏向于温和，稀释社会极端思潮。

二是有利于构建国内大循环，促进经济高质量发展。相较于高收入群体，中等收入群体拥有更强烈的消费倾向，而相较于低收入群体其又拥有更强的支付能力，所以，综合来看，中等收入群体是最具有消费欲望和消费能力的群体，有潜力和动力不断提升自身生活水平。可以说，中等收入群体是扩大内需、提高效率、实现供需平衡的主力军。从供给侧来看，中等收入群体受教育程度普遍较高，从事的工作以技术与知识密集型行业为主，他们在推动产品附加值提高、产业结构升级、加快科技创新、刺激市场活力等方面有积极的作用。尤其是当前疫情背景下，经济发展面临巨大压力，中等收入群体在推动形成国内大循环的新发展格局、实现未来经济高质量发展的过程中扮演着重要的角色。

三是有利于河南跨越"中等收入陷阱"，发挥经济持续增长潜力。作为我国的人口大省，河南在跨越"中等收入陷阱"的过程中任务艰巨，需要解决两个关键问题。一是瞄准经济增长新目标，激发经济增长新动力，逐步实现创新驱动、内需驱动的经济发展新形态。二是在经济增速减慢的阶段，处理好社会福利分配的问题，营造良好的社会环境，为经济转型做好准备。而扩大中等收入群体在这两方面问题的解决上都能起到积极作用。近年来，河南为扩大中等收入群体，大力促进教育公平，发展职业教育，加强培养技术型人才，本质上是为了让经济增长方式从劳动密集型向技术密集型增长方式转变。同时，增强社会自下而上的流动性，有效避免转型期经济增速减慢导致有限社会福利被少数高收入群体攫取的问题，从而促进社会公平、激发社会活力，提高人们的发展前景预期，营造良好的社会环境。

二　河南省扩大中等收入群体的现状和存在的问题

目前，我国中等收入群体的规模超过 4 亿人，约占全国总人口的三成。据一些学者预计，到 2035 年中国中等收入人口会实现翻一番，大约达到 8 亿人，相应的河南中等收入群体需要在 2035 年达到 4500 万左右的规模。照此来看，河南距形成中间大、两头小的橄榄形收入分配结构还有很长的路要走，需要我们科学认识扩大中等收入群体所面临的发展现状和基本形势。

（一）居民收入的区域性、结构性不平衡

随着经济“蛋糕”的做大，河南省居民的可支配收入在总体上实现了显著提升，但是深入分析河南省居民的收入现状，仍存在居民收入区域性、结构性不平衡的问题，其主要体现在省内地域之间不平衡和省内城乡之间不平衡两个方面。省内地域不平衡表现为，豫中、豫西、豫北地区的居民人均收入明显高于豫东、豫南地区。2020 年，豫东地区人均可支配收入最高的为开封市（22647 元），豫南地区人均可支配收入最高的为南阳市（23481 元），豫中、豫西、豫北地区 12 个地级市中居民人均可支配收入最低的为濮阳市（22584 元）。同时，地域不平衡还表现为同一区域内不同地级市之间的收入差异问题，豫中地区居民人均收入最高的郑州市为 37275 元，最低的平顶山市为 24929 元，绝对收入差距为 12346 元；豫北地区居民人均可支配收入最高的济源市为 30013 元，最低的濮阳市为 22584 元，绝对收入差距为 7429 元。河南省居民收入的结构性不平衡主要体现在城乡居民收入的差距

上。2020 年，河南省城镇居民收入为 34750. 34 元，相较于 2015 年上涨了 9174. 71 元，总增长率为 35. 87%，年均增长率为 6. 35%。2020 年，河南省农村居民收入为 16107. 93 元，相较于 2015 年上涨了 5255. 07 元，总增长率为 48. 42%，年均增长率为 8. 23%。河南省城乡之间的绝对收入差距，由 2015 年的 14722. 75 元拉大为 2020 年的 18642. 41 元，相对收入差距由 2015 年的 42. 43%扩大至 46. 35%，河南省居民收入的结构性不平衡现象有减缓趋势，但仍应高度重视。

（二）收入持续增长稳定性差，制约中等收入群体扩大

目前，河南省居民收入持续增长的稳定性还比较弱，特别是在农村地区富余劳动力向非农产业和城镇转移过程中，农村人口收入渠道单一且工资性收入增长较慢，部分脱贫农民内生动力不足，在脱贫攻坚的道路上容易产生返贫的风险。当前各类社会风险不确定性增加，城市居民对未来经济发展持观望态度，家庭和社会资源流通不畅，也阻碍了城市居民经营性收入的增长。因此，加强收入增长韧性与稳定性是实现中等收入群体稳步扩大的重要环节。当前，扩大中等收入群体的难点在农村，如何促进农民收入多渠道稳步提升，需要河南省进一步巩固脱贫攻坚成果、全面推进乡村振兴，实现农民增收从“精准脱贫”到“精准扩中”。而扩大中等收入群体的重点则在城市，需要进一步促进社会资源流通，健全工资增长机制，提高劳动报酬在初次分配中的比重，促进城市居民经营性收入的增长，通过稳预期、稳就业、保就业，实现城市居民收入稳定增长。

（三）当前社会流动性差，橄榄形收入分配格局尚未形成

扩大中等收入群体的关键在于，社会为所有人提供良好平等的发展机会，人们在面对机会时有充分的选择权利，可以通过自身努力打破阶级固化的桎梏，实现自身发展。然而，自下而上的社会流动性弱化，已成为制约扩大中等收入群体的重要因素。扩大中等收入群体，需要进一步畅通向上流动的通道，拓展社会纵向流动的渠道。此外，当前河南在劳动力、人才、资源的社会性流动方面还存在一些体制机制的障碍，严重影响了橄榄形收入分配格局的形成。因此，推进共同富裕，扩大中等收入群体，就需要创造更多的选择机会，拓宽社会流动渠道，扩充发展空间，破解中等收

入群体的社会流动性问题。

（四）市场机制不健全

总体上看，河南省市场化水平还不高，市场在资源配置中的决定性作用发挥不够，一些地方政府及其有关部门习惯于通过行政方式越俎代庖地解决本应由市场和企业主体自行调解的问题，从而严重影响了营商环境的良性发展。可以说，市场机制不健全是影响中等收入群体扩大的重要因素，而市场机制不健全、体制机制改革滞后也是造成河南收入分配不平衡的根本原因。一方面，当前河南域内社会资源流通不畅，存在地区间和城乡间资源流通壁垒，也缺乏消除社会资源流通障碍的有效机制；另一方面，河南的收入分配相关政策也有待进一步完善，不同收入群体的收入调节机制存在多元性和创新性缺乏的问题，主要还是依靠传统的税收和转移支付等方式。此外，不断发展的农地流转虽然解决了土地无人耕种问题，但河南农地改革的广度和深度依然不够，与高效集约利用土地获得更大产出的国家政策的初衷有一定的差距，农户参与农地流转的预期没有得到充分满足，参与农地流转的需求尚未完全释放。接下来，河南应科学、合理地完善市场机制，畅通社会资源流通，打造良好的市场竞争环境，加强农地三权分置和农地流转改革，从而不断激发城市和农村的市场主体活力。

三　河南省扩大中等收入群体的路径

（一）坚持经济高质量发展道路，做大做强经济发展的“蛋糕”

经济发展是提高收入水平的基础，只有不断做大做强经济发展的“蛋糕”，才能持续提升居民收入水平，提高中等收入群体的比重。而保市场主体不仅是稳就业、保就业以促进经济发展的基本手段，也是扩大中等收入群体的重要依托。长期以来，河南一直作为全国经济大省，要进一步做大做强经济发展“蛋糕”，必须坚持经济发展向更高质量、更有效率、更可持续的方向迈进。要实现从经济大省走向经济强省，河南必须在经济发展过程中敢于创新，不断思考新的路径、制定新的政策，从而提高发展效率，实现弯道超车和换道超车。尤其是在近年来疫情反复出现的背景下，河南高质量发展面临着更加艰巨的任务和挑战。为推进高质量发展，2022 年 3

月河南果断抓住机遇，发布了《河南省“十四五”深化区域合作融入对接国家重大战略规划》[①]，旨在立足河南自身优势，全方位推进省际合作与供给侧改革，努力通过跨区域合作深化高质量发展改革，为河南经济发展做好充分的风险应对和方向规划，为做大做好社会财富大蛋糕和扩大中等收入群体筑牢了物质基础。

（二）提高初次分配收入比重

一是要强化市场机制对初次分配的决定性作用，兼顾效率与公平的分配原则，坚持按劳分配，着重保护劳动所得，健全工资增长机制，提高劳动报酬在初次分配中的比重，特别是一线劳动者的劳动报酬。二是要不断提高以知识价值提升为导向的收入分配比重，营造尊重科研和技术管理人员的社会氛围，推进知识型社会建设。三是要强化劳动者的信心，特别是加强低收入人群的思想文化教育，开阔他们的视野，使其深入了解经济社会发展规律，激发他们追求美好生活的热情，增进其通过自身的劳动与智慧获取财富的动力，提升自主发展动能。四是要加大职业教育和技能培训的投入力度。2021 年底，河南省印发了《河南省教育系统落实“人人持证、技能河南”建设工作任务实施方案》[②]，强调要推动职业教育全面发展、职业技能测评全面上线，推动本校学生甚至社会劳动者积极开展职业技能培训，帮助他们“持证上岗”。“人人持证，技能河南”是河南省向建设人才强省迈出的坚实步伐。未来，要持续推进技能河南建设，帮助就业民众尤其是低收入群体掌握与自身发展相匹配的知识或技能，不断提高民众工资待遇，进而更好地促进城乡居民增收、建设幸福美好家园。

（三）拓展居民工资性收入渠道，为扩大中等收入群体筑牢根基

工资性收入是居民最稳定、最基础也是占比最大的收入。拓展居民工资性收入渠道，能够最大范围提高居民收入水平，为扩大中等收入群体筑

---

① 《河南省“十四五”深化区域合作融入对接国家重大战略规划》，河南省人民政府，2022 年 2 月 16 日。

② 《河南省教育厅办公室关于下达 2022 年教育系统落实“人人持证、技能河南”建设工作任务的通知》，河南省教育厅官网，http：//jyt. henan. gov. cn/2022/03-07/2409599. html，2022 年 3 月 7 日。

牢根基。一是要完善和落实稳发展、保就业的相关政策，保障全省经济社会发展持续稳定，确保人民工资性收入的稳定性。二是要推动产业结构调整，以产业为依托拓展就业渠道、增加就业数量。三是要推动产业结构升级，加快产业价值链整体攀升，从本质上提升居民工资性收入的增速。四是要完善以按劳分配为主的政策制度，健全劳动力生产要素报酬由市场决定的机制。五是要改革完善机关事业单位岗位绩效和分级分类管理的薪酬制度，有序实行全员业务绩效管理。六是要加强适龄人员的就业指导，扩大职业教育体量、提高职业教育水平，改善劳动力从业素质。

（四）完善收入再分配机制，提高收入分配质量

收入再分配是政府对部分国民收入进行重新分配的收入调节机制，不仅能够从物质上提高低收入群体的收入水平，从而扩大中等收入群体，而且能够从意识上提高居民创造财富的主观能动性，能够有效补齐初次分配中的分配不均短板，是完善收入分配体系的关键一环。可以说，要实现中等收入群体的不断扩大，完善收入分配制度十分必要。为此，一是进一步优化税收政策，减少市场税费压力，加大市场监管力度，为中等收入群体的扩大提供强有力的政策支持和稳定的发展环境。二是健全完善再收入分配制度，强化政府主导作用的发挥，充分利用社会保障资源的公共调节机制，扶弱济困。同时，通过加强市场监管来防范各类风险，确保社会公共服务的有效供给，从而增强居民收入的抗风险性。三是政府应积极调整转移支付的力度，创新转移支付方式，通过加大财政转移支付力度使低收入人群直接享受到经济增长的红利，通过创新型、多元化转移支付方式调动居民劳动、工作、创业的积极性，从而从思想上提高居民创造财富的稳定性。

（五）构建合理公平、畅通有序的社会流动格局

一是要积极扩大就业渠道，从根本上创造更多的就业机会，为就业人群提供相对充足的就业岗位，使更多的人可以通过努力奋斗改变自身命运。二是要促进劳动力和社会人才的纵向流动，破除妨碍劳动力和社会人才纵向流动的体制，形成合理、公平、透明、有序的社会流动格局，让真正有知识、有技能的人才能够有通畅的上升通道，使人人都有通过自身拼搏努力获得发展的机会，从而实现人生价值。三是要不断调整完善评价和奖励

制度，拓展发展空间。当前，社会上仍有很多岗位以工作年限为重要评价指标，这不仅阻碍了有能力者的上升，还使得单位或企业整体氛围懒怠。因此，更需要通过完善评价和奖励制度，引导劳动者爱岗敬业、努力拼搏、进取创新。四是要健全社会兜底保障机制，坚决杜绝贫困代际传递，保障低收入群体共享社会资源和发展成果。

第三节　完善收入再分配机制

在国民生产过程中，离不开各类生产要素，而人们从各类生产要素中直接获取报酬，这就形成了收入的初次分配。一般说来，初次分配主要依靠市场的调节机制完成，这也从某种程度上保证了国民经济系统的运行效率。但正如市场经济具有自发性、盲目性、滞后性一样，市场调节收入分配也同样具有一定的局限性。所以，仅靠市场力量完成收入初次分配，会存在一定程度上的不公平，如垄断和寡头企业所带来的高额利润，所带来的员工高收入的合理性，这将进一步导致社会贫富差距的加剧，甚至会阻碍共同富裕目标的实现，而对这类高收入的调控，还是需要收入再分配机制来发挥调节作用。

一　完善收入再分配机制的背景与意义

完善收入分配制度是实现共同富裕的重要路径，对此，党和政府一直都高度重视。2021 年 8 月，中央财经委员会第十次会议进一步阐明了共同富裕的内涵和要求，强调共同富裕是全体人民的富裕，而实现共同富裕目标的关键在于完善收入分配机制，发挥其作为基础性制度的作用。为此，在实现共同富裕的过程中，我们要研究解决如何让经济发展的福利落入百姓手中，在维护社会公平正义的同时，保证经济系统的活力、创新力和竞争力；如何进一步完善初次分配、再分配、三次分配制度系统内的协同作用，通过精准使用税收、社保、转移支付等调节手段，使全体人民朝着共同富裕目标扎实迈进。客观地看，目前我国无论是中等收入群体规模的扩大、低收入人群增收，还是贫富差距缩小等方面都存在一些问题，如何更好地整顿收入分配秩序，形成合理的收入分配差距，是我国共同富裕实现道路上无法回避的重大课题。

具体到河南实际，作为上亿人口的农业大省，河南属于中部欠发达省份，无论是在市场经济体制发展上还是在市场调节收入分配机制上，同发达省份相比都存在一定的差距。同时，河南省工业基础薄弱，且存在着明显的地方保护主义，特别是地方性税收保护政策以及产业进出壁垒，都严重影响了居民收入分配秩序。毋庸讳言，河南在收入分配机制完善方面存在着许多问题，如市场调节初次收入分配机制的缺陷，垄断及寡头造成的收入分配的不公平性，以及二次分配对低收入人群转移支付力度不足、税收调节精准度不够、地域分布不均等。对此，河南省需要加大收入再分配机制的调节力度，通过鼓励扩充第三次分配补齐收入分配机制短板，形成橄榄形分配结构，通过调整转移支付力度、提高税收调节精度、扩大社保普及度，不断完善收入分配机制。因为，不断完善收入再分配制度有利于消除初次分配的不公平，缩小居民收入差距，降低收入风险，从而促进河南居民共同富裕，推动河南幸福美好家园建设。

二　河南省收入再分配机制的发展现状与存在的问题

（一）基本做法

近年来，河南省在完善收入再分配机制上做出了积极努力，持续推动经济社会协调向好发展。特别是在 2021 年，受“暴雨灾害”和新冠肺炎疫情的双重影响，河南经济发展面临严峻挑战，尽管如此，河南依然坚持从税收、转移支付、社会保障等方面完善收入再分配，保障居民收入，为河南推进幸福美好家园建设提供了有力支撑。在税收政策方面，河南省通过积极实施多元化税收政策，激发了企业生产和市场消费活力。2021 年全年新增减税降费 255 亿元，确保了中小微企业的平稳过渡和市场供给稳定。2021 年，统筹 5.8 亿元支持各地开展促消费活动，支持汽车报废更新、家电家具升级等，提振了居民消费信心；统筹 5.9 亿元，支持 33 个国家级和 17 个省级示范县开展电商进农村示范县建设，进一步挖掘了县乡消费潜力。在民生保障方面，2021 年全省民生支出 7817.3 亿元，国家和省各项民生政策得到较好保障。具体地看，2021 年以来，河南省财政全力推进了惠民惠农财政补贴“一卡通”管理工作，切实解决了群众申领补贴资金过程中遇到的难题。目前，全省大部分县（市、区）已实行“一卡通”集中发放，累计发放资金 89.8 亿元，惠及群众 2228.9 万人次；强化了基层“三保”，加大了对财政困难地区的转移支付力度，调整设立直达资金及工资发放专用账户，从严从快抓好直达资金分配使用管理，全省 156 个县（市、区）“三保”政策总体落实较好。多措并举促进就业，省财政安排 52.5 亿元有效保障重点群体就业，支持开展职业技能培训。安排贴息资金 5.1 亿元，推动新增发放创业担保贷款 101.6 亿元，支持大众创业、万众创新。省级农民工返乡创业投资基金累计撬动社会资本 96.2 亿元，带动了 10 万余人就业。着力提升社会保障水平，统筹 110.1 亿元，确保困难群众及特殊群体基本生活得到有效保障。企业和机关事业单位退休人员基本养老金标准、城乡低保财政补助标准进一步提高，高龄津贴制度得到有效落实。统筹 99.3 亿元，支持退役军人安置保障和优抚优待政策落实。持续推动人民群众住有所居，筹措 46.2 亿元推动改造城镇老旧小区 71.5 万户，新开工棚改安置房 12.3 万套、基本建成 20.8 万套。强化人民健康保障，抓实常态化疫情防控。河南省财政安排专项资金 76 亿元，保障新冠疫苗免费有序接种；安排 123.8 亿元，支持公立医院综合改革、加强医疗服务与保障能力建设、开展卫生健康人才培养、推动中医药传承创新与发展等；完成了省属公立医院财政经费核拨机制改革，推动了优质医疗资源下沉。大力促进教育公平，2021 年全省教育支出 1927.1 亿元，同比增长 2.4%，学前教育“入园难”问题有效缓解，义务教育城乡、校际办学差距逐步缩小，市县普通高中办学条件改善，高水平职业院校和专业建设成效显著，“双一流”建设、特色骨干大学和特色骨干学科建设步伐坚实。

（二）存在的问题

虽然，当前河南在实现收入再分配的过程中收获了明显成效，但也存在着以下几个方面的问题。一是低收入群体转移支付力度不足。转移支付是促进各区域公共服务水平均等化、平衡各区域财政能力的有效手段，但当前河南对低收入群体的转移支付力度仍需进一步加大，最低生活保障覆盖范围还需扩大，政府兜底保障仍需增强。二是税收再分配调节机制有待健全。当前，河南省税收对收入再分配的调节力还有待释放，未来还需通过对征税对象、纳税人、税基、税率等基本税制要素的调节，使过高收入和过低收入的家庭和个人得到更加精准的调节，以缩小收入差距。三是河南民生保障水平还较低，与当前人民对于美好生活的期待还有一定差距。再加上疫情的多次反复和常态化疫情防控形势，给民生带来了极大的冲击，也使得人民对建设幸福美好家园提出了新要求，给河南民生事业的进步带来了一定负面影响。四是公共服务供给总体不足，分布不均。近年来，随着新冠肺炎病毒的不断演化，新型感染疾病与疾病谱发生变化、传统传染性疾病等风险交织，给医保基金支出带来了巨大压力。再加上，河南省人口老龄化程度日益加剧，人民也对医疗保障的范围和标准不断提出了新的要求，而城乡医疗资源分布不均、乡镇卫生院发展人才不足等问题依然明显。可以说，当前河南医疗保障方面还存在明显短板，特别是医疗保障公平方面还有明显不足。要加快建成幸福美好家园，一个很重要的任务就是要通过建设公共医疗卫生体系，全面促进“病有所医”问题的解决，做好人民健康生活的保障工作。五是河南养老压力大，养老服务供给总体不足。河南是我国户籍人口第一大省、常住人口第三大省。当前河南省人口老龄化正处于加速发展的阶段，基本养老服务供需失衡等问题日渐凸显。从全国第七次人口普查数据来看，河南省 60 岁以上人口达 1796.4 万人，其中 65 岁老年人口达到 1340 万。65 岁以上人口比重 13.49%，相较于第六次人口普查的 8.36%增加了 5.13 个百分点。[①] 因此，保障人民“老有所依”，建设人民美好幸福生活，需要进一步加大再分配机制对于养老保障体系的调节力度。尽管近年来河南城乡居民养老保险的覆盖率在不断提升，从 2016 年的 62.5%提高到了 2019 年的 66.96%[②]，但从社保覆盖面的总体情况看，养老保险覆盖范围仍然较小，城乡差距明显。而《河南省“十四五”养老服务体系和康养产业发展规划》明确提出，河南的基本养老保险参保率到 2025 年要达到 95%以上。对照目标，不难发现未来河南养老保障提升的压力巨大。总之，从河南省的现实状况来看，当前收入分配调节机制的调节作用十分有限，要持续发力以推动收入再分配机制的完善，促进共同富裕。

---

① 《2020 年全国第七次人口普查主要数据》，国家统计局官网，http://www.stats.gov.cn/tjsj/pcsj/rkpc/d7c/202111/P020211126523667366751.pdf，2021 年 7 月。

② 程顺杰：《国民收入分配与经济内循环之关系探析——基于河南省现状的分析》，《北方金融》2021 年第 8 期。

三 河南省完善收入再分配机制的思路对策

河南省要实现经济社会高质量发展，不断推动农民富裕富足、促进城乡居民共同富裕、实现幸福美好家园建设，就必须不断在高质量发展中健全完善收入分配机制，进而以二次分配调节力度的加大、第三次分配的鼓励与扩充、橄榄形分配结构的形成来促进经济社会的高质量发展。

（一）加大二次分配的调节力度

在税收方面，河南省应不断调整税收结构，通过一系列税收政策，加大税收对于收入再分配的调节力度，特别是通过税收对高收入人群和中低收入人群进行调节再分配。一是要加强调节高收入人群的税收政策。首先，要不断完善税收机制与相关法律法规，通过提高特殊高档产品的消费税率，例如提高高档化妆品、贵重配饰等商品的税率，在一定程度上调节高收入人群的收入，充实财税收入。其次，应做好加强房地产税征收方面的政策规划，为其逐步在河南省试点和推广做好准备。最后，应针对个人和企业捐赠行为给予税收优惠。二是要加强对中低等收入人群的税收调节。首先，加大个人所得税减税力度，推进简并增值税征收率档次的改革。持续深化增值税改革，完善个人所得税、专项附加税扣除等制度性减税降费政策，提高政策性税收制度的精准性和有效性。其次，要进一步完善减税降费政策，更多地关注现实社会环境变化对居民生活的影响，更多地考虑工薪阶层的家庭支出情况，通过政策性调整，缓解他们家庭养育和赡养的压力，降低中等收入群体的生活压力和税收负担。

在公共服务均等化方面，要持续做好教育、医疗、社会保障等方面的民生保障和收入分配调节工作。一是要积极推进教育公平，促进教育高质量发展。当前，河南省进入高质量发展阶段，开启现代化建设新征程，教育作为社会发展的重要环节，促进教育公平，加大教育投入，对于河南省建设教育强省意义重大。“十三五”时期，河南省教育发展增进明显，义务教育由基本均衡迈向优质均衡，其中，农村义务教育的快速发展为全省义务教育公平做出较大贡献。比如兰考县作为河南省首个脱贫“摘帽”的国家级贫困县，自 2009 年实施特岗教师计划以来，累计招聘特岗教师 2878

名，其中本科教师占比80%，[①] 高学历、本领强、思路新、工作积极、朝气蓬勃是特岗教师的特点。在职业教育发展方面，河南“十三五”期间的职业教育发展规模和办学水平也获得了快速扩大和提升。目前，全省共有职业院校554所（其中具有招生资质的中职学校423所、高职院校99所、职业本科学校1所、技师学院31所），在校生268万人，“十三五”期间河南省内职业院校共培养技术技能人才352万人，开展职业技能培训1500万人次，职业教育规模居全国首位[②]。面向未来，河南作为亿万人口大省，亟须通过更加优质的教育资源支持，使庞大的人力资源释放出更大和更持久的人力资本红利。二是要大力加强基层医院的建设，不断提升基层医疗机构综合服务能力。据《河南省卫生健康统计年鉴2021》，河南省各类医疗卫生机构由7.47万家增至7.79万家，城镇医院数量从2027所缩减至2019所，[③] 逐渐形成了以中心卫生院和社区卫生服务中心为主的医疗供给格局，医疗服务下沉能力显著提升。同时，河南省在加强医疗服务便民化、深入推进医保支付方式改革方面也做出了努力，2022年出台了《DRG/DIP支付方式改革三年行动计划实施方案》，为加快实现DRG/DIP支付方式覆盖所有符合条件的开展住院服务的医疗机构，基本实现病种、医保基金全覆盖提供了强大推力。从预期效果看，推行DRG/DIP付费，能够有效避免过度就医、减轻就医负担、提升医疗资源的使用效率，同时也将倒逼医院改善医疗服务可及性、提升医务人员积极性，从而提升患者的就医体验，切实维护参保人的权益。三是要不断扩大养老保险覆盖面，完善养老保险体系。2021年10月，河南省三部门联合印发了《关于进一步促进灵活就业人员参加企业职工基本养老保险有关问题的通知》，放开了参保地省域户籍限制，使得参保办理、缴费办理等更加便捷，养老关系转接更加顺畅，基本养老待遇保障更加明确。而据《河南省“十四五”养老服务体系和康养产业发展规划》的设计，河南要在2025年实现基本养老保险参保率达到95%以上。为此，河南要充分发挥社区党组织作用，积极探索以社区为单位形成完

① 《河南兰考：特岗教师帮“筑梦”乡村教育换新颜》，央广网，http：//news.cnr.cn/kuaixun/20220217/t20220217_525743132.shtml，2022年2月17日。

② 《亮眼！这份“河南职业教育成绩单”来了!》，河南省教育厅，https：//mp.weixin.qq.com/s/IwkJa7ObVvhiSqsun5OhnQ，2022年3月1日。

③ 《河南省卫生健康统计年鉴2021》。

整的养老服务链条，支持物业服务企业积极开展多样化养老服务。同时，公办养老机构应主动顺应市场吸纳社会资本，鼓励多类资本多种运营方式参与公办养老机构改革。

在政府转移支付方面，河南要不断加大对低收入群体的转移支付力度，积极探索多元化的社保体系，通过降低低收入群体的社保自付比例，纾解个体压力，通过完善最低收入保障，兜底民生保障。当前，河南省低收入群体所占比重仍然很高，加大对低收入群体的转移支付力度，能够在一定程度上保障居民的基本生活，从而提高低收入居民的福利水平。河南省2022年的《政府工作报告》指出，要加强社会保障和服务，努力做到应保尽保、应助尽助，加快实现社保全面覆盖。因此，要在社保缴费和保险待遇上设置多档、多标准，使更多低收入人群能够找到适合自己的制度标准，更加有效地保障社保向低收入人群快速普及。要强化特殊时期内对低收入群体的人文关怀，结合实际制定允许低收入和灵活就业人员暂缓缴纳或者断交养老保险费等惠民政策。

要进一步健全和完善居民最低生活保障制度，对符合要求的居民及时给予补贴，并加大扶持力度，让更多居民能够在政府的帮助下获得基本生活保障。

（二）鼓励与扩充第三次分配

第三次分配主要是指高收入的企业和个人自愿参与社会公益，实现资源和财富的分配和转移。从实践效果看，第三次分配能对再分配起到有益的补充作用，对于缩小收入差距、实现共同富裕也有着十分重要的意义。从运行机制看，第三次分配完全出于个人意愿，例如公益事业的捐献，这些并非市场分配的结果，而是道德意识、爱心驱动的结果。依照马斯洛的需求层次理论，处在需求层次顶端的是自我实现需求，而基于第三次分配的社会公益行为，正是人们追求高层次需求的体现。同时，在精神文明社会建设的不断推进下，人们对奉献社会、服务社会也有着越来越强烈的认同感与使命感。鉴于鼓励与扩充第三次分配在实现共同富裕的道路上有着至关重要的作用，我们要积极弘扬社会主旋律，做好舆论引导，营造乐善好施的社会风气，使更多的高收入群体能够积极投身于社会福利事业，让慈善捐助成为实现自身价值、履行企业社会责任的重要标准。据统计，2021

年河南省慈善总会联合全省 217 家市县慈善会、社会机构、志愿者团队，共上线了 112 个母项目、971 个子计划，内容涵盖乡村振兴、灾后重建、助医助困、助老助学、困境儿童关爱等领域，为促进乡村振兴、实现共同富裕贡献了第三次分配的力量。为更好地鼓励与扩充第三次分配，我们还要大力推动第三次分配与二次分配的融合，使慈善福利事业与财政税收政策相互衔接，对积极参与社会捐献的企业和群体给予税收优惠，从侧面鼓励和刺激更多的企业和群体投身到社会福利事业当中。

（三）推动形成橄榄形分配结构

推动实现共同富裕，其中一个很重要的环节就是要推动形成橄榄形收入分配结构。为此，中央财经委员会第十次会议再次明确提出，要形成“中间大、两头小的橄榄形分配结构”，足见其在实现共同富裕过程中的重要作用。为推动河南加速形成橄榄形分配结构，不断夯实建设幸福美好家园的社会基础，下一步需重点做好以下几方面的具体工作。一是要营造勤劳致富的社会风气，培育良好的社会奋斗精神。一直以来，勤劳致富都是优化收入分配结构、推进共同富裕的基本原则。而共同富裕目标下的“橄榄形分配结构”，不是平均主义，仍然会存在收入的客观差距，因为各类劳动者在技能、学历、年龄、偏好等方面存在差异，但这种区分主要依靠市场来完成，有效的劳动力市场会识别和区分出这些差异。从微观个体来看，无论从事什么行业，劳动者通过劳动在初次分配中获得报酬，是劳动力市场对劳动者的正向激励，也是共同富裕的基础。同时，有效的市场通过报酬来体现出劳动力的异质性，因此勤劳致富原则也是劳动力市场效率的表现，体现效率与公平的统一。从宏观层面看，勤劳致富就是鼓励各类生产要素得到充分利用，物尽其用、人尽其才，使宏观经济长期处于充分就业和潜在增长水平。二是要不断扩大中等收入群体比重。首先，中等收入群体是支撑社会消费需求的中坚力量。边际消费倾向递减规律表明，低收入群体的边际消费倾向较高，但其收入过低，而高收入群体虽然收入很高，但其边际消费倾向却很低，都不能支撑宏观消费的持续增长。中等收入群体既有消费意愿又有支付能力，能够形成社会有效需求，从而拉动宏观经济实现持续增长。其次，庞大的中等收入群体能够为社会提供大规模高质量人力资本，促进经济实现创新发展。单个人力资本创新成功的概率很低且不确定性很大，但如果是通过大量高质量人力资本投资，其创新成功的比例将会提高。所以，提升国家层面的创新能力需要解决数量巨大的劳动者如何进行长期人力资本投资的问题，而扩大中等收入群体比重就是解决这一问题的有效方案，既能有效拉动社会需求的持续增长，又可以为经济社会发展提供高质量的人力资本支撑，提高社会创新能力。三是要合理调节过高收入，增加低收入者收入。长期来看，资本的收益率始终高于劳动的收益率，如果不对收入分配进行干预，不加制约的资本主义市场经济势必会不断加剧财富不平等现象，收入差距将会持续扩大甚至出现两极分化。要想改变这一现象，其主要手段无疑是不断完善政府主导的再分配政策。为此，应合理使用遗产税、房产税、资本利得税、个人所得税、公共支出等再分配政策工具，通过调整和完善再分配制度，合理调节过高收入，并增加低收入者收入。四是要强化合法收入保护、取缔非法收入。虽然实现共同富裕首先依赖于市场对资源配置的决定性作用，但市场经济有效运转的背后则需要有完善的法治体系作为支撑，这也是形成橄榄形收入分配结构的重要保障。

第四章　健全多层次社会保障体系

社会保障是保障和改善民生、维护社会公平、增进人民福祉的基本制度保障，是促进经济社会发展、实现广大人民群众共享改革发展成果的重要制度安排。[①] 党的十八大以来，社会保障体系建设被党中央摆在更突出的战略位置，习近平总书记也多次就此发表重要论述，强调要“健全覆盖全民、统筹城乡、公平统一、可持续的多层次社会保障体系，进一步织密社会保障安全网，促进我国社会保障事业高质量发展、可持续发展”[②]“要从立法、执法、司法、守法各环节加强社会保障工作，在法治轨道上推动社会保障事业健康发展”[③]，等等，为新时代深入推进社会保障体系建设提供了基本遵循。多年来，河南省在党中央政策的指引下，立足发展实际，围绕人民需要，构建了一个功能完善、特色鲜明、覆盖全民的社会保障体系，社会保险、社会救助、社会福利、社会优抚等各项事业协同发展，在建设小康社会、推进社会主义现代化进程中发挥了重要作用。在社会主义现代化建设的新时期，我们要深入贯彻落实党中央的“健全多层次社会保障体系”的要求，加快健全社会保障制度体系，持续完善社会保障服务网络，不断巩固和夯实推动经济社会发展的民生基础，在保障和满足人民群众对美好生活的需要方面绵绵用力、久久为功。

第一节　完善社会保险制度

社会保险是我国社会保障体系的主体部分，在经历数十年的发展后，

---

① 习近平：《完善覆盖全民的社会保障体系 促进社会保障事业高质量发展可持续发展》，人民网，http：//cpc. people. com. cn/n1/2021/0228/c64094-32038498. html。

② 《习近平在中共中央政治局第二十八次集体学习时强调　完善覆盖全民的社会保障体系 促进社会保障事业高质量发展可持续发展》，《人民日报》2021 年 2 月 28 日。

③ 《论把握新发展阶段、贯彻新发展理念、构建新发展格局》，中央文献出版社，2021，第 551 页。

逐步形成了以养老、医疗、工伤、生育和失业保险为主体的社会保险体系，保障公民在老年、疾病、残疾、失业、生育等情况下，能够获得国家和社会的物质援助。“十四五”和今后一个时期，要坚持“广覆盖、保基本、多层次、可持续”的方针，加快建立符合经济社会发展水平的社会保险制度，不断扩大社会保险覆盖面，提高社会保险统筹层次，使社会保险制度在促进社会公平正义、助力经济健康发展方面发挥更有力的推动作用。

一　社会保险制度发展的社会背景及现实意义

新中国成立后，国家制定了一系列的社会保险政策和法律，形成了“国家负责、单位包办、全面保障”的社会保险制度，但由于计划经济时代的社会保障制度本身存在着一定的缺陷，其在实践中的消极影响越来越大。十一届三中全会以后，随着经济体制的不断完善，我国的社会保障制度也开始了转型和再生。在此期间，我国先后颁布了一系列社会保障制度，对社会保险的运行机制、模式类型、待遇水平、管理机制等进行了深层次改革：1995 年，《关于深化企业养老保险制度改革的通知》发布，确立了社会统筹和个人账户相结合的基本养老保险制度框架；1998 年，我国城镇居民基本医疗保险制度正式建立，新型农村合作医疗试点工作也开始启动；1999 年和 2003 年相继出台的《失业保险条例》和《工伤保险条例》，标志着失业保险、工伤保险步入法制化轨道；2010 年，《社会保险法》明确了国家在社会保险体系中的职责，保障了公民的社会保险权益。至此，我国涵盖各类群体的社会保障（保险）体系总体框架初步建成，并在此之后进入稳步发展和改革完善期。

党的十八大以来，中国特色社会主义进入新时代，我国社会主要矛盾的深刻变化对改革完善社会保险制度、巩固提高民生保障水平提出了新要求。党的十九大报告提出，“按照兜底线、织密网、建机制的要求，全面建成覆盖全民、城乡统筹、权责清晰、保障适度、可持续的多层次社会保障体系”，明确了新时期我国社会保障制度建设和发展的总体思路。我国社会保障发展历史和社会实践证明，社会保险不仅是公民基本生活的“防护网”、社会的“安全阀”，更是经济发展的“助推器”，持续加强社会保险体系建设对社会主义现代化建设具有深远的影响和意义。

一是有利于保障公民基本生活，防御各类社会风险。任何社会成员在一生中都不可避免地会遭遇各种社会风险，不仅有衰老、疾病、死亡、孕育等生命成长过程中自然出现的风险，也有生产生活中可能出现的失业、伤残等意外风险。这些风险的影响可能是短期的，也可能是长期的，有些甚至会对民众的基本生活产生重大影响。大多数社会成员仅凭一己之力无法有效应对风险，尤其是对于老年人、妇女、儿童、残疾人等弱势群体来说，其应对生活中风险的难度更大。这就需要国家建立完善的社会保险制度来帮助社会成员预防和应对生活中可能出现的各类风险。借助社会保险制度，社会成员能够在暂时或永久丧失劳动能力、失去工作岗位，造成收入中断或减少时获得适当的经济补偿，维护正常生活、解决后顾之忧。

二是有利于维护社会公平，促进社会和谐稳定。长期以来，由于受教育程度、劳动能力和职业技能不同，我国公民在很大程度上具有一定的差异性，经济收入也相应地存在差距，而当公民收入水平不断走向两极分化时社会稳定会受到消极影响。基于社会全局考虑，国家通过建立社会保险制度对相应的人群强制征收社会保险费，形成社会保险基金，对经济收入较低或失去经济来源的困难人员给予补助，从而起到了调节收入再分配、缩小经济收入差距、缓和社会矛盾的作用。同时，公民也能够通过缴纳养老、医疗、失业等社会保险费用，提高应对各种风险的能力，增强生活的安全感和幸福感，进而从根本上维护社会大局和谐稳定。

三是有利于社会再生产，推动经济可持续发展。劳动者的再生产是经济可持续发展必不可少的动力源泉。一旦劳动者因年老、疾病、伤残等原因丧失经济收入或者劳动能力，社会保险能够保障劳动者维持基本生活，有利于劳动者生产能力的恢复，保障劳动力再生产进程不中断，从而维持市场经济的正常运行。此外，国家通过对社会保险基金进行投资运营，推动社会保险基金保值增值，有助于完善资本市场，促进社会主义市场经济健康发展。

二　河南省社会保险制度建设与发展现状

（一）河南省社会保险制度的建设实践

改革开放四十多年来，河南省的社会保险制度经历了从建立到完善、从分离到整合、从单项突破到整体推进的改革与发展，覆盖人群从“重点人群”

向“全民保障”迈进，保障内容覆盖公民生、老、病、死、伤残等全生命周期，社会保险制度逐步成为关乎国计民生、社会稳定的重要制度安排。

养老保险方面。21 世纪以来，跟随着国家养老保险制度改革的脚步，河南省也建立起了以新型农村养老保险制度、城镇居民养老保险制度、城镇职工养老保险制度为主体的城乡养老保险体系。2014 年，河南省政府下发《关于建立城乡居民基本养老保险制度的实施意见》，将“新农保”和城镇居民养老保险制度合并实施，正式建立了统筹城乡的居民社会养老保险制度，标志着河南基本养老保险体系步入新的发展时期。2015 年，河南省印发《机关事业单位工作人员养老保险制度改革实施办法》，将机关事业单位职工纳入基本养老保险制度体系，同时建立职业年金制度，形成了多层次的养老保险体系。近年来，河南省又陆续出台了《关于建立健全多缴多得激励机制完善城乡居民基本养老保险制度的意见》《关于建立城乡居民基本养老保险待遇确定和基础养老金正常调整机制的实施意见》《关于规范完善企业职工基本养老保险省级统筹制度的通知》等重要文件，在促进社会保险参保扩面、提高社会保险待遇、实施社会保险省级统筹等方面进行了深入变革，推动了社会养老保险制度体系的进一步完善。

医疗保险方面。长期以来，农村合作医疗保险、城镇职工医疗保险、城镇居民医疗保险等是我国医疗保险体系的重要组成部分。为缓解“看病难”和“看病贵”，河南省从 2014 年开始，率先在全省推行新农合大病保险。2015 年，城镇居民大病保险制度也得到了全面落实。2017 年，全面实施了大病补充保险制度。自此，河南省困难群众一旦罹患大病，可以享受基本医疗保险、大病保险、大病补充保险“三次报销”，极大降低了医疗费用。2017 年，河南省制定了《城乡居民基本医疗保险实施办法》，城乡统一的居民医疗保险制度也正式建立。截止到“十三五”规划末期，河南已建立起覆盖全省城镇职工和全体居民的医疗保险制度，全省人民“病有所医”的目标基本达成。

失业保险方面。2002 年，《河南省失业保险条例》出台，将城镇所有企业职工划入保障范围，正式建立起失业保险制度。多年来，河南省根据最低工资标准连续多次调整失业保险金标准，为失业人员维持基本生活提供了保障。尤其是在 2020 年新冠肺炎疫情发生以来，河南省连续出台《关于加大新型冠状病毒感染的肺炎疫情防控工作失业保险政策支持力度的通知》

《关于进一步做好失业保险保生活稳就业工作的通知》多项政策，失业保险对保障疫情影响下的失业者基本生活、促进就业和再生产起着举足轻重的作用。

工伤保险方面。河南省的工伤保险制度起源于 2007 年出台的《工伤保险条例》，为因工作原因受伤、患病、致残的劳动者提供医疗救助、经济补助等补偿性保障。随后，河南省又陆续出台了《工伤预防费使用管理暂行办法》《河南省职业康复费使用管理暂行办法》《关于进一步做好建筑业工伤保险工作的实施意见》等，推动了工伤保险制度体系的不断完善。同时，河南省也通过阶段性降低工伤保险费率、调整伤残津贴标准等措施减轻企业缴费负担，提高工伤保险待遇。2019 年，河南省发布《工伤保险省级统筹实施意见》，启动工伤保险省级统筹工作，工伤保险基金保障水平得到进一步提高。

生育保险方面。2008 年，河南省出台的《职工生育保险办法》标志着生育保险制度正式建立。近年来，河南省不断调整优化生育政策，适时出台了多项政策来降低生育保险缴费费率、调整生育津贴领取标准，为女性劳动者提供更有力的生育保障。根据国家指导性政策，河南省在 2019 年全面推进了生育保险与医疗保险的合并实施，于当年年底基本实现了参保登记、统一基金运行、统一征缴、统一管理、统一监管、统一办理服务。通过合并实施，整合优化了保险基金和管理资源，增强了基金共济能力，提升了管理综合效能。

（二）河南省社会保险制度建设的主要成就

改革开放四十多年来，河南省的社会保险体系建设成就斐然，在全面小康社会建设领域画上了浓墨重彩的一笔。一是社会保险覆盖范围从“重点人群”扩大至“覆盖全民”。截至 2020 年，全省基本养老保险参保人数为 7504.68 万人，基本医疗保险参保人数为 10349.51 万人，工伤保险参保人数为 999.98 万人，失业保险参保人数为 885.87 万人。其中，基本养老保险、基本医疗保险已经实现制度性全覆盖。

二是社会保障内容不断丰富拓展。从早期主要为城镇职工提供失业保障、养老保障，到逐步建立了覆盖全体公民的养老、医疗保障以及覆盖城镇职工的生、老、病、就业、伤残等生命周期的社会保险体系，社会保障功能日益完善。

三是社会保险待遇水平随经济社会发展稳步提升。养老保险方面，经过多年的调整和提高，城乡居民基本养老保险待遇增加到103元/人；医疗保险方面，2020年城乡居民医保门诊统筹报销比例为60%，住院费用报销比例按照医院等级分为50%~65%不等，年度支付最高限额达55万元；其他险种方面，在对失业、工伤保险采取阶段性降低保险费率的同时上调补助标准，2020年失业保险金按区域可分为1520元、1360元、1299元三个标准，工伤伤残津贴人均每月增加140元。

（三）现阶段社会保险制度建设面临的问题

改革开放四十多年来，河南省以社会保险制度建设为重点，深入推进社会保障体制改革，推动了社会保险制度框架的成型和完善，但是社会保险制度体系仍不够完善，其建设发展面临着一些新形势、新问题。

一是宏观经济形势变化对参保和政府投入带来影响。近年来，受经济下行态势、新冠肺炎疫情、特大暴雨灾害等因素的影响，河南省的经济遭受重创，经济结构面临深刻的调整，政府财政支出大幅度缩减，失业率不断提高。河南省人口基数较大，失业率的提高意味着部分行业和区域失业人员大量增加，这给社会保险制度带来巨大压力。

二是人口加速老龄化凸显社会保险制度的可持续问题。河南在21世纪初就步入老龄化社会，人口老龄化呈逐年上升趋势。随着人口出生率的下降、适龄劳动人口减少和老年人口的激增，社会养老负担日渐沉重，这对未来社会保险基金运行的稳定性、可持续性提出了严峻挑战。

三是发展不公平、不协调的问题依然存在。随着生活水平的提高，人们对保障范围更广、保障待遇更优、更加公平可及的社会保险制度有更多的期待。但是当前社会保险法律覆盖范围仍有限，参保扩面的难度逐年加大，且区域之间、城乡之间、不同群体之间在统筹层次、保障待遇等方面存在明显差距，需要从顶层设计层面来弥补短板。

四是社会保险相关立法不健全。社会保险立法是社会保险制度化、法制化的根本保障。尽管河南省在社会保险领域出台了一系列法律法规，社会保险法治化建设取得了明显成效，但总体来看，河南省社会保险法治化进程明显滞后于社会保险实践，特别是社会需求较高的养老保险条例、长期护理险相关的立法进展较为缓慢。另外，现有的社会保险法律法规的刚性约束不强，对违反社会保障法律法规行为的惩处力度不足，社会保险基金征缴、运营、发放过程仍存在不规范现象。

三 河南省完善社会保险制度体系的思路对策

作为社会保障体系的主体部分，社会保险制度的健全与完善直接影响亿万人民的切身利益，也关系整个社会保障事业的持续、健康发展。在“十四五”期间和今后一个时期，河南省要切实落实中央关于进一步完善社会保障体系的各项政策，坚持立足眼前、着眼长远、互助共济、城乡统筹，以养老、医疗保险为重点深入推进社会保险制度的改革创新，为全省人民织牢社会保障网，提高民生福祉水平。

（一）深化养老保险制度改革

进一步改革完善城乡居民基本养老保险制度，坚持统账结合与完善个人账户制度同步推进。根据经济发展水平、物价浮动情况、最低工资标准等指标，对基本养老金标准进行动态调整，持续提升基本养老金水平，增强基本养老保险待遇的公平性。要逐步提高养老保险统筹层次，把养老保险省级统筹工作落到实处，增强养老金的调剂能力，推动养老保险的可持续发展。大力支持商业养老保险和个人储蓄型养老保险发展，逐步扩大省内长期护理险试点范围，探索建立长期护理险制度，努力构建多层次、多支柱的养老保险体系。

（二）深化医疗保险制度改革

全面做实基本医疗保险、生育保险市级统筹，积极推进省级统筹，提高医疗保险基金的互助共济和抗风险能力。深入推进城乡居民医保门诊统筹，适度提高与扩大基本医保、大病保险、困难群众大病补充保险的保障待遇和报销范围，进一步推进医疗保险支付方式的改革，创新异地医疗结算方法，为群众就医提供更多实惠和便利。

（三）深化失业保险制度改革

适时扩大失业保险制度覆盖范围，逐步将灵活就业人员、进城务工人员等非标准就业人群纳入失业保险保障范围，科学制定这类群体的参考门槛、支付标准。健全失业保险费率动态调整机制，建立失业保险金标准与再就业、物价指数等联动机制，充分发挥失业保险制度在稳定就业、预防失业、促进就业方面的推动作用。

（四）深化工伤保险制度改革

完善市级工伤保险统一管理程序，加快全省统一管理。全力做好新冠肺炎疫情医护人员及其他防疫工作者的工伤保障，推动按项目参加工伤保险，重点推动工程建设行业的工伤保险全覆盖，构建更加健全的工伤预防、工伤补偿和工伤康复“三位一体”的保障机制。

第二节　健全社会救助和社会福利制度

社会救济制度是一种以保障民生、促进公平为目的的基本制度安排，是为广大贫困人口服务的一种基本制度安排。改革开放以来，随着我国社会保障制度的不断完善，社会救济工作得到了迅速的发展，建立了以城乡最低生活保障和特困人员供养为主线，以受灾人员、医疗、住房、教育、临时救助为主要内容，以社会力量参与为补充的现代社会救助体系，为贫困群众编织了全面、精准、高效的安全保障网，为全面建成小康社会奠定了坚实的民生基础。

一　健全社会救助和社会福利制度的现实背景及重要意义

社会救助是指国家和社会对由于各种原因而陷入生存困境的公民，给予财物接济和生活扶助，以保障其最低生活需要的制度。[①] 与社会保险不同，社会救助保障的对象是贫困群体以及老年、妇女、儿童、残疾人等弱势群体，保障的目标是缓解生活困难，维持基本生活水平。社会救助是社会保障的起点，也是社会保障的最后一道防线，关系着困难群众的衣食住行，关系着社会的和谐稳定，更关系着国家治理能力和治理水平的现代化。

党的十八大以来，以习近平同志为核心的党中央高度重视社会救助的

① 佚名：《社会救助》，360 百科，https：//baike. so. com/doc/5402491-5640177. html.

兜底保障功能，对社会救助工作做出一系列重大安排部署，引领和推动了我国社会救助制度的深层次变革。《社会救助暂行办法》于 2014 年发布，正式确立了“低保”“特困”“医疗”“灾民”“就业”“住房”“教育”“临时”等八大类的社会救助。党的十九大提出：“要在‘弱有所扶’的基础上，建立城乡一体化的社会救助体系，健全低保制度。”党的十九届四中全会进一步提出了“统筹完善社会救助、社会福利、慈善事业、优抚安置等制度”的新要求，并强调“加强普惠性、基础性、兜底性民生建设，保障群众基本生活”，将社会救助制度推向了新高度。2020 年，中共中央办公厅、国务院办公厅联合印发《关于改革完善社会救助制度的意见》，按照“保基本、兜底线、救急难、可持续”的总体思路提出了改革完善社会救助制度的重要举措，并提出了“到 2035 年，实现社会救助事业高质量发展，改革发展成果更多更公平惠及困难群众，民生兜底保障安全网密实牢靠，总体适应基本实现社会主义现代化的宏伟目标”的远景目标，为新时代社会救助事业发展擘画了蓝图，指明了方向。

近年来，国际环境复杂多变，经济形势持续下行，新冠肺炎疫情反复，自然灾害频繁发生，内忧外患加剧了经济社会发展的风险和不确定性，因此，健全社会救助和社会福利制度，构建城乡统筹的社会救助体系是新形势下保障和改善民生、增进民生福祉的迫切要求，也是推动基层治理体系和治理能力现代化的必由之路。

二　河南省社会救助和社会福利制度的建设现状

（一）河南省推进社会救助和社会福利制度改革的实践做法

近年来，河南立足省情民情，积极贯彻落实党中央关于加强社会救助工作的决策部署，持续深化社会救助制度改革，扎实做好城乡困难群众的社会救助工作，不断呈现社会救助工作的新局面。

一是建立和完善社会救助制度体系。早在 21 世纪初期，河南省就先后建立并全面实施了城乡居民最低生活保障、农村“五保”供养、城乡医疗救助等制度，搭建了社会救助制度体系的基本框架。党的十八大以来，河南省统筹推进城乡社会保障体系建设，社会救助制度体系获得进一步完善。2014 年，河南省人民政府印发《河南省社会救助实施办法》，开启了社会救助系统化、标准化之路。2015 年和 2016 年，河南相继印发了《关于全面实施临时救助制度的意见》《河南省特困人员救助供养办法》，正式建立临时救助制度及特困人员供养制度。2018 年，省民政厅、财政厅、省扶贫办共同印发《关于在河南省脱贫攻坚三年行动中切实做好社会救助兜底保障工作的实施意见》，制定了“确保每年农村低保高于国家扶贫标准”“设立低保‘减退期’”“扩大农村低保范围”等政策，为建档立卡的贫困人口提供基本生活保障。[①] 2020 年，河南省出台了《关于改革完善社会救助制度的实施意见》，提出“建立健全分层分类的救助体系”“加快推进社会救助制度城乡统筹”“完善基本生活救助标准自然增长机制”“探索由急难发生地实施临时救助”等新的措施要求，为新时期更好地实现弱有所扶、困有所助提供了科学指引和政策遵循。[②]

二是不断健全社会救助工作机制。首先，着力提升基层社会救助服务能力。自 2014 年起，河南省建立了社会救助“一门受理、协同办理”的工作机制，以乡镇（街道）运行的社会救助经办机构为依托，在政府行政服务中心、便民服务中心等设立统一的社会救助申请受理窗口，为群众申请救助提供了便利条件。其次，鼓励社会力量参与社会救助。河南省不断完善政府购买、信贷扶持、税费优惠等政策，通过设立帮扶项目、设立服务机构、提供志愿服务等形式，支持和指导社会组织开展社会救助，充分发挥其专业技能和资源优势。最后，强化社会救助资金统筹管理。2017 年，河南省民政厅、财政厅联合出台了《河南省省级困难群众救助补助资金管理办法》，加大对社会救助项目资金统筹整合力度，加强和规范资金使用管理，充分保障了省内困难群众的基本生活、医疗等待遇。

（二）河南省改革完善社会救助和社会福利制度的主要成就

经过多年的努力，河南省社会救助工作取得了显著成效，有力地保障了基本民生，推动了脱贫攻坚战全面胜利和小康社会全面建成，人民群众的幸福感、获得感、安全感持续提升。

---

① 《关于在河南省脱贫攻坚三年行动中切实做好社会救助兜底保障工作的实施意见》，河南省民政厅官网，https：//file. henan. gov. cn/4500000010/2019-11-05/157294 5266189DLgvmiH7. pdf。

② 申华：《如何做好社会救助工作？河南省改革完善社会救助制度实施意见出台！》，大河网，https：//news. dahe. cn/2020/11-25/764419. html。

一是救助项目不断扩大。自社会救助制度建立以来，河南省根据经济社会发展和群众需求的变化，将社会救助项目从食品、住房、医疗等生存性救助项目向教育、就业、法律救助等发展性救助项目拓展，救助形式日益丰富，救助能力不断提升。截至目前，全省已经建立起涵盖城乡居民最低生活保障制度、特困人员救助供养制度、受灾人员救助制度、医疗救助制度、教育救助制度、住房救助制度、就业救助、临时救助制度和社会参与等的“8+1”社会救助体系，基本实现了社会救助制度覆盖全民。

二是救助对象数量众多。河南是经济欠发达的人口大省，贫困人口数量众多，常年的救助对象有大约900万人，社会救助工作任务繁重而艰巨。河南省坚持“应保尽保、应兜尽兜、应救尽救”，不断巩固完善城乡最低生活保障和特困人群供养等制度，加大临时救助力度，帮助更多困难群众脱离困境。截至2020年，全省35.3万建档立卡未脱贫人口中，有92%的人被纳入低保、特困兜底保障；11.98万脱贫不稳定贫困人口中，8.79万人被纳入民政兜底保障；21.5万贫困边缘人口中，3.5万人被纳入民政兜底保障。①

三是救助水平不断提升。河南在综合考虑物价水平、财政收入、人民群众生活水平的基础上，建立健全社会救助标准动态调整机制，持续加大兜底保障力度，推动了救助水平的逐年提升。2016~2020年，城市低保救助标准从月平均400元上升到月平均570元，农村低保救助标准从月平均127元提高到月平均355元。城乡低保月人均补助水平分别由不低于240元、132元提高至不低于286元、178元，分别增长了19.2%、34.8%。城乡特困人员基本生活标准不低于当地低保标准的1.3倍，2020年分别达到每人8892元、5538元。②

（三）当前社会救助和社会福利制度建设面临的问题

尽管当前河南省的社会救助和社会福利制度建设成就突出，但社会救助发展还不均衡、不够完善，远不能满足新时代人民群众对更公平、更多层次、更人性化的社会救助的需求，主要表现在以下几个方面。

---

① 洪梦婷：《去年河南共发放社会救助资金122.9亿元 惠及330万城乡低保对象和50万特困人员》，《河南经济报》2021年5月21日。

② 《河南省改革完善社会救助制度新闻发布会》，河南省人民政府官网，https://www.henan.gov.cn/2020/11-25/1907868.html。

一是社会救助制度覆盖范围有限。现阶段，河南省实施的社会救助政策和保障措施一般只覆盖城乡特困人员、低保对象，而这部分群体在户籍人口中只占较小比例，还有一些处于低保救助边缘的群体因受主客观条件限制被排除在救助范围之外。这类群体的生活境况，有的比最低生活保障救助的对象还要差，社会救助的精准性有待进一步提高。

二是社会救助政策整合联动不足。开展社会救助工作虽然以民政部门为主，但也涉及医疗卫生、人力资源社会保障、住房城乡建设、教育、应急管理等多个职能部门。当前，社会救助体系内的各个职能部门，其管理体制和职责范围不尽相同，制度之间缺乏合理的衔接与协调，部门之间的协同联动机制也不健全不完善，导致救助资源分散，救助信息不能实现互通共享，“多龙治水”格局下社会救助效率事倍功半。

三是救助方式和供给主体单一化。一方面，虽然河南省建成的社会救助体系覆盖困难群众的基本生活、医疗、就业、教育、应急等多个领域，但在实际操作中，对困难群众的社会救助内容还是以经济补助、物质救助为主，主要是为了保障困难群体的最低生活需求，一些专项救助覆盖范围小、救助人员数量较少，可发挥的保障作用比较有限。另一方面，当前社会救助资源的供给主体仍以政府为主，社会力量在社会救助领域存在参与不足与参与无序并存的现象，容易带来社会救助资源的结构性失衡问题，限制了社会救助资源的最大化实现，也无法满足困难群众的多样化救助需求。

四是基层社会救助力量薄弱。近年来，随着社会救助内容的拓展和救助范围的扩大，基层社会救助工作量不断增加，对基层社会救助能力提出了不小挑战。当前，基层社会救助组织结构较为松散，经办服务人员数量不足问题比较突出，部分地区的经办服务人员通常身兼数职，且没有经过专业系统学习，在社会救助工作方面业务不精、能力不强，无法适应新形势下民政工作的制度化、规范化、信息化发展要求。

三　河南省健全社会救助和社会福利制度的思路对策

推动社会救助和社会福利事业高质量发展是河南省各级党委和政府面临的一项长期而重要的民生任务。面对社会救助工作的新形势、新任务，河南省要继续聚焦困难群体，聚焦现实需求，聚焦群众关切，进一步健全和完善社会救助制度体系，推动社会救助的各项改革落地落实，促进民生福利水平不断改善，真正实现弱有所扶、难有所帮、困有所助。

（一）完善社会救助动态管理机制

社会救助工作覆盖范围广、工作量大，精准识别社会救助对象，并能对其进行动态管理，对维持社会公平正义尤为重要。一是要完善救助对象认定核查机制。坚持“逢进必核”，建立和完善社会救助家庭收入情况核查信息系统，统筹整合公安、工商、税务、住建、卫计等各部门的数据信息，加强对进入救助范围的个人、家庭的审核认定，确保社会救助的准确识别、公平认定。对社会救助对象实行动态管理，畅通退出机制，做到“应进则进，应退则退”。二是要强化社会救助工作的监督管理。加强社会救助工作的规范化建设，深入开展社会救助资金管理、社会救助绩效评价工作，努力遏制“关系保”、“人情保”、错保等不良现象，确保社会救助工作阳光透明。三是要加快社会救助的信息化建设。推动信息平台的数据扩容升级，强化部门之间信息的比对、共享，深入开展“一站式”服务改革，将经办服务向基层、向移动终端延伸，提高救助事项办理的效率和水平。

（二）健全社会救助协调联动机制

要克服“多龙治水”的社会救助碎片化局面，必须构建跨部门的社会救助管理体系，加强不同部门之间的协同联动、共建共享，凝聚社会救助工作的最大合力。一方面，要建立和完善社会救助工作的部门协作机制，以民政部门为主体，各职能部门分工负责，促进低保、医疗、教育、住房、就业等社会救助政策的衔接互补；另一方面，依托互联网技术建立社会救助项目库，有效整合职能部门与社会组织的社会救助政策、社会救助项目、社会救助资源等信息进行综合管理，推动社会救助工作由分散向整体转变。

（三）加强社会救助多元化供给

事实上，仅靠政府单一力量已经无法满足人民群众日益增长的社会救助需求，要积极鼓励社会力量在社会救助领域发挥更大的优势作用。一是要加大政府购买服务的力度。不断创新探索政府购买社会救助服务的形式和途径，将合适的社会救助服务转移给社会力量承担，强化政府在服务评估监管方面的职责，促进政府和社会力量的有机结合、互相补充。二是要提高社会力量参与的积极性。鼓励社会组织、企事业单位、公民通过捐赠、志愿服务和建立社会救助组织等方式进行社会救助，加大财政补贴、税收优惠等扶持力度，充分调动和激发社会力量参与热情。三是要重视专业服务供给。建立健全“三社联动”工作机制，有效发挥社会工作服务机构、社会工作者的专业作用，深入挖掘社会救助服务需求，为社会救助服务对象提供专业化、系统化的救助服务。

（四）强化基层社会救助能力

基层是救助政策落实的“最后一公里”，也是社会救助工作的重点和难点，因此，必须加快补齐基层社会救助工作短板。一是要优化基层组织结构。强化党对社会救助工作的统筹领导，全力构建党委领导、政府负责、民政牵头、部门协同、社会参与的工作机制，将社会救助经费纳入各地财政预算予以保障。二是要充实基层工作力量。要根据辖区内社会救助对象数量、救助范围，在县（区）、乡（街道）、村（社区）三级合理配备工作力量，确保每项社会救助工作都有人管、有人负责，在社会救助力量不足的地区，鼓励支持社会力量参与。三是要强化基层工作人员服务能力提升。加强社会救助相关人员业务能力培训，通过政策文件解读、经典案例分析、工作经验交流等多种方式，培养一批基层社会救助骨干人才，建立健全考核评价机制、晋升激励机制等，不断提升社会救助工作人员为民服务能力和水平。

第三节　加强退役军人服务保障

退役军人是被纳入社会保障体系的一类特殊群体，退役军人事业是党和国家事业的重要内容。从战争年代到和平年代，退役军人不仅为国防和军队建设做出了重要贡献，也为社会主义现代化建设贡献了力量。做好退役军人保障工作，不仅关乎军人军属切身利益，关乎社会治理现代化水平，更关乎国家长治久安。近年来，河南省围绕强国强军的时代要求，以高度的政治自觉和强烈的社会责任感，把安置好、服务好、保障好退役军人作为做好本省退役军人工作的核心目标，促进退役军人事业高质量发展，为维持全省经济社会稳定发展、维护改革发展大局稳定提供了坚实保障。

一 加强退役军人服务保障的现实背景及重要意义

社会优抚是社会保障体系的重要组成部分，性质特殊，地位重要。[①] 退役军人作为社会优抚的主要对象，是党和国家历来重视与关怀的重要群体。党的十八大以来，以习近平同志为核心的党中央将退役军人工作摆在了更加突出的战略位置。习近平总书记多次就退役军人工作做出重要指示，指出“要关爱退役军人，他们为保家卫国作出了贡献”“必须做好退役军人管理保障工作，该保障的要保障好，该落实的政策必须落实，不能让英雄流血又流泪”“在国家层面加强对退役军人管理保障工作的组织领导，健全服务保障体系和相关政策制度”[②]，等等，这一系列重要论述体现了习近平总书记对退役军人的殷切关怀，也为做好新时代退役军人工作提供了重要遵循。

2017 年，党的十九大报告提出“组建退役军人管理保障机构”。次年，退役军人事务部正式批准组建。2019 年，全国县级以上退役军人事务厅局全部挂牌运行，各级退役军人事务机构和服务中心（站）不断建立和完善，一个横向到边、纵向到底的退役军人服务体系已经初步形成。[③] 2019 年，退役军人事务部、民政部等 5 部门联合出台《关于加强困难退役军人帮扶援助工作的意见》，加强对困难退役军人群体帮扶援助工作的规范指导。2020 年，第十三届全国人民代表大会常务委员会第二十三次会议通过了《退役军人保障法》，对退役军人移交接收、退役安置、教育培训、就业创业、服务保障、优待抚恤等做了整体设计和系统规划，为维护退役军人合法权益提供了法律保障。不难发现，新时代我国的退役军人工作行稳致远，在深化改革进程中不断实现新发展，开创新局面。

近年来，在推进全面深化改革和社会经济结构深刻调整中，我国退役军人工作也面临许多新形势、新挑战。一方面，当前国际局势跌宕起伏，局部地区动荡不安，突发事件不断，如何在复杂多变的国内外环境中切实做好退役军人工作，对于稳军心固国防、建设强大的人民军队、增强综合

① 梅世雄：《切实把党和国家的温暖关怀落到实处》，新华社，2018 年 7 月 27 日。

② 《奋力开创新时代退役军人工作新局面》，《人民日报》2019 年 7 月 26 日，第 1 版。

③ 梅世雄、卢晓琳、周燕红：《奋力开创新时代退役军人工作新局面——以习近平同志为核心的党中央关心退役军人工作纪实》，中国政府网，http://www.gov.cn/xinwen/2019-07/25/content_5415301.htm，2019 年 7 月 25 日。

国力越来越重要；另一方面，我国社会主要矛盾已发生深刻变化，人民群众对美好生活的向往和期待与日俱增，退役军人曾为维护国家安全做出贡献，对其物质保障与精神优待的双重诉求要认真对待，尤其是随着部分退役军人步入老年，他们在养老服务、心理援助等方面的需求会日益迫切。因此，做好新时代退役军人工作，为退役军人提供更高质量的服务和保障，对于服务军地改革发展、促进社会和谐稳定、体现社会尊崇优待具有重要意义。

二　河南省退役军人服务保障的基本现状

（一）河南省加强退役军人服务保障的实践做法

近年来，河南省积极贯彻落实党中央关于加强退役军人工作的决策部署，加强退役军人服务体系建设，统筹开展接收安置、待遇保障、荣誉激励、教育管理等各项工作，不断推动退役军人工作迈上新台阶。

一是强化退役军人工作的组织领导。2018 年，河南省按照深化改革要求，将省民政厅的退役军人优抚安置职责、省人力资源和社会保障厅的军官转业安置职责以及军队有关职责等进行整合，组建了河南省退役军人事务厅。同时，指导地方做好退役军人服务中心（站）的机构和职能设置工作，推动退役军人工作与民政、人力资源和社会保障、教育等其他部门的职能做好衔接。

二是健全退役军人保障制度体系。2018 年以来，河南结合本省实际，先后出台了《重点落实退役军人就业创业十二条优待政策》《河南省贯彻落实〈关于促进新时代退役军人就业创业工作的意见〉实施办法》《河南省优秀退役军人人才管理暂行办法》《河南省困难退役军人帮扶援助暂行办法》《河南省军人军属、退役军人和其他优抚对象优待工作实施意见》等一系列重要文件，对退役军人就业安置、优抚优待、社会救助等工作进行了规范和指导，为退役军人工作的有序开展提供了制度保障。

三是扎实推进退役军人各项工作。近年来，河南省在服务强军强省、维护经济社会发展大局方面持续发力，采取了一系列政策措施全面推进退役军人服务保障工作。坚持聚焦重点、突出特色，高质量完成年度退役军人移交安置任务，做好困难退役军人帮扶救助工作，大力开展就业创业服务，解决好退役军人后顾之忧。坚持以人为本、需求为先，落实落细优抚优待政策，稳步推进双拥创建工作，推动退役军人尊崇关爱工作常态化。坚持立足当前、谋划长远，开展《河南省“十四五”退役军人服务和保障规划》编制研究工作，引领“十四五”时期退役军人工作不断取得新成效。

（二）河南省加强退役军人服务保障的重要成就

一是退役军人组织机构逐步完善。截至 2019 年末，河南省已建成省、市、县、乡、村级五级退役军人服务中心（站）47753 个。退役军人服务中心（站）基本覆盖行政区划单位，包括 1 个省级服务中心，17 个市级服务中心，1 个济源示范区服务中心，158 个县（市、区）服务中心，2514 个乡镇（街道）服务站，45033 个村（社区）服务站①，退役军人的工作机构实现全覆盖。

二是退役军人优抚待遇水平持续提升。2020 年，河南省对部分优抚对象等人员抚恤和生活补助标准进行了再次调整。其中，带病回乡退伍军人的生活补助为每月 660 元，在农村和城镇无工作单位且家庭生活困难的参战退役人员生活补助为每月 700 元，烈士子女生活补助为每月 540 元，人均标准均比原来增加 50 元。② 这是自改革开放以来，第 28 次提高残疾军人残疾抚恤金标准，第 31 次提高“三属”定期抚恤金标准和“三红”生活补助标准。③

三是退役军人服务内容不断丰富。在优抚褒扬方面，2019 年以来，河南省组织了 2 万余场次座谈会、团拜会、茶话会等集中慰问活动，投入资金 1.5 亿多元，走访慰问 266.9 万余名退役军人，人数居全国前列。按规定发放 302 万块“光荣之家”光荣牌，发放“庆祝中华人民共和国成立 70 周年”纪念章 8000 余块。④ 在就业安置方面，河南省退役军人事务厅通过开

---

① 《河南进一步完善退役军人保障体系建设 已建成服务中心（站）47753 个》，中华网河南，https：//henan. china. com/news/yw/2019/1206/253047987. html。

② 《河南省退役军人事务厅 河南省财政厅关于调整部分优抚对象等人员抚恤和生活补助标准的通知》，河南省退役军人事务厅官网，http：//tyjrswt. henan. gov. cn/2020/12-28/2068221. html，2019 年 9 月 10 日。

③ 《关于〈河南省退役军人事务厅 河南省财政厅关于调整部分优抚对象等人员抚恤和生活补助标准的通知〉的起草说明》，河南省退役军人事务厅官网，https：//tyjrswt. henan. gov. cn/2022/01-26/2388982. html，2021 年 7 月 20 日。

④ 《河南进一步完善退役军人保障体系建设 已建成服务中心（站）47753 个》，中华网河南，https：//henan. china. com/news/yw/2019/1206/253047987. html。

展就业指导培训，联合企业搭建就业创业平台，每年为退役军人提供就业岗位近2万个。

（三）现阶段退役军人工作存在的主要问题

随着退役军人服务保障体系建设的不断推进，河南省退役军人工作中的一些短板和弱项也暴露出来，制约退役军人工作高质量发展，主要表现在以下几个方面。

一是制度建设仍需完善。退役军人的服务保障体系建立时间尚短，制度体系还不够健全完善，在退役军人服务标准方面还缺乏规范性文件，退役军人服务保障体系在法律层面也存在空白地带。另外，河南省对退役军人就业创业、帮扶救助、优抚褒扬等相关政策的宣传和落实力度不够，对退役军人的实际需求把握不准确不细致，导致一些政策未达到预期效果。

二是服务阵地建设有待加强。退役军人服务机构是退役军人工作的主阵地，到目前仅仅成立四年，服务对象众多、业务量较大、人手不足是各级退役军人机构普遍存在的难题，尤其是基层退役军人服务机构面临的问题更为突出。一些街道、社区（村）退役军人服务站基础设施建设滞后，专项工作经费紧张，工作人员业务能力不强，远不能满足新时代退役军人工作需求。

三是遗留问题容易引发矛盾纠纷。基于不同历史阶段的国情和时代背景，社会优抚政策一直处在动态调整之中。然而，新旧政策转换衔接不畅，造成了大量遗留问题，在移交安置、就业安置、优抚待遇方面尤为突出。这些遗留问题因为年代久远，牵涉利益众多，解决难度较大，容易产生矛盾纠纷甚至群体性冲突，这些都是退役军人工作必须高度重视并予以妥善解决的问题。

三　河南省加强退役军人服务保障的思路对策

河南是人口大省，也是兵源大省，加强新时代退役军人服务保障工作意义重大、影响深远。河南省要紧扣“十四五”规划要求，提高政治站位，把握时代需求，推进退役军人工作在深层次和重点领域的改革，不断强化退役军人工作在巩固基层政权、稳定军心民心、服务全省发展大局方面的重要作用，努力构建国泰民安、稳定和谐的社会主义现代化新河南。

（一）进一步健全退役军人服务保障的政策制度体系

要解决现阶段退役军人工作中面临的矛盾问题，必须从顶层设计层面来引领推动退役军人工作的改革。一是要加快推进退役军人服务保障相关立法。制定出台符合本省实际的退役军人保障服务的专项政策法规，依法明确退役军人的法律地位，使退役军人各项工作有法可依。二是要加强退役军人服务保障的政策创制。根据新时代退役军人工作的形势变化、需求变化，聚焦退役军人工作在风险防范治理、帮扶救困等方面的短板弱项，不断优化完善退役军人服务保障政策，积极回应退役军人的各类诉求。要坚持把政策法规落实摆在突出位置，强化退役军人政策的宣传解读、任务分解、跟踪推进，推动退役军人工作落实处、见成效，让更多退役军人体会到温暖，享受到实惠。

（二）加强退役军人服务阵地的规范化建设

退役军人服务中心（站）、“退役军人之家”等服务阵地是开展退役军人工作的主要载体，加强退役军人服务阵地建设对于构建和完善退役军人服务保障体系至关重要。一是要加大服务阵地建设的投入力度。各级财政应将退役军人工作经费纳入年度财政预算，并在财政支出上适当向退役军人服务阵地建设倾斜，持续加强对退役军人服务阵地标准化建设的资金支持，提高服务阵地建设水平。二是要优化人力资源配置。各级退役军人服务部门应加强与人事部门、编制部门的合作研究，科学制定人员编制，稳步提高人员待遇水平，提高在岗人员的稳定性；积极探索以定向招考、转业安置等方式吸纳优秀大学生和退役军人到基层工作。三是要着力增强服务管理能力。对退役军人服务阵地工作人员开展系统化的业务培训，规范移交安置、帮扶救助、就业指导等常态化工作流程，彰显走访慰问、优抚褒扬、权益维护方面的人文关怀，全力保障好广大退役军人的工作和生活。

（三）妥善解决历史遗留问题

历史遗留问题与退役军人的切身利益息息相关，解决好历史遗留问题是该群体最急迫最现实的关切，也是党和政府高度关注的民生问题。一是要加强历史遗留问题的分类管理。各级退役军人工作机构要将解决历史遗留问题列为首要任务重点推进，建立数据翔实的问题台账，做好甄别分类，并制定出有针对性的科学合理的解决方案。对于一些普适性、政策性的遗留问题，要加强省市级层面的政策设计，为有效解决遗留问题提供政策遵循。二是要健全遗留问题化解的长效机制。完善协调联动机制，做好退役军人信访接待工作，畅通遗留问题反馈渠道，聚焦工作的难点堵点，充分调动军队、地方政府、相关部门、社会等多方力量，在解决退役军人遗留问题方面形成最大合力。

第四节 保障残疾人平等权益

残疾人是社会保障体系覆盖的重点群体，也是社会建设发展中不可忽视的力量。在全面建设社会主义现代化国家的新征程中，依法保护残疾人的平等权利是国家治理和人权事业发展的重要内容。近年来，河南省高度重视残疾人事业发展，从践行为人民服务宗旨、满足残疾人发展需求上谋划残疾人工作，多措并举加强残疾人权益保障，不断推动残疾人事业与经济社会协调发展。

一 新时代保障残疾人平等权益的现实背景和重要意义

残疾人是在肢体、语言、听力、智力等方面存在功能障碍的一类特殊群体。尽管残疾人在身体机能方面存在缺陷，但同正常人一样，是社会大家庭的平等成员，也是人类文明发展的重要力量。新中国成立七十多年来，残疾人权益保障不断加强，促进残疾人平等享有改革发展成果已经融入中国共产党领导的中国特色社会主义现代化建设的百年实践中。中国共产党通过探索完善保障残疾人权益的理念和制度，不断健全残疾人公共服务体系，促进残疾人在政治、经济、文化、社会、环境等领域权利的全面享有。

党的十八大以来，中国将残疾人事业纳入“五位一体”总体布局和“四个全面”战略布局，残疾人事业进入新时代高质量发展阶段。习近平总书记曾指出，“让广大残疾人安居乐业、衣食无忧，过上幸福美好的生活，是我们党全心全意为人民服务宗旨的重要体现，是我国社会主义制度的必然要求”[①]，“不断满足人民群众对美好生活的需要必须保护好残疾人权益，残疾人事业一定要继续推动”[②]。这些重要论述体现了党和国家对残疾人群体的关心关怀，也为新时代全面保障残疾人权益奠定了坚实根基。近年来，我国先后出台《残疾预防和残疾人康复条例》《残疾人教育条例》《无障碍环境建设条例》等法规，为维护残疾人在医疗康复、文化教育、环境建设方面的合法权益提供了强有力的法律保障；同时，也制定了《“十四五”残疾人保障和发展规划》《“十四五”残疾人职业技能提升计划》等重要文件，为新时期残疾人事业发展确立了目标，指明了方向。

据中国残联最新统计的数据，截至2020年，中国各类残疾人总数已达8500万，约占中国总人口的6.02%。[③] 显而易见，这是一个数量庞大的特殊群体，亟待全社会给予更多的关心和关注。当前，在全球经济发展放缓、国际形势紧张、新冠肺炎疫情反复的背景下，残疾人等特定群体更容易遭受内外部因素带来的冲击，其脆弱性和正当需求对社会治理水平和人权事业发展提出了新挑战。保障残疾人的平等权利，提高残疾人的生活质量，提升残疾人的自立自强能力，不仅是推动残疾人实现全面协调发展的迫切要求，促进残疾人事业和中国高质量发展的现实选择，也是全面建设社会主义现代化强国、实现共同富裕的必由之路。

二　河南省残疾人事业的发展现状

（一）河南省保障残疾人平等权益的主要做法

近年来，河南省各级党委政府将发展残疾人事业作为年度民生要事重点推进，出台了多项政策措施，在保障残疾人基本生活、帮扶残疾人就业创业、提升残疾人康复质量、加强无障碍环境建设方面不断发力，推动残疾人事业迈向高质量发展新阶段。

---

① 《促进残疾人全面发展和共同富裕》，光明网，https：//guancha.gmw.cn/2018-09/15/content_31183282.htm。

② 张晓松、朱基钗：《坚守人民情怀，走好新时代的长征路——习近平在湖南考察并主持召开基层代表座谈会纪实》，新华网，http：//www.xinhuanet.com/politics/2020-09/20/c_1126517144.htm。

③ 《中国残疾人口8500万，有待社会更多关爱》，搜狐网，https：//www.sohu.com/a/485342597_120172320。

一是规范完善残疾人权益保障制度。为了贯彻落实党中央、国务院关于残疾人事业发展的一系列重要部署，河南省委省政府围绕促进残疾人实现全面发展和共同富裕的目标，制定了符合本省实际的残疾人社会保障制度和服务措施体系，为深入推进残疾人事业发展夯实了制度基础：先后印发《关于加快推进残疾人小康进程的实施意见》《河南省“十三五”加快残疾人小康进程规划的通知》，将残疾人发展融入全面建成小康社会的大局统筹推进；出台《河南省困难残疾人生活补贴和重度残疾人护理补贴实施办法》《关于扎实做好疫情防控常态化背景下残疾人基本民生保障工作的指导意见》，采取有力措施切实保障残疾人基本民生；起草编制《河南省“十四五”残疾人保障和发展规划》，为新时期残疾人工作做出新部署。随着各项政策措施的落实和各项残疾人工作的扎实推进，残疾人社会保障体系逐步完善。

二是强化困难残疾人兜底保障。党的十八大以来，河南省委省政府将“扶贫助残行动”列为全省打赢脱贫攻坚战三年行动计划的“六大行动”之一，深入开展“两不愁三保障”攻坚行动，着力解决建档立卡贫困残疾人家庭在基本生活、医疗保障、残疾儿童少年义务教育、重度残疾人长期照料护理需求等方面的突出问题。[①] 近年来，河南省又按照“四个不摘”要求，加强对困难残疾人的动态监测和精准帮扶，全面落实残疾人“两个补贴”制度，持续巩固残疾人脱贫攻坚成果，为困难残疾人兜牢民生底线。

三是建立残疾人就业创业支持体系。近年来，河南省出台了涵盖残疾人就业税收优惠、自主就业创业、职业技能培训、就业服务规范等一系列就业扶持文件，促进残疾人就业环境的改善。2021 年，河南省开展“人人持证，技能河南”建设，持续加强残疾人就业培训，做好按比例安排残疾人就业审核和残疾人就业保障金申报缴纳等工作，加强对残疾人的就业服务，拓宽残疾人就业渠道，让更多残疾人在就业中获得发展。

（二）河南省保障残疾人平等权益的实践成效

近年来，在河南省委省政府的高度重视和大力支持下，河南的残疾人事业获得了进一步发展，在康复、教育、就业、生活保障、社会环境建设等方面取得了明显成效，残疾人民生保障更加有力、基本生活水平稳步提

---

① 王绿扬：《让每个残疾人都享有出彩人生》，《河南日报》2021 年 11 月 1 日。

高，全社会扶残助残的氛围日益浓厚。

一是残疾人脱贫攻坚成果显著。“十三五”期间，全省72万农村建档立卡贫困残疾人脱贫，97万被纳入最低生活保障范围的困难残疾人领取生活补贴，119万重度残疾人领取护理补贴。[①] 截至2020年底，全省累计发放残疾人两项补贴56亿元，城乡残疾人最低生活保障实现了应保尽保。51项残疾人医疗康复项目被纳入河南省基本医保基金的支付范围，残疾人医疗救助力度不断加大，切实减轻了贫困残疾人的就医负担。[②]

二是残疾人公共服务水平稳步提升。残疾人康复服务覆盖面不断扩大，全省244.2万人（次）残疾人得到基本康复服务，截至2020年底，残疾人基本康复服务率达94%，其中，各级财政共投入资金11.1亿多元，为9.4万名0~6岁残疾儿童提供了康复救助。[③] 持续保障残疾人受教育权利，提升残疾人就业技能水平，2021年，河南适龄残疾儿童接受义务教育入学率达97.13%，全省培训城乡残疾人34336人，实现城乡残疾人就业26806人。[④] 实施残疾人证“跨省通办”工作，有效解决了残疾人证办理中“多地跑”“折返跑”等难点堵点问题，截至2021年11月30日，河南省共办结残疾人证“跨省通办”641件，做到了残疾人证“跨省通办”应办尽办。[⑤]

三是残疾人平等权益得到更好保障。河南省将残疾人列为法律援助的重要对象，深入开展残疾人普法宣传、法律援助、志愿助残行动，充分保障残疾人的合法权益。“十三五”时期，全省设立残疾人法律援助工作站160个，为10万余人次残疾人提供法律咨询，办理残疾人法律援助案件2.2万件。[⑥] 另外，河南省以百城建设提质工程、老旧小区改造行动为契机，加大资金投入，大力推进无障碍设施建设改造工作。2021年，河南省对14683户低收入重度残疾人家庭完成无障碍改造，为残疾人融入社会提供了更好

---

① 《河南省人民政府关于印发河南省“十四五”残疾人保障和发展规划的通知》，河南省人民政府官方网站，2021年12月24日。

② 王绿扬：《让每个残疾人都享有出彩人生》，《河南日报》2021年11月1日。

③ 王绿扬：《让每个残疾人都享有出彩人生》，《河南日报》2021年11月1日。

④ 《省残联召开2022年全省残联工作会议》，河南省残疾人联合会网站，https://www.henancjr.org.cn/articles.aspx?mid=325&id=34652。

⑤ 王晓慧：《河南“我为群众办实事”落地见效，残疾人证“跨省通办”应办尽办》，《华夏时报》2022年1月8日。

⑥ 《河南省人民政府关于印发河南省“十四五”残疾人保障和发展规划的通知》，河南省人民政府官方网站，2021年12月24日。

的社会环境。

（三）河南省残疾人工作面临的主要问题

目前，河南省有715万残疾人，占常住人口的7.2%，残疾人数量众多，特点突出。[①] 由于受经济社会发展水平、残疾人事业基础薄弱等因素影响，河南省残疾人工作还存在一些发展短板，主要表现在以下几个方面。

一是关爱服务体系有待健全。河南省重视残疾人事业发展，着力完善残疾人关爱服务体系，织密织牢残疾人民生保障安全网，提升残疾人康复、教育、文化、体育等公共服务质量，但在残疾人面临的康复难、就业难、学习难等问题上依然需要花大力气进行解决。比如，《宪法》《残疾人保障法》《就业促进法》等法律明文规定，用人单位招用人员，不得歧视残疾人，然而，在残疾人实际的求职应聘过程中，时常被区别对待，一些企事业单位甚至在招聘时设置“隐形条件”，即使各项条件达标甚至超过提出的招聘条件，残疾人也会因身体残疾被拒之门外；《残疾人保障法》规定，国家机关、社会团体、企事业单位、民办非企业单位应当按照规定的比例安排残疾人就业，但该政策还未落到实处，存在用人单位、企业对安置、接纳残疾人工作不积极、不主动，对招收残疾人设置种种限制等情况，进一步增加了其就业的难度。

二是专职队伍建设有待加强。虽然各地都出台了加强基层残联组织建设等相关制度，要配齐配强乡、村等基层的残疾人专职委员，提升基层残疾人服务能力和水平，但在建设水平上还有待提高。比如，偏远、经济欠发达的乡镇、村在专业的康复训练指导机构、康复建设经费等方面投入不足，造成基层残疾人专职委员不足、专业队伍素质无法满足残疾人的康复医疗需求的现象。

三是基础设施建设有待完善。尽管各地普遍加大了对无障碍设施建设的投资力度，推进了无障碍设施建设进度，但在无障碍设施建设水平、无障碍环境覆盖以及功能完善、管理到位等方面仍需进一步完善。比如，残疾人无障碍设施建设标准较低，配套的设施还存在一定的局限性，与残疾

---

① 《河南省人民政府关于印发河南省“十四五”残疾人保障和发展规划的通知》，河南省人民政府官方网站，2021年12月24日。

人实际需求不相吻合；城市道路以及车站、商超、医院等主要公共场所无障碍设施建设不完善，存在被摊位侵占或被改为他用、人行道上铺设的盲道和坡道不规范、城区道路的盲道经常被各类车辆占用等现象，这些都给残疾人出行及生活带来了较大阻碍。

三　河南省进一步保障残疾人平等权益的思路对策

“十四五”及今后一个时期，河南省要维持和巩固残疾人事业发展的良好态势，继续将残疾人事业融入全省经济社会发展大局，融入人权保障事业发展变革中，持续完善残疾人权益保障制度，建立健全关爱服务体系，营造有利于残疾人发展的生活条件和社会环境，确保每个残疾人都能平等地实现个人发展和享受美好生活。

（一）进一步完善残疾人社会保障制度

不断完善管根本、顾长远的残疾人权益保障制度，是推动残疾人事业发展的基础保证。一是要强化社会救助制度。把符合条件的残疾人和残疾人家庭纳入最低生活保障，强化医疗救助与基本医疗保险、大病保险的互补衔接，强化残疾人子女、残疾儿童教育救助，建立社会救助和保障标准与物价上涨挂钩联动机制，为残疾人提供托底线、救急难、保民生的最低限度的生活保障。二是要完善残疾人社会福利制度。全面落实困难残疾人生活补贴和重度残疾人护理补贴制度，建立补贴标准动态调整机制，鼓励有条件的地方按规定扩大补贴对象范围、提高补贴标准，为残疾人提供更加稳定、更高水平的民生保障。三是要完善服务类社会救助制度。规范残疾人社会服务机构准入门槛，制定强制性国家标准，鼓励通过政府购买服务对社会救助家庭中生活不能自理的残疾人提供必要的访视、照护服务，改善残疾人的生活环境和生活质量。

（二）进一步健全残疾人关爱服务体系

加强残疾人关爱服务体系建设，有效推进残疾人最关心、最直接、最现实的利益问题解决，是提升残疾人公共服务均等化水平的重要保障。一是要加强残疾人就业权益保护。依法大力推进按比例安排残疾人就业，落实残疾人集中就业单位税费优惠、政府优先采购等扶持政策，稳定残疾人集中就业。加强残疾人就业劳动监察，坚决防范和打击侵害残疾人就业权益的行为。二是要加强残疾人特殊教育保障。持续改善特殊教育学校办学条件，加强特殊教育师资队伍建设，巩固提高残疾儿童少年义务教育水平，推动非义务教育阶段特殊教育的快速发展。三是要强化残疾人法律权益保障。开展专项执法检查，确保残疾人权益保障法律、法规有效落实，开展残疾人权益保障法和相关法律法规的普法宣传，保障残疾人的政治、经济、文化和社会权利，将其作为独立的权利主体给予尊重。四是要助力残疾人融入社会。根据残疾人身体特征，有针对性地开展培训，支持残疾人在社区参加志愿服务活动，帮扶残疾人就业创业，使其通过劳动生产获得收入，不断提高生活水平，实现个人价值，获得社会认可。

（三）进一步加强残疾人基础建设改造

加快推进无障碍设施建设和改造，推进无障碍环境建设是保障残疾人平等参与社会生活、合法权益的一个重要条件，也是每个公民遇到特殊需求时的应急保障。一是要推进无障碍设施建设。把无障碍设施建设纳入城乡建设规划，加大公共服务设施、道路、社区服务设施等的无障碍改造力度，定期维护，加强监管，使无障碍设施建设逐步走上规范化轨道。二是要加大对残疾人康复机构的建设和管理力度。加快残疾人福利机构等专业服务场所建设，通过政府购买服务等措施，专门为残疾人提供康复服务。三是要加快信息化无障碍建设。着重消除老年人和残疾人等群体在信息消费、终端设备、服务与应用等方面的障碍，解决在线预约挂号、扫码支付、网约车出行等新业态、新模式发展给残疾人、老年人等群体带来的不便，加快信息设备的适老版、关怀版、无障碍版的优化升级，让残疾人、老年人等群体也能享受信息时代的便利。

第五章　积极应对人口老龄化

人口问题始终是关乎中华民族发展的基础性、全局性、战略性问题，是大事情。当前，日益加深加速的人口老龄化是我国的基本国情和社会发展趋势。党中央高度重视人口老龄化问题，在科学把握人口发展规律的基础上，一直在动态调整完善人口发展政策，并将“积极应对人口老龄化”上升为国家战略。习近平总书记多次就老龄工作做出重要指示，强调要贯彻落实积极应对人口老龄化国家战略，把积极老龄观、健康老龄化理念融入经济社会发展全过程……加快健全社会保障体系、养老服务体系、健康支撑体系，“构建养老、孝老、敬老政策体系和社会环境”[①]“让老年人共享改革发展成果、安享幸福晚年”[②]，等等。《国民经济和社会发展第十四个五年规划和二〇三五年远景目标纲要》也明确提出，要“以‘一老一小’为重点完善人口服务体系”“实施积极应对人口老龄化国家战略”，这些都为做好新时代人口发展工作指明了前进方向。

第一节　推动实现适度生育水平

人口是社会的主体，生育是人类得以延续的前提。生育政策的变革不仅深刻影响着千家万户的生产生活，也关系着国家发展全局，而保持适度的生育水平则是推动人口长期均衡发展的重要基础。

---

① 慎海雄主编《习近平改革开放思想研究》，人民出版社，2018，第 221 页。

② 《贯彻落实积极应对人口老龄化国家战略　让老年人共享改革发展成果安享幸福晚年》，《人民日报》2021 年 10 月 14 日，第 1 版。

一　推动实现适度生育水平的发展背景及重大意义

（一）发展背景

从概念上看，适度生育水平是我国在宏观层面上提出的描述理想生育状态的一个概念。事实上，适度生育水平概念与“适度人口理论”密切相关。柏拉图早在其《理想国》中就有关于城邦公民人口数量要“保持适当”的思想。而“适度人口”这一概念最早是由英国经济学家坎南提出的，他在20世纪初阐释了适度人口的内涵，即当平均生产能力达到最高点时或者报酬达到最大点时的人口状态，这里的适度人口显然带有最大承载人口的意味。作为适度人口理论的集大成者，法国的阿尔弗雷·索维在《人口通论》（1952年）中指出，能够以最使人满意的方式来达到某个特定目标的人口数量就是适度人口。可见，关于适度人口中“适度”的研究讨论，学界意见尚不统一，但随着经济社会发展阶段演进，世界各地的人口发展政策都在相应地做着调整，推进实现适度生育水平是适应人口发展形势、积极应对人口老龄化趋势的一项重要举措，这已是社会基本共识。

就我国的人口发展政策而言，生育政策因应经济社会发展变化和人口发展现实状况，已经历多次大的调整。新中国成立初期，我国的人口再生产属于典型的高出生率、高死亡率、低自然增长率类型，人均预期寿命只有36岁。① 不过，随着人民生活水平和医疗水平的不断提高，人口死亡率快速降低。新中国成立后到1971年，我国的人口政策以支持生育、自由生育为主要特点，该阶段是我国人口自然增长或者说是相对快速增长的时期，年平均出生人口数量为2000万左右。② 1971年后，我国长期以稳定低生育水平为基本目标，人口政策以计划生育为主要特点，“计划少生”在抑制人口快速增长上取得了明显效果，人口的再生产逐步转变为低出生率、低死亡率和低自然增长率。从20世纪90年代初起，育龄妇女的总和生育率基本呈现出持续下降的态势，后来虽然受2013年的“单独二孩”政策和2016

---

① 赵旭凡：《推行三孩生育政策的战略意义与实现路径》，《湖南社会科学》2022年第1期，第120~126页。

② 吕红平：《适度生育水平：人口长期均衡发展的重要基础》，《晋阳学刊》2022年第1期，第43~51页。

年的“全面两孩”政策的刺激影响，生育率出现了短暂回升，但整体上还是走低。据第七次全国人口普查数据，2020 年的总和生育率已降至 1.3 的极低水平，人口增长数仅为 1200 万。[①] 不断走低的生育率引起了社会各界的广泛关注和忧虑。2021 年 6 月，《中共中央 国务院关于优化生育政策促进人口长期均衡发展的决定》正式提出，要实施“三孩生育政策”及配套支持措施，实现“适度生育水平”，这也标志着我国人口发展新阶段的开启。

不难发现，从“适度低生育水平”到“适度生育水平”，去掉了“低”字，重点在“适度”二字，意义重大，这昭示着生育政策目标的“适度”越来越遵循其原意，没有了特定的限制，国家政策更多地倾向于指导，有助于促进家庭自主生育权的回归。对于适度生育水平的判断标准，学界有许多讨论，也尚未统一。有学者从有利于人口内部各要素改善的角度出发，认为总和生育率要逐渐回归到 2.1 的更替水平，此时人口规模整体上不增不减，人口性别大致平衡，人口年龄结构长期稳定，才是对延缓人口老龄化和少子化进程最有利的。[②] 有一些学者从有利于国家人口发展与外部经济、资源等环境相适应的角度出发，认为当更替水平处于 1.8 左右时，能够缓解人口问题所可能带来的粮食供给问题、水资源短缺问题和能源消耗增大问题等。[③] 也有部分学者基于我国人口总量和无过不及的原则，认为适度生育水平在略低于更替水平的 1.8~2.1 之间。[④] 因此，面对新形势下的人口发展，我们必须坚持推进实现适度生育水平，以促进我国人口长期均衡发展。

（二）重要意义

1. 推动实现适度生育水平是促进人口长期均衡发展的重要基础

从国情看，我国拥有 14 亿多的人口，人口基数大，人口规模的扩大或缩小都会带来正负双向的影响。人口规模持续扩大，在为我国带来巨大劳

---

① 吕红平：《适度生育水平：人口长期均衡发展的重要基础》，《晋阳学刊》2022 年第 1 期，第 43~51 页。

② 乔晓春：《从“单独二孩”政策执行效果看未来生育政策的选择》，《中国人口科学》2015 年第 2 期，第 26~33 页、第 126 页。

③ 王培安：《论全面两孩政策》，《人口研究》2016 年第 1 期，第 3~7 页。

④ 吕红平：《适度生育水平：人口长期均衡发展的重要基础》，《晋阳学刊》2022 年第 1 期，第 43~51 页。

动力市场的同时，也会对自然资源、生态环境、社会公共服务等带来巨大的压力。而生育率过低，人口规模降得太快，就会导致年轻人口数量减少，人口老龄化问题突出，整个经济社会的活力也会因此持续削弱。当前，我国正在从人口大国转变为人力资源大国，并逐步迈向人力资本强国。从劳动力增量的角度来说，适度的生育水平和科学平衡的人口结构，有利于我国继续保持人力资源禀赋优势，牢牢掌握战略主动权，控制生育水平走低的风险，避免掉入“低生育陷阱”，为全面建设社会主义现代化强国创造良好的人口资源环境。同时，实施三孩生育政策，不断推动实现适度生育水平，最为直接的结果就是释放生育潜能，改善人口发展的规模与结构，能够缓解我国长期保持低生育水平所积累的人口负增长的势能，减缓人口老龄化的进程，促进代际和谐。

2. 推动实现适度生育水平能够为经济社会发展提供充足动力

生育既关联民生福祉，又影响国家经济社会发展。人口的发展状况和经济发展息息相关，经济的发展带来劳动力需求的增加，就业岗位也随之增多，保持适度的生育水平才能保障充足劳动力的提供。而且，适度人口的增加自然而然会为经济发展提供更为广阔的市场空间，产生拉动内需的巨大能量，为加快构建“以国内大循环为主体、国内国际双循环相互促进”的新发展格局提供重要支撑。当前，我国的经济社会发展对人口的承载力处于“紧平衡”状态，推动实现适度生育水平以缓解人口老龄化和少子化问题，将为经济社会发展注入新的力量，增添新的活力，创新潜力将得到充分释放。同时，随着人口平均受教育年限的增加，越来越多的年轻一代将拥有高素质、高技能，这样优质的劳动力必将对经济结构的调整升级和高质量发展产生诸多积极作用。

3. 推动实现适度生育水平有助于促进人口与资源环境相协调

人口发展和资源环境关系较为复杂，二者相互制约、相互促进，人口数量与人类行为模式共同影响资源环境的承载力。有关数据显示，我国的人均耕地只有世界平均水平的2/5，水资源总量仅占世界水资源总量的6%，人均占有量是世界平均水平的33.7%，且面临着水质性缺水的挑战[①]，煤

① 穆光宗：《对人口安全大势的几点认识》，《北京工业大学学报》（社会科学版）2016年第4期，第1~11页。

炭、石油、天然气等能源的人均占有量也未能达到世界平均水平。因此，在暂不考虑资源利用效率等其他因素情况下，保持适度的生育水平，有利于我国实现永续的发展，更好地促进人与自然的和谐共生。

二　河南省推动实现适度生育水平的实践与成效

（一）生育政策不断优化完善

近年来，河南省根据经济社会发展程度和人口发展总体形势，一直在不断调整完善生育政策，适时出台了一系列政策文件以促进河南人口发展。2017年5月，河南省人民政府办公厅出台了《河南省人口发展规划（2016—2030年）》（豫政办〔2017〕61号），对河南省人口发展的总体思路、主要目标、重要任务及工作重点等进行了深入阐释。2021年11月，河南省第十三届人民代表大会常务委员会通过了对《河南省人口与计划生育条例》的第六次修正，聚焦于明确“一对夫妻（含再婚夫妻）可以生育三个子女”政策，明确“在子女年满三周岁前，每年分别给予夫妻双方十日育儿假”政策，提倡适龄婚育、优生优育。2022年5月印发的《河南省优化生育政策促进人口长期均衡发展实施方案》，也就“实现适度生育水平”提出了若干目标和举措，到2025年，积极生育支持政策体系基本建立，优生优育服务水平明显提高，普惠托育服务体系加快建设，生育、养育、教育成本显著降低，生育水平适当提高，人口结构逐步优化，人口素质进一步提升；到2035年，促进人口长期均衡发展的政策法规体系更加完善，生育水平更加适度，人口结构进一步改善；优生优育、幼有所育服务水平与人民群众对美好生活的需要相适应，人的全面发展取得更为明显的实质性进展。

（二）出生人口增速整体放缓

随着人口出生率的下降，人口老龄化现象愈加严重，党的十八大以来，河南省委省政府认真贯彻党中央、国务院决策部署，积极落实单独二孩、全面二孩政策，河南人口发展取得了积极成效。2016年，河南省出生人口增加了20万，出生人口数为143万，但2017年为140万、2018年为127万、2019年为120万，出生人口数逐年下滑。尽管如此，河南当时的出生人口数量仍然居全国第一位，但河南人关于生育的思想观念和生育行为已悄然发生变化。数据显示，2020 年河南新生儿出生数量只有 92 万，首次跌破 100 万，而 2021 年新生儿出生数量为 79.3 万，创下历史新低。不难发现，与 2016 年相比，5 年来河南省出生人口下降了 44.5%，但河南省的人口总量仍然保持了平稳增长的态势。①

三　河南省出生人口增长整体放缓的主要原因

（一）结婚年龄普遍推迟

从分析来看，近年来河南结婚登记人数不断减少，初婚平均年龄普遍推迟。据民政部公布的数据，河南省 2020 年、2021 年依法办理结婚登记的人数分别为 62.5 万对和 59.1 万对，2021 年比 2020 年减少了 3.4 万对，且结婚年龄普遍推迟。如有调查表明，洛阳市 2021 年的平均初婚年龄超过了 30 岁，男性为 32.5 岁、女性为 31 岁。② 初婚平均年龄的不断后推，其背后反映的是男女青年对婚姻持更为谨慎、理性的态度，与以往“搭伙过日子”的经济型结合观念不同，当前年轻人更加注重个人的选择、自由和感受，认为结婚生子会影响原本的生活质量，社会对年轻人婚配的约束作用日趋减弱，是否结婚在青年群体中越来越有“纯属私事”的群体认同。事实上，婚姻观念的变迁与经济社会发展尤其是全社会受教育程度的提升关联密切。具体来看，受教育程度对女性初婚年龄的推迟效应大于男性。一方面，由于女性受教育程度提升，在校学习时间的延长客观上推迟了初婚年龄，同时受教育程度高的女性，其思想观念、经济独立的自我意识也更强；另一方面，不断攀升的婚嫁成本、日益激烈的职场竞争等社会环境因素，也使得很多适婚人群不愿结婚或晚婚晚育甚至“恐婚”，部分农村地区还存在着彩礼金额过高导致结不起婚的现象，增加了结婚率低、离婚率高的现象，婚姻的不稳定性整体走高。同时，女性受教育程度的不断提升，也进一步促进了女性青年经济独立、精神独立的实现，她们越来越不需要通过婚姻来实现个人价值，其个人的社会价值不断呈现，这一点在城市中体现得更为明显。此外，河南人口的不断外流也是影响婚育水平的一个重要因素。第七次全国人口普查数

---

① 《河南统计年鉴》。

② 余子愚：《洛阳人平均结婚年龄是多大？洛阳婚姻登记大数据出炉》，河南日报网，https：//www.henandaily.cn/content/2022/0406/340649.html，2022 年 4 月 6 日。

据显示，仅2020年，河南到外省务工人数就达到了1610万人。不难理解，相当数量的年轻人前往外省务工也是对河南婚育力量的一大冲击和削弱。

（二）生育意愿普遍不高

家庭生育意愿是影响生育行为和生育水平的关键因素。总体上看，育龄妇女的生育意愿普遍不高是多种因素综合作用的结果。一是经济压力越来越大。一方面，随着河南经济社会的持续发展，物价、房价的上涨速度远高于河南居民收入水平的增速，而生育、养育、教育孩子日渐加大的经济压力，严重影响或抑制了育龄人口尤其是年轻夫妇的生育意愿。同时，伴随着老龄化社会的加速发展，年轻人的家庭养老负担也愈加沉重，也在一定程度上影响着年轻人的生育行为。二是育龄女性所面临的社会压力依然很大，生育仍然是女性职业上升的重要阻碍，个人职业发展和养育子女之间形成尖锐矛盾。三是托育服务发展无法满足不断增加的刚性需求，婴幼儿无人照顾的养育难题是难以回避的现实问题，社会支持体系亟须健全完善。四是生育观念深刻转变，养儿防老、传宗接代、男丁崇拜的传统观念日渐淡化，生育动机不再是劳动力再生产、财产继承、老年生活保障、延续血脉等，更多的是基于生活理性的选择。

四　河南省推动实现适度生育水平的思路对策

（一）完善生育支持政策体系

从历史实践上看，生育政策深刻影响着育龄人口的生育行为，甚至能起到直接干预的作用，因此，推动实现适度生育水平要加快完善生育支持政策体系。一是要以落实中央三孩政策及配套支持措施为前提，密切监测生育水平的变动态势，及时稳妥调整完善生育政策，并做好生育支持政策实施效果的评估工作。二是要逐步加大对公益性婚姻咨询和家庭辅导机构的建设力度，帮助夫妻缓解家庭矛盾，用好离婚冷静期制度，降低因冲动离婚的概率，保持家庭稳定，因为家庭稳定是生育的前提。三是要全面落实《河南省优化生育政策促进人口长期均衡发展实施方案》等制度中关于产假、陪护假、哺乳假的规定，帮助解决婴幼儿照护困难，并逐步健全假期用工成本分担机制。探索建立弹性的产假政策，为休完法定产假的女性提供灵活的“低薪育儿假”选择。同时，大力支持女性生育后重返工作岗位，保障生育女性的就业权益。四是要不断健全托育服务政策，扩大托育服务供给，解决孩子无人照料的后顾之忧。五是在城市建设上要注意拓展青年群体的社交空间，可尝试多建设有利于沟通的休闲区域和文化广场，多举办青年人喜闻乐见的社交活动等。[①]

（二）减轻生育家庭的经济负担

推动实现适度生育水平，要统筹做好降低家庭经济负担的工作。一是要尝试建立生育补贴制度，补贴数额、补贴时长要根据生育形势和财政状况而定，探索最有利于提高生育意愿的生育补贴发放方式，在合理范围内进行适时调整。二是要在扩大生育保险制度覆盖范围的同时，探索构建家庭、单位、社会共同分担生育费用的机制，缓解家庭生养子女的成本压力。三是要不断完善住房市场体系和住房保障体系，对符合政策生育二孩、三孩的家庭在住房、购房方面探索补贴的机制，减轻其生活压力。四是要持续推进教育公平改革，构建相对均衡的教育体系，逐步缩小不同学校间、区域间、城乡间的教育资源差距，推动教育资源的均衡化配置，减少家庭对子女教育的担忧。进一步落实“双减政策”，促进家、校合作育人，缓解学业、考试、升学等的焦虑。深入推进校外培训机构规范化管理，加强对校外培训机构的申请、注册、登记和定期检查等环节的监督。五是要探索以家庭为单位的医保参保新政策，打通职工医保与居民医保之间的“资金池”，打造覆盖全体家庭成员的医疗安全网，降低家庭养育子女的医疗成本。[②]

（三）培育新型生育友好文化

改变生育观念、优化生育政策，不断培育新型生育友好文化是推动实现适度生育水平的必要举措。一是要加强对适龄青年正确婚恋观、家庭价值观的教育和引导，推进移风易俗，综合治理天价彩礼、婚姻陋习，营造对适度生育水平有益的良好社会氛围。二是要广泛宣传和三孩政策相适应

---

① 蒋平：《我国城市青年晚婚现象的社会学分析》，《青年探索》2010 年第 3 期，第 87~90 页。

② 武汉大学人口与生育研究课题组：《实现适度生育水平要更好认识孩子价值》，《人口与健康》2022 年第 1 期，第 27~30 页。

的新型生育友好文化，引导育龄夫妇深刻理解三孩政策在减少孩子孤独感、促进家庭和谐上的积极作用，理解其对国家发展具有深远意义的大道理。不但将生育当作家庭的私事，也要增强社会责任感，将其作为“国事”来认真对待。三是要更好地认识和把握生育孩子的综合价值。除了从经济角度考量外，还要引导民众更加科学理性地认识养育孩子的成本和效用，更多地注重养育孩子的社会价值（如有益于民族永续发展）和情感效用（如有益于婚姻稳固、延续梦想）。四是可适当鼓励有能力的老人发挥照顾孙辈的作用和价值，减轻女性的家庭负担。

第二节　健全婴幼儿发展政策

婴幼儿是家庭和社会重点关注的群体。婴幼儿照护问题关系着亿万家庭和谐幸福，也关系着国家和民族未来。习近平总书记始终心系民生，把人民群众的小事当作头等大事。党的十九大报告强调，“要坚持在发展中保障和改善民生，在幼有所育、学有所教、劳有所得、病有所医、老有所养、住有所居、弱有所扶上不断取得新进展”。国家的“十四五”规划和2035年远景目标规划也提出要“发展普惠托育服务体系，健全支持婴幼儿照护服务和早期发展的政策体系。推进婴幼儿照护服务专业化、规范化发展，提高保育保教质量和水平”。加快推进婴幼儿托育服务发展，大力发展普惠性托育，不断完善婴幼儿照护服务体系是河南省当前及今后一段时间面临的重要而紧迫的民生任务。

一　婴幼儿托育服务的兴起

“托育”指的是对0~3岁婴幼儿的照护和教育，这个词从2019年开始高频出现在人们视野中，2019年5月国务院办公厅出台的《关于促进3岁以下婴幼儿照护服务发展的指导意见》第一次提出了“婴幼儿照护”的概念，2019年也被称为“托育元年”，自此，托育服务逐渐盛行，幼有所育越来越成为公众热切关注的话题。推动托育服务高质量发展不仅是促进婴幼儿健康成长的必然要求，是推动实现适度生育水平的重要举措，也是促进人口长期均衡发展的现实选择。

二　河南省推动婴幼儿托育服务的主要举措及成效

近年来，河南省全面落实党中央、国务院关于人口发展的决策部署，结合本省实际出实招解决“带娃难”“托育难”问题，出台了一系列支持托育服务发展的重要政策，探索诸多破题方案，在全国走在了前列，取得了显著成效。

（一）政策法规体系初步建立

婴幼儿照护服务政策先行，政策法规体系已初步建立。为了满足河南人民群众对婴幼儿照护服务的多样化需求，河南省人民政府办公厅于 2020 年 4 月 9 日发布《关于促进 3 岁以下婴幼儿照护服务发展的实施意见》（豫政办〔2020〕8 号），提出了“到 2025 年，在河南省基本建立形成多元化、多样性、多层次覆盖全省城乡的婴幼儿照护服务体系，婴幼儿照护服务政策法规和标准规范体系基本健全”的目标。该意见提出了支持和指导家庭婴幼儿照护、规划建设社区婴幼儿照护服务设施、培育婴幼儿照护服务多元主体、规范婴幼儿照护服务机构发展和加强监督管理等主要任务，并为托育机构的发展提供了政策支持、用地保障、队伍建设、信息支撑、社会支持等方面支持。2022 年 4 月，郑州市也在其政府工作报告中提到将申建婴幼儿照护服务全国示范城市，目前，涉及近 30 个单位的申建工作正在积极推进中。

2022 年 5 月，中共河南省委、河南省人民政府印发《河南省优化生育政策促进人口长期均衡发展实施方案》，提出了要发展普惠托育服务体系，实施托育服务能力倍增行动，建立健全支持政策体系等，到 2025 年，河南省每千人口拥有 3 岁以下婴幼儿托位数达到 4.5 个，全省城市社区托育服务覆盖率达 90% 以上，并着力推动托育机构标准化、规范化、专业化建设。还提出了将婴幼儿照护服务纳入经济社会发展规划，编制实施“十四五”托育服务体系建设规划。

2022 年 3 月，郑州出台《关于促进 3 岁以下婴幼儿照护服务发展的实施意见》，标志着郑州成为全国唯一一个将“十四五”时期的托位数指标进行三阶段分解的城市，2022 年千人 2 托位，2023 年千人 4 托位，2025 年千人 6 托位的目标在全国最高。郑州市还就提高婴幼儿普惠托育服务能力提出了建设计划和目标：“在 2022 年建成 100 家街道普惠托育中心（每家托位不少于 50 个）、40 家乡镇普惠托育中心（托位不少于 30 个）、17 家托育指导中心，到 2025 年郑州每个社区都将有婴幼儿托育机构。”绘就了未来一段时间河南省托育服务发展蓝图。

（二）托育服务活动多彩多样

2020 年 7 月，河南省卫生健康委员会积极开展以 3 岁以下婴幼儿照护服务为主题的宣传月活动，通过发放科普读物、张贴海报标语、现场专家咨询等方式，对国家和河南有关托育服务的政策进行宣传解读，取得了良好的效果。郑州市、商丘市也开展婴幼儿照护服务主题宣传月活动。另外，河南省人口学会婴幼儿照护服务专业委员会以及大河托育联盟的成立为托育机构发展提供平台依托，有效地助力河南托育行业健康发展。

2021 年 5~8 月，河南省卫健委和省计划生育协会在全省开展了以“规范照护，健康成长”为主题的规范托育服务中原行活动，通过对有关托育服务体系建设的政策措施、托育机构的建设标准和管理规范进行普及宣讲，重点加强对从业人员的技能培训和知识提升，指导帮助婴幼儿家庭进行科学养育，以推动托育机构提高服务和管理水平。根据统计数据，该活动中全省开展政策标准规范宣讲促进活动共计 794 场次，专业知识技能学习培训共计 455 场次，家庭婴幼儿照护支持指导共计 687 场次，技能练兵竞赛共计 131 场次，累计参加活动机构为 8852 个次，培训人员 45364 人次，辐射群众达到了 391721 人次，在整个社会营造了托育服务发展的浓厚氛围，有力地推动了全省的托育服务规范健康发展。另外，商丘市 2021 年向 11 家示范性托育机构授牌，推动托育服务高质量发展。

2022 年 3 月，《大河报》等启动了“首届河南幼教托育行业名园优师评选暨论坛”活动，对河南省地市及县域的托育行业进行全面“检验”，并对托育服务行业的实践经验、先进案例进行宣传推广。2022 年 5 月，在郑州举办 2022 河南省新时代学前教育产业博览会暨 0~6 岁教育创新发展论坛，展示托育幼教产业最为前沿的技术产品、创新设备、数字智能等，聚焦 0~6 岁早托幼融合发展等主题进行交流，为婴幼儿托育行业的发展注入新的活力。

（三）托育服务行业加速发展

整体来看，河南省托育服务市场虽然还处于起步阶段，但托育服务体系建设成效已初步显现，托育服务业正加速发展，托育服务机构创办热潮蓬勃兴起。仅 2020 年河南就争取中央预算内投资 5324 万元，带动企业投资 1 亿元，新增普惠托位 5324 个。[①] 截至 2020 年底，全省从事托育服务的机构达到了 2616 个，共提供托位 11 万个，入托婴幼儿达到了 6 万人。[②] 到了 2021 年 4 月底，全省托育机构数增长至 2679 个，托育机构托位总量达到 133202 个，机构平均配置托位数约为 50 个。[③] 根据河南省卫生健康委员会官方网站公布的数据，截至 2021 年 5 月 11 日，河南省托育机构申请备案的有 353 家，其中，备案已经通过审核的有 185 家，还确定了 47 家示范托育机构。[④]

三　河南省婴幼儿托育服务发展现状

（一）以幼儿园托班为主，民办机构居多

全省托育机构以民办机构为主，公办机构比较薄弱，用人单位托育相对滞后。从托育机构结构上看，大致可分为幼儿园托班、家庭托育点、早教机构办托班、托育服务公司、公建民营社区托育等类型，其中，幼儿园托班占比最大，为 76.30%，因公办幼儿园不允许提供 3 岁以下婴幼儿托育服务，所以，办幼儿园托班的多为民营幼儿园，采取托幼一体化的模式，主要招收 2~3 岁婴幼儿。托育服务公司市场占比是 15.82%，多为营利性机构；早教机构办托班占比为 5.82%，这些机构采取早托一体化模式，将婴幼儿照护和早期教育相结合，收费标准比较高。家庭托育点占比最低，只有 1.57%，一般分布在社区内部，服务内容单一。从机构性质上看，托育机构存在过度市场化倾向，民营机构占绝对地位，占比达 90.88%，公办机构占比仅 6.90%。而用人单位托育机构和村社集体主办的托儿所发展更加

---

① 陈宁、高卫星、陆薇、张原震：《婴幼儿托育机构发展瓶颈、政策需求与治理取向——基于河南省 2679 个托育机构的调查》，《人口研究》2022 年第 2 期，第 117~128 页。

② 王平：《婴幼儿入托去哪儿更有保障？河南这 185 家托育机构登记备案》，大河网，http://henan.china.com.cn/2021-05/14/content_41560832.htm。

③ 陈宁、高卫星、陆薇、张原震：《婴幼儿托育机构发展瓶颈、政策需求与治理取向——基于河南省 2679 个托育机构的调查》，《人口研究》2022 年第 2 期，第 117~128 页。

④ 王平：《婴幼儿入托去哪儿更有保障？河南这 185 家托育机构登记备案》，大河网，http://henan.china.com.cn/2021-05/14/content_41560832.htm。

滞后，占比极低。[①]

（二）地区发展差异较大，东部南部落后

由于全省不同地区间的人口和经济社会发展状况不同，各地的托育服务发展情况差异较大，从地域上看呈现出发展不平衡特征，豫北、豫西、豫中的托育服务发展态势明显优于豫东和豫南。由表 5-1 可知，豫北的托育机构数量、托位数、接收人数、从业人员数、保育员数都最多，豫东的最少；豫西、豫北、豫中的每千人托位数均高于全省平均水平，豫东、豫南则远低于全省平均水平。从利用率上看，豫中最低，豫西、豫东和豫南的情况稍好一些，但仍然低于全省平均水平。出现地区发展差异的原因在于，河南省的东部和南部长期以来属于传统的农业区，其经济总量和政府的财政收入相对较低，地方层面对托育服务的财政支持能力也较弱，正因为豫东和豫南的经济发展相对落后，导致近些年这些地区的青壮年人口外流，隔代照料和婴幼儿随迁的比重较大，人均收入的低水平也大大降低了其对托育服务的需求。

表 5-1　河南省不同地区的托育机构及入托情况

地区	机构数量（个）	托位数（个）	每千人托位数	接收人数（人）	利用率（%）	从业人员数（人）	保育员数（人）
河南	2679	133202	1.34	68239	51.23	27435	10368
豫东	169	11693	0.54	5336	45.63	2440	1022
豫西	386	17440	1.92	7192	41.23	4012	1343
豫南	359	14862	0.65	6526	43.91	3515	1443
豫北	996	49928	1.94	33965	68.03	9061	3414
豫中	769	39279	1.97	15220	38.74	8407	3146

注：一般认为豫东包括开封、商丘、周口；豫西包括洛阳、三门峡；豫南包括南阳、信阳、驻马店；豫北包括安阳、鹤壁、濮阳、焦作、新乡、济源；豫中包括郑州、平顶山、许昌、漯河。

资料来源：数据统计截至 2021 年 4 月，详见陈宁、高卫星、陆薇、张原震《婴幼儿托育机构发展瓶颈、政策需求与治理取向——基于河南省 2679 个托育机构的调查》，《人口研究》2022 年第 2 期，第 117~128 页。

① 数据截至 2021 年 4 月，详见陈宁、高卫星、陆薇、张原震《婴幼儿托育机构发展瓶颈、政策需求与治理取向——基于河南省 2679 个托育机构的调查》，《人口研究》2022 年第 2 期，第 117~128 页。

四　河南省托育服务机构发展面临的问题

（一）供需矛盾相当突出，托位利用率整体低

一是婴幼儿托育需求旺盛，托育机构有效供给不足，托育供需矛盾相当突出。河南省统计局的数据显示，自 2010 年以来，河南省 3 岁以下婴幼儿（不含 3 岁）的数量逐年递增。根据相关统计数据，2020 年河南省 3 岁以下婴幼儿就已经达到 370.1 万名，其中城镇 181.2 万名、农村 188.9 万名。一项 2016 年的问卷调查数据显示，郑州市的家长 33.3%有托育需求，但实际入托率只有 5.55%。[①] 若按照该项调查结论，2020 年就有 60 万左右婴幼儿需要入托，且入托意愿主要集中在城市。虽然全省已经有了一定的托育服务规模，但 2020 年完成入托的 6 万名，仅占 60 万入托需求的 10%，和 2016 年的 5.55%入托率相比有所提升，但显然还远远不够；与 60 万婴幼儿入托需求相比，全省托育机构 13.3 万个托位的供给能力相差甚远。随着三孩政策效果的逐步显现，出生人口的数量将有所回升，供需矛盾将依然严峻。

从整体上看，托位未能高效利用的现象较为普遍，托位利用率处于较低水平。截至 2021 年 4 月底，河南全省的托育机构实收婴幼儿 68239 人，托位利用率只有 51.23%，部分地市的托位利用率只有 22.11%。[②] 很多家长对托育了解甚少、消费能力偏低、托费价格过高是导致托育机构收托不足的主要原因。

（二）机构开办存在困难，机构运营成本高昂

一方面，托育机构的开办手续较为复杂，涉及工商、民政、住建、教育、卫生、消防等多个部门，步骤过程十分烦琐，消耗时间较长，而且常常遇到消防验收审核难、食品经营许可证办理难等问题，导致开办十分困难。而且，招生成为难点，生源无法保证，生源压力大。不同于幼儿园的年度招生，托育机构需要全年招生，增加了推广、宣传成本和时间。另一方面，以民营机构居多的托育机构自负盈亏，运营成本居高不下，叠加新

---

① 《〈河南省人民政府办公厅关于促进 3 岁以下婴幼儿照护服务发展的指导意见〉政策解读》，河南省人民政府官网，https：//www.henan.gov.cn/2020/04-10/1316334.html。

② 陈宁、高卫星、陆薇、张原震：《婴幼儿托育机构发展瓶颈、政策需求与治理取向——基于河南省 2679 个托育机构的调查》，《人口研究》2022 年第 2 期，第 117~128 页。

冠肺炎疫情的影响，使其面临生存困境，难以做到普惠。一是资金存在困难。前期投入多、投资的回收周期长、亏损的压力大、抵抗风险和可持续发展的能力弱。托育行业的前景虽然被看好，但从现实情况来看，托育机构的盈利情况并不乐观，收支难以平衡。据调查，全省托育机构能够实现盈利的占 27.08%，有 49.48%的托育机构则处于亏损状态。再加上回收周期多为 3~5 年，在托位空置率较高的情况下，坚持把机构维持下去困难很大，资金问题成为阻碍其发展壮大的重要因素。二是用房用地存在困难。作为照护婴幼儿的场地，对托育机构的位置、条件要求十分严格，设立在高楼和地下室都不符合要求，必须有利于改建消防通道等，因此，场地资源的缺乏增加了用地的成本和困难，成为制约托育机构发展的最大问题。每年少则 50 万元、多则 200 万元不等的高昂租金难以承受。截至 2021 年 4 月底，全省被认定为普惠性质的托育机构只占 28.27%，大部分托育机构获得政府的建设、运营补贴难度也较大。[①]

（三）行业标准相对缺失，服务质量无法保证

高质量、高可靠性、高安全性的托育服务是家长最为关心的问题，这对托育机构的标准化、规范化发展提出更高要求，目前，河南托育市场相对混乱，未形成认可度高的教学和保育模式，全省托育行业标准化建设比较滞后，缺少统一的管理、规范和制度，表现在以下几个方面。一是机构设置。还未对托育市场进行充分调研；还未对托育机构的收费标准和范围做出一定的规范和监督规定，如一些民办托育机构由于缺少政策支持，收费偏高。在郑州，每月 2000 元的托费在行业内已是较低价；[②] 还未对托育机构设置的标准做出进一步的细化规定；还未对托育服务需求的多样化做出对应的举措。二是服务内容。对婴幼儿安全权益的保护尚不到位，全省托育机构中只有少数托育机构购买了机构责任险和儿童意外险；[③] 现有的政

---

① 陈宁、高卫星、陆薇、张原震：《婴幼儿托育机构发展瓶颈、政策需求与治理取向——基于河南省 2679 个托育机构的调查》，《人口研究》2022 年第 2 期，第 117~128 页。

② 《郑州近期正式推广社区托育，这个已提前尝试 3 年的办事处效果如何？》，大河网，https：//news. dahe. cn/2022/02-24/970908. html，2022 年 2 月 24 日。

③ 陈宁、高卫星、陆薇、张原震：《婴幼儿托育机构发展瓶颈、政策需求与治理取向——基于河南省 2679 个托育机构的调查》，《人口研究》2022 年第 2 期，第 117~128 页。

策措施更多关注托育机构建设的基本硬性指标，对服务内容和质量的标准还不十分明确，课程质量参差不齐。三是从业环境。对从业人员的资质要求、身份定位、专业称谓、职业标准的要求和标准比较模糊，尽管郑州市对托育机构上岗人员做了规定，“持有教育部门认证发放的幼教、婴幼儿照护相关专业（含婴幼儿照护类 1+X 证书）等毕业证书或幼师资格证书的人员均可在托育机构上岗”，但专业性较强的托育师资格证还未实行。四是监督管理。除了其主管部门卫健委，上级管理部门还未对其他部门的管理职责做出明晰规定，也还未建立起跨部门的协同监管机制，教育、消防等多部门共同管理和检查，难免出现“大家都在管但谁都不管”的监管缺位现象和卫健委唱“独角戏”的现象。五是评估体系。对托育机构的质量评估不够重视，还未建立起科学有效的质量评估体系、专业可信任的评估机构。

（四）专业人才十分缺乏，师资流失较为严重

师资是托育服务行业家长关心的另一个关键因素。0~3 岁婴幼儿是缺乏自我保护能力的弱势群体，这对托育机构的资质、专业水平提出了要求。目前，河南相关市场上有专业资质的托育老师和运营、管理专业人才都非常缺乏，师资配比还远远达不到要求，托育机构难以招聘到优秀的保育师资，运营和管理的专业性亟待提高；全省托幼机构的师资队伍水平整体不高。当前托育行业正迅速扩张，对专业人才的需求量巨大，但通过调查可以发现，托育从业人员的准入门槛很低，只有 59.58%的保育员持有保育员证；托育行业的待遇不高，社会保障不足，从业人员的人均工资还不到 3000 元/月，与工作量和付出不成正比。民办托育机构为节省成本，不为员工缴纳社会保险的现象比比皆是，对人才的吸引力明显不足；师资流失现象也较为严重，有八成从业人员的工作年限不到 3 年，人员流动性大；托育行业的相关培训发展滞后，专业的培训课程、系统还未形成，获得从业资格证书的通道还不通畅，影响整个托育行业的有序发展。①

五　推动河南省托育服务健康发展的对策建议

普惠托育服务以质量有保障、费用可接受、方便可及为主要特征。河

① 陈宁、高卫星、陆薇、张原震：《婴幼儿托育机构发展瓶颈、政策需求与治理取向——基于河南省 2679 个托育机构的调查》，《人口研究》2022 年第 2 期，第 117~128 页。

南要加快建设普惠托育服务体系，遵循增量提质、普惠先行、就近便捷的总方针，积极推动政府引导、普惠为主、多方参与、布局合理的多层次、多样化的托育服务体系建设。

（一）加大财政支持力度，提升托育供给能力

切实发挥政府在经费投入、资源配置等方面的主导作用和主体责任。“普惠”性质的托育服务体系构建意味着政府要发挥主导作用，从供给方面来看，社会力量兴办的托育机构以营利为主要目的，提供普惠服务的能力和意愿弱；从需求方面来看，大部分的家庭也对非营利性质的公办托育机构更加信任，且公办托育机构的费用也更有利于入托意愿的进一步释放。因此，第一，尽快将托育服务体系作为基本公共服务体系建设的重要内容，安排专项经费，加大财政投入力度，以支持实现价格普惠；第二，要加快建立健全法规制度，制定托育领域的标准、规范等有关条例，推动规章制度尽快落实落地，为财政支持提供制度保障；第三，重点支持托育机构解决用地用房难题，盘活和利用土地空间资源，加大配套设施的建设力度；第四，扩大供给，统筹考虑城乡之间和地区之间的差异，适当向欠发达和农村地区倾斜；第五，整合配置托育服务资源，综合考虑托幼资源，对能发挥示范作用的公办托育机构、幼儿园空余学位等现存资源进行重点支持；第六，采取财政补贴、政府购买服务、税费优惠等方式，分担和减少托育服务成本，支持鼓励托育机构提供普惠服务；第七，创新公共服务的提供方式，发挥财政性资金的杠杆作用，充分调动社会力量积极参与，最大限度地提高托育服务供给能力；第八，制定托育行业应对疫情防控的纾困政策，通过设置关停补助、专项保险等方式化解风险。

（二）多形式多主体参与，实现托育广泛覆盖

第一，社区作为连接政府、社会和家庭的桥梁是优化婴幼儿托育服务的重要依托。构建社区托育网络，加快建设嵌入式的社区托育机构，既有利于缩短送托时间，解决托育机构主要集中在沿街商铺、商业中心等地段而服务难以辐射周边的社区的问题，又有利于减少家长和托育机构的信任危机，更有利于降低成本，实现普惠目标。以就近、便捷为原则，一方面，充分利用社区闲置房产或新建场所，也可利用公共场地和设施；另一方面，

尝试将养老托育资源相结合，将托育服务点嵌入其中，这样有利于提高日间照料中心的利用率，实现资源共享。另外，可探索采用公建民营、民办公助等新模式，鼓励社会力量多参与。第二，结合社区托育点、家庭托育点、家庭互助式托育等托育服务模式，构建起全覆盖的婴幼儿托育服务网络，在开展全日托、半日托、计时托、临时托的基础上，探索更多样、更灵活、更便捷、更平价、更弹性的托育服务形式。第三，发展托幼一体化模式，逐步打破公办幼儿园不能接受3岁以下儿童的限制，鼓励、支持公办民办机构都来设置托班，这样既有利于发挥幼儿园的师资力量、硬件设施等优势，也有利于高效率地提高托育服务供给和容纳能力，更有利于将0~6岁的教育分割开来。[①] 第四，鼓励有条件的企事业单位在工作地点设立托育服务点，有利于解决职工哺乳、照料孩子等问题。第五，学习苏州工业园区童元托育服务中心等的先进经验，探索医育结合新模式，加强婴幼儿保育和教育综合发展，有利于婴幼儿的健康成长。[②]

（三）构建综合监管体系，筑牢托育安全底线

婴幼儿托育应以照护孩子健康安全为首要任务。加强监管机制建设，坚持从严监管能够为托育服务高质量发展提供重要支撑。第一，强化准入监管，继续健全完善托育机构的登记备案制度，把牢准入关。第二，强化联合监管，探索包括卫生健康、消防、住建、药品等多部门的联合监管新机制，加快建立托育服务信息管理平台，推动监管信息的共享互通。第三，强化动态监管，建立奖惩机制，加强对托育机构的考核、评估，全流程、全方位动态监管托育机构建设与运营状况，综合各方面表现开展评级工作，并定期向社会公布，让家长了解托育机构状况。第四，强化自我监管，切实加强行业自律，建立托育行业自律规约，提高托育服务质量，减少负面事件的发生，减少家长对孩子安全的担忧，让家长放心，从而化解“想送不敢送”的矛盾。第五，建立健全相应的应急管理机制，提高托育机构及管理部门应对突发事件的能力，不断优化托育服务的发展环境。

---

① 吕巍：《打通政策“堵点”破解供需“错配”》，《人民政协报》2022年4月16日。

② 吕巍：《增加有效供给 实现“幼有所托”》，《人民政协报》2022年4月8日。

（四）加快人才建设步伐，补齐托育普惠短板

专业人才是托育服务质量的有力保障。第一，严格托育行业从业人员的资格准入，强化从业人员责任，可采用行政许可方式，规定持证上岗条件。第二，加大托育服务人才培养力度，选取有一定基础的高等和职业院校开设托育相关专业，加快完善托育人才培养课程和体系，加强校企合作，将课堂教学和实训教学相结合，培养真正符合市场需求的技能人才。第三，尽快构建“学历证书+职业技能等级证书”的复合型技能人才培养及评价标准，破解无专业人才培养机制、无晋升通道的人才发展瓶颈。[①] 第四，常态化加强婴幼儿照护的技能培训和继续教育，特别是要提升婴幼儿的科学照护能力、卫生保健能力，如可通过和妇幼保健院开展合作，充分发挥其专业知识和技能优势，定期为托育机构提供专业指导和培训，赋予妇幼保健院对保育员实施职业资格认定、考核、继续教育等职能，缓解人才缺乏的压力。第五，支持、鼓励社会力量开展托育服务的培训，认可其培训成果，并给予和公办机构同等的待遇。

第三节　完善养老服务体系

人口老龄化在本质上反映的是人口结构的问题，形成该问题的主要原因是人口预期寿命的提高和生育水平的降低。河南省委省政府深刻领会全面把握习近平总书记关于老龄工作重要指示精神的科学内涵和精神实质，认真贯彻落实党中央、国务院关于老龄工作的决策部署，统筹谋划、真抓实干，不断完善养老服务体系，推动新时代老龄工作高质量发展。

一　河南省人口老龄化发展情况

（一）人口老龄化程度持续加深

依据2021年河南省国民经济和社会发展统计公报数据，河南省全省常

① 陈宁、高卫星、陆薇、张原震：《婴幼儿托育机构发展瓶颈、政策需求与治理取向——基于河南省2679个托育机构的调查》，《人口研究》2022年第2期，第117~128页。

住人口为9883万人，60岁及以上人口为17964048人，占比18.18%（全国占比为18.9%）；其中65岁及以上人口为13401904人，占比13.56%（全国占比为14.2%），老龄人口总量位居全国第三。与“六普”数据相比，河南省60岁及以上人口的比重上升5.35个百分点，65岁及以上人口的比重上升5.13个百分点。从人口老龄化程度上看，河南各项数据略低于全国平均水平。但河南省老年人口总量基数大，老年人口增长量和比重持续上升，老龄化程度逐渐加深。

依据“七普”数据测算，2021年全国已有149个城市进入“深度老龄化”阶段，其中驻马店、信阳、周口、许昌、南阳、开封、商丘、漯河共8个河南城市在榜。进一步通过数据模型测算河南省人口老龄化趋势，同时考虑到婴儿潮高峰的效应，“十四五”期间河南65岁及以上人口占比预计达到14%以上，总体进入“深度老龄化”阶段。到2036年左右，预估河南65岁及以上人口占比超过20%，演进为“超老龄化”。2050年，河南65岁及以上人口占比甚至可能达到23%左右[①]。

（二）人口抚养比不断攀升，城乡养老差距拉大

河南省老年人口抚养比不断攀升，从2010年11.8%上升到2019年的16.5%，共上升4.7个百分点[②]。据“七普”数据，2020年河南省户籍人口11526万人，常住人口9941万人，人口净流出1585万人，同比增加20.81%。2021年河南主要从事社会生产的劳动力年龄人口（15~59岁）比重仅为58.8%，位居全国最末位次。可见，青壮年劳动力大量流失导致河南省留守家庭、空巢家庭、丁克家庭数量屡创新高。与此同时，河南老年人口增长进入快车道，其中特困、高龄、独居等困难老年人规模不断扩大。在“此消彼长”的双重压力下，河南省“少子老龄化”“照顾赤字”情况日益严峻。

相比较城市而言，河南省农村养老工作压力更大，情况更为困难。伴随着河南城镇化的快速发展，大量农民工涌入城市，乡村留守老年人口逐年增加。2021年河南省农村常住人口4429万人，其中60岁及以上老年人

---

① 刘林曦：《“十四五”时期人口老龄化发展态势与养老服务政策研究——以人口大省河南省为例》，《价格理论与实践》2021年第6期，第30~34页。

② 何雄、谷建全主编《河南人口发展研究报告2020》，经济管理出版社，2021。

口约1005万人，老龄化程度为22.7%。而城镇常住人口5508万人，其中60岁及以上老年人口约791万人，老龄化程度为14.4%[①]。明显可见，随着有效劳动力的流失，需赡养的老人多数“沉积”在乡村这一“养老洼地”。

二　河南省加快养老服务体系建设的内涵意义

在河南人口老龄化水平持续走高的大背景下，低生育率、少子化、劳动人口流失、社会抚养负担重等问题，增加了河南养老工作的复杂性和困难程度。让老人安享晚年，是百姓的殷切期盼，是“家事”也是“国事”。“十四五”时期，河南省养老服务体系建设和康养产业发展正处在重要的窗口机遇期。河南省第十一次党代会明确提出，要践行“以人民为中心”的发展思想，突出抓好“一老一小一青壮”民生工作。河南省能否有效应对人口老龄化，事关居民福祉。如何有效构建彰显河南特色的养老保障体系，是建设出彩中原新征程上一项极其重要的课题。着力推动河南省养老服务高质量发展，构建河南省养老服务新发展格局，让广大老年人享受到更加安全高品质的养老服务，是省委省政府义不容辞的使命担当。

三　河南省养老服务发展现状分析

（一）河南养老服务发展基本情况

1. 养老服务制度建设情况

河南省委、省政府始终坚持“以人民为中心”，成立省级养老服务联席会议，积极推动立法进程，不断增加政策供给，为河南养老服务发展提供了新的目标导向。

在法规和规划方面，2019年《河南省老年人权益保障条例》正式实施，《关于加强养老服务体系建设的意见》《河南省养老服务条例》等政策文件也接连发布。在助力养老产业发展方面，有《河南省“十四五”养老服务体系和康养产业发展规划》《河南省人民政府办公厅关于全面放开养老服务市场提升养老服务质量的实施意见》《河南省人民政府办公厅关于印发河南省推进健康养老产业转型发展方案若干政策和产业布局规划的通知》等政

① 数据来源：河南统计年鉴。

策文件指导。

河南各地市、各部门也因时因地制宜，在养老设施用地用房、财政金融支持、医养结合、人才保障、数智化养老、特殊人群赡养等方面推出一系列配套政策措施，例如《河南省省住宅小区配建养老服务设施专项清理工作方案》《关于推进养老机构责任保险工作的意见》《关于深化医养结合促进健康养老发展的意见》《河南省养老护理员职业能力提升实施方案》《河南省财政厅、河南省民政厅关于开展智慧养老服务平台建设试点工作的通知》《关于切实解决老年人运用智能技术困难的实施方案》《河南省特困人员救助供养办法》等。这些政策文件精准破解养老服务发展中的“难点”“痛点”“模糊点”，为完善河南养老服务体系提供有效支撑和良好开局。

2. 养老服务设施建设情况

河南省目前仍然是“9073”养老格局，90%以上老年人倾向选择社区居家养老。由此可见，社区养老服务设施建设是河南省养老服务体系建设的核心工程。

2019 年，河南省养老机构注册数达到 2527 家。养老机构床位总数为 20.89 万张，居全国首位。但在巨大的老年人口基数下，河南省平均每千名老人养老床位数仅为 35 张，难以弥补供求缺口①。目前河南省城市居家和社区养老、农村居家和社区养老服务覆盖率处在下游水平，分别为 50%、40%，均低于全国均值。鉴于此，河南省大力推进“五个一”养老服务设施建设工程，即在每个县（市、区）建设 1 个县级特困供养机构，每个街道建设 1 处综合养老服务设施，每个社区建成 1 处养老服务场所，省级补助特殊困难老年人家庭适老化改造 1 万户，智慧养老服务平台入网老年人达到 1000 万人以上②。2021 年河南省下达近 7 亿元补助资金，新建社区养老服务设施 2027 个，建设农村幸福院等互助养老服务设施 8000 多个。省政府办公厅、财政厅等部门腾出 9 个闲置物业改造成养老设施。省内敬老院配备了 14 类约 2 万件设施。2022 年一季度建设（含新建、续建）社区养老服务设

---

① 《2019 年全国 31 省市养老机构数排行榜》，中商情报网，https：//www.askci.com/news/chanye/20200616/1005061161976.shtml。

② 《推动养老服务高质量发展——访省民政厅党组书记、厅长朱良才》，河南省民政厅官网，https：//mzt.henan.gov.cn/2022/01-17/2383515.html。

施730个[①]。郑州等7个市被确定为国家居家和社区养老服务改革试点，取得了阶段性成果。

3. 银发产业发展情况

河南省数量众多的老年群体催生了养老产业蓝海市场。2017年，河南省发展改革委、民政厅、卫生计生委联合启动“健康养老十百千”示范项目，即形成30个省级示范项目、300个市级示范项目、1000个县级示范项目，涉及居家社区养老、机构养老、基地养老、医养融合、智慧养老、老年用品等六个领域，覆盖全省89个县（市）。积极培育一批本地企业品牌，支持郑州晚晴山庄老年公寓、河南安泰养老集团、河南爱馨养老集团等企业做优做强，实现集团化运营。同时，开展“康养制造”行动，建成一批康养产业制造园区，逐步培养延长老年用品制造产业链。2019年，河南省召开全省规范化社区建设暨养老服务高质量发展工作推进会，将养老服务业列为河南省九大高成长性服务业之一，将健康养老产业作为经济转型发展的十二个重点产业之一。

总体上看，河南省的银发产业尚处在起步阶段，其发展面临一些短板。一方面，养老服务产业基底不足。行业自律规范未形成，养老服务标准也暂未完善明晰。将养老服务作为主营业务的专精尖企业较少，大型龙头企业和知名品牌不足，缺乏从事高层次、高品级的养老服务产品开发与销售的企业。另一方面，养老服务产业链整体还处于低端水平，行业呈现“小而散”的状态。老龄用品产业更为薄弱，产业链条延伸程度低，融合度低。目前仅有个别企业涉及老年人日用品、康复辅具、保健产品等相关研发、培训、销售等业务，覆盖医疗康复、生活服务、家政医疗、智慧科技、金融理财、文化娱乐等多元化内容的“银发产业链”在河南尚未形成。

4. 养老服务人才队伍情况

2019年，河南确定了郑州大学护理学院等7家单位为省级养老护理员培训基地，支持12个省级健康养老护理职业培训基地。2021年河南省已拥有社区卫生服务中心（站）卫生技术人员2.83万人，养老服务人才队伍建设取得了一定进步。

---

① 《优化服务供给 打造颐养高地——河南加快居家社区养老服务体系建设》，河南省民政厅官网，https：//mzt. henan. gov. cn/2022/04-29/2441334. html。

但从需求的角度来看，河南省基层老龄工作力量仍然较为单薄，一是工作机制不健全，部分县市暂未专门设立老龄科，也没有配备专职人员。二是老年养老医疗服务体系建设需加强，二级以上综合医院设置老年医学科比例仅为49.5%①。涉老专业或卫生、康复、家政等专业毕业生不足，具有技术素质和医疗护理知识的专业人才严重缺乏，尤其是有关老年心理咨询专业人才缺口较大。三是养老产业从业人员普遍年龄偏大，学历较低，从业者大多数为“40后”“50后”人员、下岗女工或农民工，人员流动性很强，在职率低，职工工资待遇和福利水平不高。目前河南省仅有3万余名护工，绝大部分人员仅仅从事最基础的起居照料和生活辅助工作，其中多数暂未获得职业资格认证书。四是养老服务资源分布不均衡，专业护理人员集中在城市，农村和基层一线专业护理人员缺乏。社会资源和志愿者组织也未能充分加入养老队伍贡献力量，河南每千名老年人配备社会工作者人数不到1人。

（二）河南省推进养老服务的重要举措

1. 加强顶层设计，推动体系建设达到新高度

河南省委、省政府高度重视，将“加快居家社区养老服务体系建设”作为“我为群众办实事”实践活动牵头领办项目。成立省养老服务联席会议办公室，组织开展常态化联合调研，发挥领导协调作用。强化工作机制，持续规划部署。省民政厅创新谋划“464”民政工作布局，即“四高引领”“六域并进”“四项建设”，并将“高品质提升普惠养老服务”列为年度重点工作之首。成立了养老服务高品质发展“8+1”工作专班，即政策制定、设施建设、示范创建、品牌培育、人才培养、项目谋划、农村养老和资金管理8个工作专班和1个督导专班，齐心协力推动养老服务高质量发展。

2. 做好基本保障，带动养老服务实现新跨越

为实现养老服务标准化、规范化，河南省明确省级养老服务示范基地标准，探索制定县级、乡（街道）级、村（社区）级示范标准，在全省打造20个示范县（市、区）、40个示范街道（乡镇）、100个示范村（社区）。

① 详见《河南省人民政府关于印发河南省“十四五”养老服务体系和康养产业发展规划的通知》（豫政〔2021〕64号）。

规范设计建设，河南省在全国率先将配建养老服务设施纳入城镇老旧小区改造清单，已建成和新建住宅小区分别按照每百户不低于 20 平方米、不低于 30 平方米的标准配建养老服务设施，注重适老化设计改造。

围绕“低端有保障、中端有市场、高端有选择”建设多层次养老服务格局，建立多层次的养老补贴制度，如高龄津贴制度、特殊困难老年人兜底保障制度等。全面推行养老机构登记备案制，拉高服务标杆。

3. 提高创新能力，助力养老服务焕发新生机

一是加强模式创新。稳妥推进公办养老机构改革，主动在公建公营、公建民营、民建民营等模式方面创新发展思路，积极引导社会基金和民间力量进入养老领域。调整资金开源思路，列支福彩公益金支持老年人家庭适老化改造。二是助力技术创新。河南省成立省民政标准化技术委员会养老服务分技术委员会，开展养老机构等级评定试点。积极发展智慧养老，按照每个省辖市 270 万元、省直管县（市）120 万元的标准，安排补助资金 3000 万元支持智慧养老服务平台建设①，助力实现智慧养老服务平台县级全覆盖。养老机构网上备案系统并网运行，养老机构备案实现“一网通办”。三是创新发展新业态。为满足老龄群众多元化需求，打造一批康养小镇、田园综合体等养老服务载体。鼓励并支持医疗护理、金融保险、文旅康养、智慧技术等行业主体筹建高标准、高品质的省市级养老示范项目，并构建项目回报机制，充分激发市场活力。

4. 重视智库研究，提高养老服务专业化

为了提高养老服务领域研究的专业性、科学性，河南省锐意创新，付出诸多努力：支持省级养老服务发展智库建设，拜访养老领域龙头企业和业内专家学者，对接省社科院等单位共筹共建“河南养老服务发展智库”，不断提高河南省养老服务发展规划、政策制定、理论研究等方面专业化水平。进一步学习参考全国各地方养老优秀经验和创新案例，邀请顶级专家学者、优秀企业负责人、基层领导干部等举办“中原养老高端论坛”，编制“河南养老服务发展绿皮书”，让社会公众充分了解河南省养老服务体系建设的最新政策和发展动向，培养并扩大河南养老服务品牌影响力。吸引更多社会资源参与河南养老服务高质量发展。

---

① 详见《河南省“十四五”民政事业发展规划》（豫民〔2022〕2 号）。

（三）河南省地方养老服务创新案例

1. 聚焦"一老一小"，郑州精准搭建"1+4+N"养老服务体系[①]

郑州市构建完善养老服务"1+4+N"体系，即1个政策，《中共郑州市委郑州市人民政府关于推进养老服务高质量发展的意见》；4个体系，居家、社区、机构相协调的养老服务体系，医养康养相结合的养老服务体系，数字赋能智慧养老服务体系，养老服务工作推进考评体系；N个配套政策文件。2021年郑州市以"两搭建"为指引、"三推进"为举措、"两配套"为保障，陆续发布《关于解决养老服务设施建设有关问题暂行办法》《财政金融支持养老服务发展实施办法》《郑州市政府购买养老服务暂行办法》等文件，为养老服务体系构建提供支撑。

郑州市全面落实养老服务人均用地用房和配建标准，盘活闲置资源构建街道综合养老中心和社区日间照料中心。为激发市场主体活力，机构改建、自建每张床位分别给予6000元、9000元奖补。依据老年人自理情况每人每月给予200元、300元、400元奖补，配套老年人高龄津贴。根据优秀、良好、合格的服务情况给予机构15万元、10万元、8万元奖补。对新入职人员按学历分别给予3000元、5000元入职奖励和每月100元、150元、200元的岗位补助。

2021年郑州市建设各类养老服务设施1091家，养老、托老床位5.8万多张，街道养老服务中心平均覆盖率达到90%，社区日间照料中心覆盖率87.12%。金水区社区养老服务体系被河南省委党史学习教育领导小组办公室评为"100个群众满意度高的实事项目"之一。

2. 洛阳打造"物业+养老"居家社区养老服务新模式[②]

洛阳市目前已建成873个社区养老服务设施，居家社区养老床位2.4万张，2021年底已实现社区养老服务设施全覆盖。洛阳市在此基础上，下沉到小区服务站和居家服务平台，通过建设家政信用体系探索"物业+养老"新模式。

---

① 王中华、牛琪：《河南省郑州市——两搭建 三推进 两配套 全面优化养老服务质量》，《中国社会报》2022年4月11日。

② 《洛阳市打造居家社区养老服务体系建设新模式》，《中国民政》2021年第24期，第41页。

“物业+养老”模式是以居民信任为基础，以物业为串联纽带，以较低成本运营各方资源，实现调度和派单服务直通家庭。通过建立严格的遴选标准和政府购买招投标机制，洛阳引入不同类型的100多家符合条件的市场主体，严格制定服务规范和收费标准，杜绝收费乱象。物业联合第三方养老服务供给商、颐养中心与卫生服务站，承担服务从传统的卫生、安保等，扩展迭代至助餐、助浴、居家护理、文化娱乐、适老化改造等多项养老服务，提供“菜单式”养老服务，精准满足老年人个性化需求。

3. 以“众筹养老”绘就美好图景的武陟探索①

河南省焦作市武陟县建设以“政府扶持、市场推动、慈善助力、村级主办、个人低偿入住”为特点的“众筹式”村级慈善幸福院，发展“为老”志愿服务和慈善事业。

动员多方力量，通过多样化渠道众筹运营资金。武陟县对幸福院进行星级评定和年终考核，每年划拨200万元发放至各慈善幸福院。探索“以地养院”，盘活各村闲置土地创收，将利润专项用于老人日常补贴。通过村级慈善工作站、乡级慈善分会、县级慈善协会募集社会善款，积极鼓励爱心企业、义工团队帮扶托管、兜底慈善幸福院。

引入专业养老服务公司进行适老化改造。武陟县大力建设“医、学、乐、托”四位一体的综合养老服务中心，提升养老精细化服务质量。专业服务团队和社工组织创新活动形式和载体，丰富老年人精神文化生活。截至2021年，武陟县共有社办养老机构4家、敬老院11家、医养中心8家、农村慈善幸福院185家，惠及老年人4.7万人次。武陟县连续多年获得“中华慈善奖”，并获评全国敬老文明号、河南省养老服务社会化示范县等称号。

四　河南省养老服务发展面临的挑战

（一）养老服务供需不平衡

当前河南省城镇社区养老服务设施覆盖率不足55%，床位入住率较低

① 《河南武陟：“众筹养老”绘就农民晚年幸福图景》，国家发改委，https://www.ndrc.gov.cn/xwdt/ztzl/qgncggfwdxal/202101/t20210119_1265214.html? code=&state=123，2021年1月19日。

（约 30%）。部分社区养老设施建成后没有投入使用，造成资源闲置浪费，并存在养老服务设施陈旧、运营管理水平低，服务项目内容不全面、功能不完善等问题。“医养结合”不到位，健康护理与养老服务融合不深，专业化、品牌化、规模化的养老机构较少，缺乏龙头企业带动和完整的养老服务产业链。同时，城乡养老发展差距较大。河南农村养老服务体系有待健全，留守老人关爱服务机制不完善，农村特困供养机构护理型床位不足，失能半失能老年人护理率有待提升，村级互助养老设施作用发挥不充分。

（二）养老服务人员力量薄弱

河南省开设涉老专业的高校职校数量较少，“银发”行业缺乏专业化的健康养老管理和技术人才。养老护理员多为“40 后”“50 后”人员，从业人员文化水平整体较低，数量和质量的缺口较大，且养老服务岗位面临社会认同低、收入待遇不足、劳动强度大、专业化要求高、人才评价渠道窄等问题，导致人员流失严重，难以引进新人。老龄工作机制不完善，河南省部分县市老龄工作队伍不完整，机构设置不足，组织结构松散。同时社会慈善力量、社区志愿者参与程度不足。

（三）养老保障资金来源单一

河南省目前支撑养老保障系统的资金，仍主要依靠财政支持，社会资本和民间资金参与较少。投资融资体系不完整，投融资模式创新力不足，公建民营、民办公助、政府与社会资本合作（PPP）等模式尚未有效落地推广。商业保险机构参与养老服务业发展程度较低，品类单一，难以满足老年人个性化精细化需求。

五　推动河南省养老服务高质量发展的对策建议

（一）统筹城乡养老服务发展

打造县乡村“三级”农村养老服务网络，拓展农村养老服务内容，创新发展“共筹”养老、“幸福院”、“党建+养老”等模式。发挥县乡敬老院辐射带动作用，推进县乡特困供养服务机构改造提升工程，整合村级幸福院等养老设施资源。开展农村居家养老护理员培训行动，提供老年人巡访关爱服务。着力解决城乡老年居民智能技术使用困难的问题，严防养老行业的“数字鸿沟”。提高农村特困供养机构（敬老院）兜底供养能力，鼓励健康老年人参与“养老托幼”等互助服务，加强“村改居”社区文化建设，充实农村老年人精神生活。

（二）擦亮“豫佳养老”服务品牌

建设河南养老制造业集群和康养目的地，支持培育创新性、引领性的养老服务重大项目。厚植市场主体，推行“养老+行业”新业态融合模式，鼓励文旅、物业、家政、餐饮、教育、健康等行业市场主体进入养老领域，培育地方本土养老服务业龙头企业和中原养老服务品牌，助力发展“银发经济”。开展养老机构星级评定工作，吸引综合化、专业化的优质养老品牌入驻河南。支持不同所有制性质的单位和个人依托或承接社区养老中心，兴办老年服务实体，提供居家养老服务。落实关于养老、托育、家政等社区家庭服务业用地及“水电热气”的税费优惠政策。

（三）加强养老服务人才培养和队伍建设

配齐工作队伍，履行老龄工作的牵头协调职责。将居家养老服务列入社会公益性岗位，提高职位待遇和社会认可度。根据河南省实际，重点招收当地失业下岗的“40后”“50后”人员和富余劳动力，充分发挥社会志愿者作用。支持高校开设涉老专业，重视从业人员的职业道德和技能培训。完善养老服务机构与职业院校相结合的养老护理员培养、培训制度，加强老年学科建设。开展“技能河南”建设，经有关部门考核颁发职业资格证，鼓励“一人多证”，引导养老服务从业人员进行养老护理员、老年人能力评估师、健康照护师等职业评价，提高为老服务的综合能力。

（四）拓展养老服务内容功能

推动物业家政、医药卫生、文体娱乐、教育、餐饮、智慧技术、金融、老年用品耗材制造与销售等产业与社区养老服务深度融合，拓展延伸“银发”产业链。坚持“医养结合”，推动医疗和养老资源衔接，深化医疗机构与养老机构合作，解决老人看病护理这一“急难愁盼”问题。

重点保障高龄、失能、失智、独居和计划生育特殊家庭老年人的养老服务需求。为独居、空巢、特困老人、社会救助对象，提供家庭养老床位、助餐助浴、心理辅导等一系列专业化服务。积极发展老年大学，探索建立老年人口职业培训计划，实现老年人自我能力再开发。

（五）完善养老服务资金保障制度

加强财政谋划，设置项目专用基金，譬如养老服务设施建设基金、社会服务补贴、“银发”产业基金等。统筹用好残疾人照护资金、高龄老人补贴等各类帮扶资金。中国福利彩票公益金55%以上投入养老服务，并加强对专项资金使用等情况审计监督。重视通过市场金融手段，如贴息支持、养老服务信贷产品开发、企业债券和资产证券化产品等方式筹集资金。优化投融资模式，畅通投融资渠道，构建养老服务项目回报机制，最大限度撬动社会投资。

（六）优化智慧养老服务信息平台

设立智慧养老服务技术研发机构，创新“线上+线下”双平台服务模式。目前河南省级智慧养老服务平台试点达到17个，推出了如“12349”居家养老App、养老服务地图、云呼叫、“智慧养老顾问”、“时间银行”等项目或辅助功能。依托大数据、物联网等，精准聚焦老人需求，拓展社区养老“六助”、日间照料和托养功能。将医院、超市、物业等服务主体引入平台，为老年人提供“菜单式”服务，构建“一刻钟”居家养老服务圈。

要继续优化升级技术，统筹数据互联互通，完善养老综合服务平台，着力保障数据安全。并进行适龄化设计，提高宣传和社区普及教育，推广智慧养老设备设施在老年群体中的应用，提高老龄人员对数字智慧技术的驾驭使用能力。与“数字河南”互联互通，对养老机构“一网统管”。重视对居家养老服务工作的环境监管、服务质量监管、安全监管等。

（七）增强社会敬老意识

弘扬优秀传统文化，倡导敬老、养老、助老的传统美德，加大政策宣传力度。落实家庭养老责任、子女赡养责任。引导老年人树立健康的养老观念和消费理念。不断完善以家庭为基础、社区为依托、机构为支撑，医养相结合、功能完善、规模适度、覆盖城乡的健康养老服务体系。

第六章　促进妇女儿童和青年全面发展

妇女儿童和青年事业健康发展是衡量社会文明的重要标尺。习近平总书记指出，必须坚持男女平等基本国策，切实保障妇女儿童合法权益；不断建立健全农村留守儿童、妇女、老年人关爱服务体系；积极关心和爱护青年；着力推进家庭美德建设。[①] 促进妇女儿童和青年全面发展，要进一步完善支持妇女、儿童、青年和家庭发展的政策体系，进一步加强家庭、家教和家风建设。

第一节　保障妇女合法权益

习近平总书记指出，广大妇女是物质文明和精神文明的创造者，是推动人类社会进步发展的重要力量。[②] 保障妇女的合法权益是全社会的共同责任。然而，在现实生活中，部分妇女仍然是社会弱势群体。因此，需要进一步完善妇女权益保障法，坚决贯彻男女平等基本国策，切实保障广大妇女合法权益。[③]

一　保障妇女合法权益的背景与意义

进入新时代，实现男女平等，保障妇女合法权益依然任重道远。保障妇女合法权益就是保障最基本的人权，保障妇女基本人权才能真正提高生育率，才能真正发挥广大妇女的“半边天”作用，也才能构建优势互补、

---

① 习近平：《决胜全面建成小康社会 夺取新时代中国特色社会主义伟大胜利——在中国共产党第十九次全国代表大会上的报告》，新华网，2017 年 10 月 27 日。

② 习近平：《促进妇女全面发展 共建共享美好世界》，《人民日报》2015 年 9 月 28 日。

③ 《国务院关于印发中国妇女发展纲要和中国儿童发展纲要的通知》，详见中央人民政府官网，2021 年 9 月 27 日。

两性和谐的人类社会。

（一）新时期保障妇女合法权益依然任重道远

当前，经济社会主要矛盾发生深刻变化，广大妇女对美好生活的需要日益多元化，河南省城乡之间、群体之间的妇女发展差距较大，部分脱贫地区和“三类户”农村妇女的民生保障力度还需加大；中西部传统文化的影响导致大男子主义仍然盛行。河南省妇女在人身财产、求职就业、婚姻家庭等方面的平等权利仍然面临诸多现实困难；离婚率的攀升带来严重的养育教育问题；家庭暴力使部分女性的人身安全难以保障。广大妇女参与决策管理水平需要进一步提升，努力缩小决策管理能力的性别差距。性别平等观念有待进一步普及，针对妇女的各种歧视不同程度地存在，妇女发展的社会环境需要继续优化。总之，保障妇女合法权益，让性别平等落到实处，推动妇女走在时代前列，真正发挥广大妇女的“半边天”作用，使命光荣、任重道远。

（二）保障妇女合法权益就是保障基本的人权

习近平总书记指出，广大妇女的合法权益是基本的人权。[①] 一个国家对国民基本人权的尊重程度会通过其对女性合法权益的保障直接体现出来。我国基本人权的发展离不开对妇女合法权益的有效保障，女性权益和人权始终是联结统一的。妇女合法权益受损，男女平等便无从谈起，中国公民的平等权利也难以得到保护。我国的国家人权行动计划特别注重对妇女权利的保护，着力在全方位各领域切实保障妇女的权利，推动妇女的全面发展。河南省委、省政府始终坚持把以人民为中心的发展思想贯彻落实到妇女发展事业中，大力支持发展河南省的妇女事业，助力中原崛起、河南振兴。总之，切实保障妇女合法权益，才能发展好中国的人权事业和妇女事业，才能走好中国特色人权保障道路和中国特色社会主义妇女发展道路。

（三）保障妇女合法权益才能真正提高生育率

当今社会，越来越多的女性倾向于晚婚和少生，我国的总和生育率不

---

① 习近平：《促进妇女全面发展 共建共享美好世界》，《人民日报》2015 年 9 月 28 日。

断下降，人口老龄化程度加深。当前，提高生育率的一大关键在于有效保障女性合法权益和逐步提高女性的社会地位和家庭地位。河南省始终坚持改善女性的就业环境和提升女性的生活品质，保障女性与男性平等的就业机会；完善覆盖全省妇女的生育保障制度，逐步实行父母双方的育儿假制度；推动两性一起负责家庭事务，促进两性在婚姻家庭中的平等分工。总之，切实保障妇女合法权益和提高女性地位，才能逐步提升妇女的生育意愿，才能真正提高生育率。

（四）保障妇女合法权益才能发挥“半边天”作用

习近平总书记指出，我国广大妇女在新时代中国特色社会主义事业的发展进程中发挥了“半边天”的重要作用。[①] 进入新时代，我国广大妇女在家庭生活和社会生活中的确都起到了“半边天”的作用，但妇女合法权益受损的现象仍然存在，妇女地位仍然会被虚化，妇女的“半边天”作用仍然会在一定程度上被弱化。河南省离婚妇女的婚姻权益和财产安全保障水平仍需进一步提高；农村留守妇女的经济财产保障、政治话语权保障、医疗保险和居住环境仍需进一步改善；老年妇女的生活品质、福利水平和心理健康水平仍需进一步提升。因此，保障两性在各个领域的平等权益，让两性在社会生活和家庭生活中得到协调均衡的共同发展，才能充分发挥广大妇女的“半边天”作用，助力中国梦的实现。

二　河南省保障妇女合法权益的发展现状

河南省委、省政府高度重视妇女权益保障工作，坚持男女平等基本国策，依法打击各类侵害妇女合法权益的行为，为妇女生存和发展创造了良好的环境。

（一）主要做法

近年来，河南省委、省政府贯彻习近平总书记讲话精神，重视保障妇女的合法权益，省政府妇儿工委及各成员单位密切配合、通力合作，在改善广

① 习近平：《广大妇女以巾帼不让须眉的豪情和努力，起到了“半边天”的重要作用》，《人民日报》2021 年 3 月 6 日。

大妇女健康状况、提供创业就业机会尤其是提升脱贫地区农村妇女的就业能力、维护全省妇女的婚姻家庭权益等方面做了大量工作，取得了一定成绩。

1. 健康权益保障

妇女健康是全体人口健康和家庭幸福安康的重要组成部分。近年来，河南省委、省政府始终坚持推进健康中原建设，不断健全完善全省各地的妇幼保健机构的专业人才配置和资源经费保障，坚决打击侵害妇女健康权益的非法行为；深化推进有关妇女健康的科学技术；推动普及妇女生殖健康的相关经验知识；大力提升全省孕产妇的安全分娩水平和心理健康水平；高度重视全省妇女常见病的防治，不断加大全省妇女宫颈癌和乳腺癌的预防与诊治力度；着力提升全省城乡和不同群体妇女的精神健康水平；积极鼓励全省妇女广泛组织和参与健身运动。

2. 就业创业权益保障

河南省始终贯彻执行《劳动合同法》和《就业促进法》，合理保障全省妇女的就业创业权益。全省努力创造两性平等的就业环境，不断促成两性平等的就业机会和录用标准；积极推动河南省女大学生充分就业，援助帮扶就业困难妇女创业和再就业，加大扶持农村贫困妇女的力度；完善妇女创业的扶持政策，为创业女性赋能，推动女性创业者成功发展；全面落实男女同工同酬，充分保障妇女的财产收入权益。

3. 婚姻家庭权益保障

河南省始终贯彻执行《婚姻法》和《反家庭暴力法》等法律法规，正当保障全省妇女的婚姻家庭权益。全省着力推进婚姻家庭纠纷预防化解工作，壮大家庭纠纷调解队伍，扩大家庭纠纷调解人员的影响力；促进婚姻家庭内部两性权益的平等和分工的平等，支持两性共同承担家庭事务和育儿的责任；大力保障离婚妇女的居住权和财产安全等权益，保障承担更多家庭事务的女性得到合法补偿；防范和遏制针对妇女的家庭暴力行为，做好对受害妇女的心理疏导工作。

（二）实践成效

1. 为全省妇女健康撑起了保护伞

近年来，河南省的民生项目为全省妇女健康撑起了保护伞，延长了全省妇女的预期寿命。河南省连年超额完成“两癌”免费筛查工作的年度目标，并且实现了“两癌”筛查机构全覆盖。截至2021年10月，河南省累计为564.86万名妇女免费进行宫颈癌筛查，为577.52万名妇女免费进行乳腺癌筛查，[①] 极大提高了全省妇女宫颈癌和乳腺癌的诊治率。全省孕产妇安全分娩水平和服务水平提升，降低了全省的孕产妇死亡率。河南省心理援助项目的开展有效解决了妇女的心理焦虑和不良情绪等问题，提高了全省妇女的心理健康水平。

2. 保障脱贫地区农村妇女的就业权益

党的十八大以来，河南省着力开展“巧媳妇”工程，助力“巾帼脱贫”行动，广泛推动了社会各方面力量助力扶贫工作极大提高了全省农村妇女尤其是贫困妇女的就业率。截至2020年底，河南省已经创建4万多个“巧媳妇”基地，为120多万名农村妇女提供了居家就近就业机会，推动13万多名贫困妇女顺利脱贫。[②] 河南省各地不断涌现一大批增收脱贫、先富带后富的农村妇女模范代表，极大增强了农村妇女就业脱贫的发展意识，促进了河南乡村产业的融合发展，优化了农村妇女的就业结构，有效保障了脱贫地区农村妇女的就业权益。

3. 制止针对妇女一切形式的家庭暴力

自2016年《反家庭暴力法》实施以来，河南省妇女遭受家庭暴力的比例逐年降低，女性维权意识得到显著提升。河南省各级妇联运用发布反家暴微视频、通过微信公众号等网络平台发布反家暴信息、发放反家暴宣传资料等多种手段，极大增强了河南省广大妇女对家庭暴力的反抗意识。《河南省反家庭暴力条例》的出台和全省送法下乡活动以及“妇女之家”等基层维权阵地的建设，都为河南省妇女反家庭暴力的维权工作创造了良好的环境。

（三）主要问题

1. 妇女就业歧视仍然存在

近年来，随着二孩政策以及三孩政策的实施，河南妇女在求职就业的过程中还会不断面临性别歧视和性别排斥等问题。一些用人单位在招录过

---

① 王绿扬：《巾帼绽芳华 奋斗续华章——五年来我省妇女事业和妇联工作纪实》，《河南日报》2021年10月29日。

② 王绿扬：《为了300万贫困姐妹的出彩人生——河南省妇联系统助力脱贫攻坚综述》，《河南日报》2020年12月28日。

程中仍然存在性别歧视现象，比如招聘仅限男性、探寻求职女性的结婚生育状况、对女性采取有别于男性的录用标准等，减少女性的求职就业机会。同时，职场女性生育仍面临失业风险。男女同工不同酬现象也不同程度地存在，女性就业公平和收入公平仍需不断推进。

2. 育儿假期难以有效保障

男女双方共同享有的带薪育儿假实施起来举步维艰。全省在实施父母育儿假制度的同时，用人单位的优惠补贴和激励措施并没有相应地跟进，育儿假制度成为用人单位的纸上福利。尽管用人单位因育儿假增加的用工成本和经济负担在一定程度上被政府和社会分担，但是育儿假制度在部分用人单位仍然没有得到充分落实。双职工家庭在育儿假期中会受到就业歧视，育儿假期被缩短，男女双方育儿假期时间失衡，工作权利和个人发展权益受损。创造生育友好的就业环境和有效保障育儿假期落到实处依然任重道远。

3. 婚姻家庭问题不断增多

近年来，河南省婚姻家庭矛盾纠纷不断增加，婚姻家庭生活质量堪忧；全省离婚率不断攀升，农村离婚妇女权益受损较大；婆媳关系问题频发制约婚姻家庭的稳定团结与和谐融洽；家庭暴力等侵犯妇女合法权益的现象时常发生，河南省农村留守妇女的土地权益受侵犯的现象凸显；河南省妇女在婚姻家庭中的财产所有权、继承权和财产安全的保障并不到位，两性在婚姻家庭中的分工失衡，全省妇女在婚姻家庭中的地位仍有待提高。

三　河南省推进妇女合法权益保障的思路对策

（一）做好妇女维权的普法教育工作

做好全省妇女维权的普法教育工作，尤其要重视《妇女权益保障法》《婚姻法》和《反家庭暴力法》等法律法规的宣传普及工作，着力推动广大妇女终生学习法律知识，不断提高广大妇女对各种法律法规的认知程度，切实提升全省妇女依法维权的能力。省各级妇联继续广泛开展“三八”妇女维权周、“宪法宣传周”、“法律知识进万家”和“法治下乡”等普法教育活动，将法律知识送到全省妇女身边，使全省妇女实实在在地知法懂法学法用法守法，不断营造“女性友好”的社会环境和优良的法治环境，助力妇女维权。

（二）建立健全调查研究的信息网络

村（社区）妇联成员和村（社区）“两委”成员经常深入广大基层妇女的生活中，第一时间了解基层妇女的诉求，高度重视和搜集留守妇女、老年妇女和流动外来妇女等相对弱势群体当下“急盼愁难”问题和未来有可能出现的问题，及时做好记录和有序开展维权行动，整理汇总有效资料并反馈到上级部门，增强信息的流动联通性，助力一体化信息网络的运行，减少部分妇女维权隐患。利用大数据加强信息网络治理，强化不同区域间的衔接联动，完善多元化解的体制机制，不断整合调查研究的信息资源，通过综合施策形成维权合力。

（三）完善城乡妇女的生育保障制度

全省要充分认识和把握生育保险政策，提升城乡妇女生育保险的覆盖率，保障生育保险政策落实落细；进一步完善生育津贴支付政策，充分保障女性劳动者的产假和育儿假的生育津贴完整支付；加快形成“一站式”服务模式，增强城乡妇女的生育医疗服务管理能力；加大对全省妇女的生育权益保护的力度，充分保障城乡妇女的生育医疗费用，妥善保障女性劳动者生育期间的就业权益；不断完善家庭生育的相关法律法规，推动城乡妇女的产假和育儿假落到实处；持续推进妇女常见病筛查和预防诊治的活动，建立健全城乡妇女“两癌”综合防治体系。

（四）着力提升广大妇女的素质

要充分发挥全省各级妇联的职能带动作用，引领广大妇女提高自身素质，迎接社会大环境的挑战；支持帮助城乡基层妇女增加技能培训，加强妇女的学习交流，开阔妇女的视野，提升妇女的能力素养；加强对农村留守妇女和老年妇女的关爱服务，加大对困难妇女的救助帮扶力度；支持广大妇女建功立业，助力广大妇女实现自我价值和社会价值。同时，全省妇女也要充分发挥自身的主观能动性，助力中国梦的实现，努力践行“半边天”精神，在新时代的进程中彰显河南巾帼力量。

第二节 健全儿童关爱服务体系

儿童事业是家庭和社会发展的重要基石，是推动人类社会可持续发展的不竭动力。保障儿童健康快乐成长是每个家庭和整个社会的共同责任。习近平总书记指出，要保障儿童合法权益，健全农村留守儿童关爱服务体系。[①] 当前，部分儿童的健康、安全和教育等基本权益依然没有得到根本的保障。需要进一步健全儿童关爱服务体系，持续深入实施“儿童优先”战略，切实保障儿童优先发展和健康成长。

一 健全儿童关爱服务体系的背景与意义

进入新时代，保障儿童健康快乐成长，健全儿童关爱服务体系刻不容缓。健全儿童关爱服务体系才能保障农村留守儿童和困境儿童健康成长，才能保障广大儿童优先发展，才能保障广大儿童在网络社会免受伤害。

（一）儿童关爱服务体系建设仍然存在诸多短板

当前，随着我国经济社会的发展，关爱和保护儿童工作已经不再停留在守护儿童的行动层面，而是迈上了建立健全儿童关爱服务体系的新台阶。但是，儿童关爱服务体系的健全是一个漫长的过程，体系建设还面临一些问题。比如，保障儿童生存发展的多元社会机构的互相协同配合程度不够高；健全儿童关爱服务体系的多元主体的任务不够清晰明确；参与儿童关爱服务体系建设的主体力量不够多元广泛；一些儿童关爱服务机构的管理缺乏科学性和动态评估；等等。总之，儿童关爱服务体系建设仍然需要多元社会主体的共同参与和协同配合，当下解决体系建设的短板任重而道远。

（二）健全儿童关爱服务体系才能保障农村留守儿童和困境儿童健康成长

近年来，河南省委、省政府高度重视农村留守儿童和困境儿童的关爱保

---

① 习近平：《决胜全面建成小康社会 夺取新时代中国特色社会主义伟大胜利——在中国共产党第十九次全国代表大会上的报告》，新华网，2017 年 10 月 27 日。

护，农村留守儿童和困境儿童的生存成长环境得到不断改善。但是，农村留守儿童和困境儿童的健康成长仍面临诸多问题和挑战。一些农村留守儿童仍然面临学校教育和家庭教育不够到位、优质教育资源短缺、心理问题频发、法律意识淡薄和安全知识匮乏等问题。孤儿、残疾儿童、贫困家庭儿童和其他困境儿童的受教育权利、营养健康、身心安全、医疗救治和法律援助还没有得到根本的保障。健全儿童关爱服务体系才能系统性解决农村留守儿童和困境儿童面临的诸多问题，才能有效推进儿童关爱保护工作，才能不断提高儿童关爱服务水平，才能保障农村留守儿童和困境儿童健康成长。

（三）健全儿童关爱服务体系才能保障广大儿童优先发展

儿童是家庭和社会的未来和希望，儿童优先发展则是家庭和社会可持续发展的关键保障。2010 年以来，河南省委、省政府高度重视和深入实施“儿童优先”这一国家战略，着力推动儿童事业优先发展，不断助力新时代中国特色社会主义现代化儿童关爱服务体系的全面构建。但是，全省城乡之间、不同群体之间的儿童发展差距仍然较大，儿童优先战略的落实广度和深度还不够。健全儿童关爱服务体系才能推动完善基层儿童保护服务机制，才能在健康、安全、教育和福利等各领域优先捍卫儿童的利益，才能不断凝聚儿童优先的社会共识，才能充分保障广大儿童优先发展。

（四）健全儿童关爱服务体系才能保障广大儿童在网络社会免受伤害

当今数字化时代，河南省委、省政府高度重视健全“六位一体”的未成年人保护体系，着力综合治理未成年人沉迷网络问题，切实保障儿童的合法权益。但是，危害儿童发展的网络不良信息和不文明行为依旧层出不穷，广大儿童在网络空间的自我保护意识和抵制不良信息意识仍有待增强，自我保护能力和信息识别能力仍有待提高。健全儿童关爱服务体系才能促进全社会共同承担保护儿童合法权益的责任，才能推动完善未成年人网络保护综合治理机制，才能不断助力儿童提高自我保护意识和自我保护能力，才能更好地预防校园暴力和未成年人犯罪，进而减少和避免针对儿童的暴力伤害，切实保障儿童身心健康。

二 河南省儿童关爱服务体系的发展现状

河南省委、省政府高度重视儿童发展事业，积极健全儿童关爱服务体系，严厉打击各类危害儿童身心健康的行为，为全省儿童生存和发展创造了良好的环境。

（一）主要做法

近年来，河南省委、省政府积极健全儿童关爱服务体系，努力改善农村留守儿童和困境儿童的生存成长环境，在未成年人关爱保护体系建设、特殊时期儿童关爱保护与教育“双减”等方面做了大量工作，有效保障了全省广大儿童健康成长。

1. 扎实推进未成年人关爱保护体系建设

建立健全未成年人关爱保护体系是未成年人关爱保护工作的重中之重。河南省委、省政府始终贯彻执行《未成年人保护法》和《预防未成年人犯罪法》，积极建立和完善省、市、县、村四级未成年人保护工作机制。全省广泛开展未成年人保护工作，不断健全未成年人保护工作网络和完善未成年人权益保障制度，推动省内地级市成立未成年人保护工作委员会和未成年人救助保护中心，积极开展未成年人保护法主题宣传月活动，逐步推进未成年人关爱保护体系建设。

2. 重点做好特殊时期关爱保护儿童工作

新冠肺炎疫情以来，河南省民政厅持续关爱保护儿童，第一时间印发颁布相关通知并安排部署儿童关爱保护工作，严格落实保障儿童的生命健康，建立儿童福利领域分片联系制度，重点关注和保护因新冠肺炎疫情缺乏监护的儿童，努力对受疫情影响的留守儿童、困境儿童和社会散居孤儿进行全覆盖的关爱保护。河南省委、省政府高度重视汛期儿童的关爱保护工作，大力督促全省儿童的家长落实好自己的监护责任，鼓励支持全省的儿童督导员和儿童主任加强对受汛情影响的留守儿童、困境儿童和社会散居孤儿的动态管理与保护，充分关照和保障儿童在特殊时期的身心健康，扎实做好特殊时期儿童关爱保护工作。

3. 全省上下严格推进儿童教育“双减”政策

河南省委、省政府把“双减”工作作为省重大民生工程，严格推进省内各地儿童教育“双减”工作，坚持校内校外两手抓，着力提高校内的教育教学质量、作业管理水平和课后服务水平，严格管理校外的违规作业、违规教学、违规补课和违规考试。全省推行课后服务“5+2”模式，不断丰富课后服务的内容，充分保障广大儿童的课后服务时间，努力实现义务教育阶段课后服务的全覆盖，有效推进义务教育阶段“双减”工作和落实“双减”常态化。

（二）实践成效

1. 初步形成基层儿童关爱服务体系

近年来，河南省民政厅积极推动全省基层儿童关爱服务体系建设，实现了未成年人保护工作机制的省、市、县三级全覆盖，河南省基层儿童福利服务体系建设试点的工作制度、队伍建设、“儿童之家”“四个机制”建设逐步标准化。积极健全基层儿童关爱服务网络，把儿童保护工作开展到村（社区）之中。截至2022年3月底，建成乡镇社工站（未保站）641个、儿童之家7375个，现有乡镇儿童督导员2600多人、村（社区）儿童主任5.2万人，初步形成了基层儿童关爱服务体系。①

2. 确保特殊时期未成年人安全无虞

新冠肺炎疫情以来，河南省民政厅始终坚持安排部署零时差、严防死守零接触、管理服务零距离和统筹兼顾零遗漏，保障了全省的儿童福利机构的零感染。疫情和汛期等特殊时期，河南省妇联积极组织动员“爱心妈妈”和志愿者重点关注和保护留守儿童和困境儿童，调用各方力量充分保障儿童的基本权益；同时，积极成立心理援助志愿组织和开通心理咨询电话，有效疏解了儿童在特殊时期的心理压力，切实保障了儿童在特殊时期的身心安全。

3. 落实儿童教育“双减”政策成效显著

河南省委、省政府积极高质高效推进“双减”工作顺利开展，取得了一定成绩。截至2021年12月底，实现了“营改非”、“备改审”、资金监管、课后延时服务等“四个全覆盖”，截至2021年12月24日，线下机构压

---

① 河南省民政厅：《加快推进未成年人关爱保护体系建设》，河南省人民政府官网，2022年3月30日。

减率 88.26%，线上机构压减率 100%，营改非完成率 100%，提前完成了国家规定的年度责任目标，[①] 有效提升了校内课堂教育教学质量，促进了家庭和学校的衔接联动，极大减轻了儿童、家长和家庭的多种负担。

（三）主要问题

1. 农村留守儿童关爱服务体系仍不健全

河南农村留守儿童关爱保护格局的全方位构建依然任重道远。农村留守儿童关爱保护工作长效机制需要持续健全，关爱保护留守儿童的政府部门、机构组织的协同联动性不够强；河南部分农村留守儿童的家庭监护能力较低、家庭监护责任不到位；农村留守儿童的救助保护机制有待健全；农村留守儿童教育缺乏动态管理和科学评估；关爱保护农村留守儿童的基层工作人员的整体素质有待提升；侵害农村留守儿童合法权益和伤害儿童身心健康的不法行为仍然存在。

2. 疫情以来儿童网络沉迷问题亟须解决

疫情以来，河南省广大儿童极大增加了接触网络的机会，部分儿童日常上网时间严重超过合理范围，儿童网络沉迷问题不断增加。大多数儿童因为抵抗诱惑能力不足，并且缺乏科学的上网引导和良好的用网习惯，所以过分沉迷于网络游戏、网络直播和网络视频等。当下，一些网络不文明言行以及不良信息严重影响了儿童的价值取向，乃至侵犯了儿童的基本权益。同时，儿童网络沉迷导致儿童视力和身体素质普遍下降，严重损害了儿童的大脑发育和心理健康。

3. “双减”政策下变相教育培训仍然存在

自河南省推动“双减”政策实施落地以来，全省校外培训机构已经大量减少，但是变相违规开展教育培训的行为依然层出不穷。各种违规校外培训机构利用多种经营手段隐藏于“地下”，努力逃避各级监管部门的监管，不断招揽儿童开展隐秘的教育培训；部分在职教师偷偷参与校外培训活动，和儿童的家长商量配合进行私下的家教辅导和暗地里的代课兼职。这些隐形变异的教育培训活动严重阻碍了“双减”政策的执行，助长了违

① 河南省教育厅：《河南省“双减”工作实现“四个全覆盖”》，河南省人民政府官网，2021 年 12 月 30 日。

规补课的风气，加重了儿童和家庭的负担，抑制了儿童的身心健康发展。

三　河南省进一步健全儿童关爱服务体系的思路对策

（一）健全农村留守儿童关爱服务体系

河南要全面加强农村留守儿童关爱服务，逐步健全各级政府部门和机构组织的联动体系；持续完善农村留守儿童动态管理系统，加强留守儿童学校和家庭的有效沟通联系，健全农村留守儿童保护工作网络；鼓励留守儿童家长不断增强监护责任意识和提高监护能力；大力健全农村留守儿童的救助保护强制报告机制、救助保护应急处置机制、救助保护评估机制、救助保护干预机制，切实保障农村留守儿童的身心健康；稳步推进村级“儿童之家”建设，大力培养农村儿童督导员和儿童主任，有效提升关爱保护农村留守儿童的人员队伍的能力素养；加大对农村留守儿童学校教育和家庭教育的投入力度，逐步缩小城乡之间的教育差距，切实保障农村留守儿童的合法权益。

（二）各部门通力合作防止儿童网络沉迷

河南要把防止儿童网络沉迷作为未成年人网络保护工作的重中之重，严格落实政府、企业、学校、家庭和社会共同防止儿童网络沉迷的责任，凝聚起防止儿童网络沉迷的合力。家庭和学校要密切配合，共同帮助支持儿童养成良好的用网习惯，并鼓励引导儿童自觉抵制不良信息和加强个人保护。各网络平台要严格加强儿童上网的时间管理和权限管理，不断健全预防儿童沉迷的机制，坚决防范和打击诱导儿童不良嗜好等损害儿童身心健康的不文明言行和不良信息，保障儿童合理健康上网。

（三）要继续巩固教育“双减”成效

河南要继续高质高效推进“双减”工作、落实“双减”要求，打好“减负提质”攻坚战，继续巩固教育“双减”成效。河南要大力整合各方面的监督力量，发挥好各部门的监督管理职能，构建各部门协同联动的格局，深入基层实地调查教育领域“双减”落实情况，持续推进“双减”工作的开展。河南各级教育部门要继续加大规范校外教育培训机构的力度，不断加强学校教育主阵地的建设，大力提升学校课后服务的水平、拓展课后服务的渠道，切实增强儿童校内学习的效果。河南要深入贯彻执行《家庭教育法》，不断凝聚家庭、学校和社会的力量共同推动家庭教育、学校教育和社会教育协调发展，助力巩固教育“双减”成效，保障儿童健康快乐成长。

（四）预防和控制儿童免受身心伤害

河南要积极创建适宜儿童生存发展的安全环境，引导儿童增强伤害防控意识和提高伤害防控能力，不断加强儿童伤害防控工作体系建设。要坚持预防和控制针对儿童的一切暴力伤害，综合防治校园暴力、性侵害和性骚扰等欺凌行为，严厉打击危害儿童身心健康的违法犯罪行为。河南要持续健全未成年人网络保护综合治理机制，加大未成年人网络保护的力度，切实保障儿童在网络空间中的合法权益。要持续深入落实《预防未成年人犯罪法》，广泛开展对未成年人的普法教育工作，有效预防未成年人违法犯罪，切实保障未成年人健康成长。

第三节 完善青年发展政策体系

青年是家庭和国家发展的中坚力量，是推动社会前进的新生力量。青年的幸福成长需要不断完善支持青年发展的政策体系。我国第一部关于青年发展的规划《中长期青年发展规划（2016—2025 年）》，将青年发展彻底纳入党和国家的政策体系中。要持续深入实施青年优先发展战略，着力优化青年成长环境，有效保障青年发展权益，切实提高青年幸福指数。

一 完善青年发展政策体系的背景与意义

（一）新时代青年发展面临一些突出的现实问题

近年来，我国经济社会发生重大变革，新时代青年的发展需求呈现多层次、多样化态势，广大青年在就业、住房和养老等方面面临一些突出的现实问题。青年学生就业形势依然严峻，青年就业中的地域结构、专业结构和产业结构等结构性矛盾突出；广大青年租赁住房依然面临市场监管不到位和相关政策不健全等困境；老龄化和少子化不断加大广大青年的养老压力。要有效解决青年发展面临的突出现实问题，就必须不断完善青年发展政策体系，切实为青年排忧解难。

（二）完善青年发展政策体系有助于建设青年发展型城市

青年是城市发展的青春力量和活力密码。城市发展与青年成长是相互促进的关系，城市的发展离不开青年的建设，青年的成长也需要城市的支持，城市如何对待青年，青年就会如何回馈城市。青年发展型城市的建设需要青年发展政策体系的保障。不断健全青年发展政策体系，才能逐步优化青年的发展环境，才能有效解决青年发展中“急难愁盼”的问题，才能切实提高青年的幸福感，才能激励青年建功立业，才能驱使青年与城市双向促进。总之，要不断完善青年发展政策体系，让青年优先发展战略有效贯彻落实到建设青年发展型城市的具体行动中，推动青年和城市共同高质量发展。

（三）完善青年发展政策体系有助于青年人才脱颖而出

人才是社会发展的第一资源，青年人才则是第一资源的关键组成部分。当前，河南省现代化建设需要广泛的青年人才参与，而让青年人才脱颖而出并参与到现代化河南的建设过程中来就需要不断完善青年发展政策体系。完善青年发展政策体系，推动创造有利于青年人才脱颖而出的发展环境，切实解决青年人才现实生活中和工作中的困难，从而激励全省青年人才勇于承担使命责任，进而推动全省青年人才充分发挥自身才能建设现代化河南。同时，完善青年发展政策体系，有助于为全省青年提供更广阔的发展空间，从而为广大青年打造高品质的发展平台，进而逐步培养更多素质优良的青年人才，助力河南发展。

（四）完善青年发展政策体系有助于发挥青年生力军作用

广大青年是社会发展中最具有蓬勃朝气和创造活力的青春力量，是实现中华民族伟大复兴中国梦进程中的关键力量，是社会主义事业高质量发展的生力军。当前，河南青年的社会地位和社会责任有待进一步提升，河南青年的基本发展权益有待进一步保障，全省青年使命重大。不断完善青年发展政策体系，才能切实提升全省青年的整体素质，才能不断凝聚起全省青年振兴中原的社会共识，才能充分发挥全省青年在助力中原崛起与河南高质量发展中的生力军和突击队作用。

二　河南省完善青年发展政策体系的发展现状

（一）主要做法

1. 支持青年创业就业，创造良好发展环境

近年来，河南共青团组织推进“百校千岗”大学生就业帮扶行动、青年就业促进计划和见习计划以及“扬帆计划”大学生实习计划，为青年学生提供就业实践平台和专业化的职业规划，为青年高质量发展和广泛就业提供有力支持。同时，共青团河南省委全链条服务青年创新就业，通过青创教育引领，培养青年创新创业精神；通过青创政策倡导，优化青年创新创业环境；通过青创资金支持，提供青年创新创业保障；通过青创赛事培育，激发青年创新创业热情；通过青创阵地建设，搭建青年创新创业平台。①

2. 关心青年学习生活，创造良好发展条件

河南省委、省政府始终高度重视青年教育，关心青年学习生活，努力提升全省学校教育质量，不断促进全省城乡之间教育的均衡发展，不断加强青年学生的社会实践教育，着力营造青年终生学习的社会环境。河南希望工程一直开展“公益课堂”和“圆梦行动”等公益活动，努力为困难青年创造良好的学习条件，帮助越来越多的农村青少年获得更好的学习机会。河南众多大中专院校的青年学生积极参加“三下乡”社会实践，为农村青少年的学习生活注入蓬勃活力，引领带动基层青年学生的学习热情，切实提升基层青年教育的学习氛围。

3. 维护青年发展权益，助力青年健康成长

河南省共青团紧扣青年高质量发展要求，不断深化全省青少年普法教育，积极开展针对青少年群体的法律服务行动，帮助全省青少年增强捍卫自身权益的法律观念和自我保护意识，努力预防青年违法犯罪。全省不断建立健全青少年权益保护机制，着力打造好青少年维权工作网络平台、

① 河南共青团：《出实招求实效，用走心服务赢得青年点赞——五年来河南共青团服务青年发展工作综述》，搜狐网，2021 年 12 月 26 日。

12355青少年服务平台和建设好“青少年维权岗”，坚决打击有损青少年合法权益的违法犯罪行为，逐步优化青少年的成长环境，充分保障青年发展权益，进而推动全省广大青年健康成长。

4. 出台青年发展政策，支持青年建功立业

2019年4月，河南省委、省政府颁布印发的《河南省中长期青年发展规划（2019—2025年）》是河南省第一个统筹青年发展各领域的政策规划，是河南青年发展的政策指引。[①] 2021年4月，《河南省国民经济和社会发展第十四个五年规划和二〇三五年远景目标纲要》在第五十五章第三节“完善青年发展政策”中专门讲述了支持河南青年发展的政策，将青年发展和河南省社会发展密切地联系起来，激励河南广大青年积极投入河南发展，在振兴河南的进程中奋发向上、建功立业。

（二）实践成效

1. 初步形成了支持青年发展的政策体系

2021年1月，河南省青年工作联席会议第二次全体会议指出，河南省、市、县三级青年发展工作机制初步建立，形成了具有河南省特色的青年发展政策体系。[②] 河南省广大青年充分发挥生力军作用，积极主动适应社会、融入社会和参与社会，全省广大青年思想道德素质和身心健康水平得到有效提升，全省青年受教育权利和基本发展权益得到有效保障，全省青年高质量发展稳步推进。

2. 全省青年的“急难愁盼”问题初步解决

河南省委、省政府始终认真解决全省青年“急难愁盼”问题，促进青年高质量发展，在青年就业创业、住房和养老等方面出台了相应的具体政策，初步解决了全省青年的“急难愁盼”问题。团省委、省人社厅、省发展改革委和省教育厅等多部门联合服务全省青年就业创业，推动青年高质量就业创业。河南省青年人才公寓建设卓有成效，在全省多个城市积极开发了青年人才住房保障试点，为青年人才创造了良好的住房环境。河南省

① 河南共青团：《出实招求实效，用走心服务赢得青年点赞——五年来河南共青团服务青年发展工作综述》，搜狐网，2021年12月26日。

② 河南共青团：《河南省青年工作联席会议第二次全体会议在郑州召开》，河南共青团官网，2021年1月15日。

积极建设社区15分钟养老圈，截至2020年，居家社区养老服务设施覆盖所有城市社区，[①] 极大减轻了全省广大青年的养老压力。

3. 青年友好型城市建设有了新的探索

2021年，洛阳市率先出台《洛阳市建设青年友好型城市行动方案》，颁布施行了一系列关爱青年的具体政策，逐步提升了洛阳城市功能品质与广大青年发展的契合度，努力为留洛青年创造了良好的发展环境。洛阳市在加快建设青年友好型城市的过程中，逐步推动各县区颁布施行更具体的政策措施，助力青年友好型城市全方位发展，不仅努力吸引青年来洛发展，更着力留住青年在洛发展。当下，全省多地市正在逐步探索青年友好型城市建设，助力青年与城市双向促进。

（三）主要问题

1. 青年学生就业结构性矛盾仍然存在

近年来，全省大中专院校毕业生数量不断攀升，青年学生就业形势日益严峻。全省青年就业中的地域结构、专业结构和产业结构等结构性矛盾依然突出，就业市场的工作岗位与青年学生的就业需求仍不匹配，广大青年学生的个人心理预期与用人单位的实际情况不对等，不断加剧青年的就业压力。

2. 城市青年保障性住房的覆盖面较小

河南省不断建立健全住房供应保障体系，逐步改善全省人民群众的住房条件，朝着保障性住房可持续发展的目标前进。然而，现有保障性住房资源分配和相关保障性住房政策对城市青年这一群体的覆盖相对较小。全省广大青年多层次住房需求与目前保障性住房供应结构的不匹配导致广大城市青年的居住品质得不到充分保障，针对城市青年这一群体，保障性住房建设与分配的支持力度和覆盖度有待加大。

3. 广大青年的赡养和教育压力较大

老龄化和少子化不断加大广大青年的养老压力，青年养老责任需要社会化的专业服务力量分担。随着全省“双减”政策的实施落地，青年不仅

---

① 河南省人民政府：《河南建设社区15分钟养老服务圈 推行“互联网+养老”》，河南省人民政府官网，2021年12月30日。

面临父母养老问题，更面临自身教育或者子女教育问题，养老焦虑和教育焦虑一直裹挟着广大青年。

三　河南省完善青年发展政策体系的思路对策

（一）严格落实好就业创业扶持政策，确保青年稳岗就业

全省要助力青年建功立业，不断完善促进青年就业创业的政策措施，逐步优化青年的创业和就业环境，大力支持青年灵活就业，积极鼓励青年自主就业，推进青年创业带动青年就业。同时，全省要加强青年就业服务和就业权益保障，不断建立健全青年创业和就业的相关法律法规；不断加强对女性青年就业的权益保障；不断完善均衡城乡之间的就业创业服务体系；大力支持推进青年重点群体的职业技能培训，激励河南青年积极广泛地参与到中原振兴中来贡献自己的力量。

（二）建立租购并举的住房保障体系，解决青年住房困难

解决广大青年的住房问题是各级政府的艰巨使命，也是提高城市发展水平、实现城市和青年共同高质量发展的必然要求。随着全省经济增长进入新常态，住房价格过快上涨已成为制约人民群众生活水平改善的突出矛盾。因此，必须把解决好“住有所居”作为重大民生工程来抓。扶持专业化住房租赁企业发展，推进住房市场供给侧结构性改革，以加快长租房市场发展为重点，不断建立租购并举的住房保障体系，有效解决广大青年住房困难。

（三）大力发展普惠性养老和托育服务，解决青年后顾之忧

全省要加快推进以居家为基础、社区为依托、机构为支撑的医养结合服务体系。推动健康管理与护理专业化发展。建立多层次医疗保障制度，健全基本医疗保险支付方式，降低医疗费用负担。要进一步探索政府购买养老服务业公共服务模式，通过政府采购和税收优惠政策来激励企业投资养老服务行业；制定相关配套政策以鼓励社会力量参与养老服务建设与运营。同时，全省要大力发展普惠性托育服务，不断加大对托育服务数据资源的支持力度，不断建立健全全省托育服务统计指标体系，全方位帮助广

大青年解决子女养育中的实际困难。

第四节　支持家庭发展

家庭是整个社会的基本组成部分，是社会和谐和民族发展的基石。习近平总书记指出，要重视家庭建设，努力使家庭成为国家发展、民族进步、社会和谐的重要基点。[①] 家庭的良性运转需要不断完善支持家庭发展的政策体系，逐步建立健全婚姻家庭纠纷化解机制，构建完善的支持家庭和睦发展的法律体系；要大力倡导夫妻共担家庭重任，构建文明平等的家庭关系；积极推动家风家教在社会治理中发挥良性促进作用，着力支持和帮助单亲家庭、失独家庭和留守家庭。

一　支持家庭发展的背景与意义

（一）家庭变迁需要完善支持家庭发展的政策体系

当今社会，家庭结构和家庭功能发生了较大变化。全国家庭规模整体缩小，结构形态呈现出多样化，空巢家庭增多；家庭养老功能由于独生子女政策出现弱化，生育功能由于价值多元化出现异化；生育观念由过去的“重生”演变为“重养”，养育行为出现多元化；婚姻和家庭稳定性面临前所未有的挑战。面对这些新的变化，政府的家庭政策和制度措施需要通过不断完善来适应家庭的新变化，满足家庭的新诉求，解决家庭出现的新问题，支持家庭发展的政策体系需要重新完善和构建。各级政府要把家庭诉求纳入基层治理的工作部署之中，把支持家庭发展纳入治国理政的工作计划之中，把推进家庭和谐发展作为长期任务常抓不懈。当前，尤其要加强婚姻家庭法制建设，着力解决家庭实际矛盾，不断提升家庭发展能力。转变家庭教育理念，从自身做起，为孩子树立良好榜样；自律律人，言传身教，科学养育。为此，要构建促进家庭责任共担、相互换位思考、家庭和谐发展、家庭良性运行的政策体系。

---

① 《习近平在二〇一五年春节团拜会上的讲话》，《人民日报》2015年2月18日。

（二）支持家庭发展才能有效发挥良好的家庭功能

家庭功能是指家庭作为一个微观的社会系统，在满足家庭成员的生理、心理和社会等方面的需求中所发挥的作用。家庭承担许多功能，包括生物功能、经济功能、消费功能、教育功能、抚养赡养功能、感情交流功能和休闲娱乐功能。随着社会的发展变化，家庭的教育功能变得十分重要。良好的家庭功能应该是灵动的、有弹性的，而不是僵化的。家庭功能发挥得好，对子女心理健康具有积极正向的作用，反之，会导致子女出现心理问题或者行为问题。只有支持家庭发展，才能有效发挥良好的家庭功能。

（三）支持家庭发展才能筑牢整个社会发展的基石

新时代的公共政策必须立足家庭，关注家庭的新问题，将其作为重要工作内容，突出家庭视角，完善“一老一小”政策支持体系，加强婚姻家庭文化建设，推动解决家庭矛盾，提升家庭长期发展能力。中国家庭面临前所未有之大变局。贯彻落实习近平总书记“认真研究家庭领域出现的新情况新问题，把推进家庭工作作为一项长期任务抓实抓好”① 的指示精神，必须全面关注家庭的新变化，回应家庭的新需求、解决家庭的新问题，夯实家庭这一支持社会发展的基础，筑牢家庭这一国家发展、民族进步、社会和谐的重要基石。

二　河南支持家庭发展的基本现状

（一）主要做法

1. 全省范围内常态化寻找“最美家庭”

分季度常态化寻找“最美家庭”；通过“树清廉家风”“五个一”活动，弘扬廉洁家风；践行低碳生活，创建“绿色家庭”；突出典型示范，宣讲“中原好家风”。近年来，河南省妇联在持续推动“五好家庭”创建、积极参与“文明家庭”表彰活动的同时，注重品牌建设，创新开展寻找最美家庭活动。2020 年最美家庭评选活动，河南省妇联联合省文明办等单位，

---

① 《习近平关于注重家庭家教家风建设论述摘编》，中央文献出版社，2021，第 6 页。

通过家庭自荐、他人举荐、组织推荐等形式，经综合评审，共推选出2020年第一季河南省最美家庭100户和全国抗疫最美家庭候选户25户。2022年河南省将评选出更多最美家庭和全国抗疫最美家庭候选户。

2. 着力打造典型的家风家教示范基地

打造家风家教示范基地，夯实家风教育；常态化推进“家庭教育暖心公益行动”。为弘扬社会主义核心价值观，倡导中华优秀传统文化和家庭美德，充分发挥典型示范作用，引领广大家庭传承好家风、好家训、好家教，助力形成爱国爱家、相亲相爱、向上向善、共建共享的社会主义家庭文明新风尚。近年来，省妇联、省文明办联合命名了三批河南省家风家教示范基地，以传承与创新、启迪与互动的方式，吸引广大家庭积极参与家庭文明建设的生动实践。家风正则民风淳，民风淳则社稷安。广大家庭积极行动起来，争做优良家风的传承者、道德规范的践行者，为奋力谱写新时代中原更加出彩的绚丽篇章贡献力量。

3. 广泛实施家庭教育能力提升计划

持续实施家庭教育能力提升计划；探索开展家校社共育活动，推进“父母成长计划”。为助力“双减”工作向纵深推进，进一步提升家庭教育能力，11月29日至12月5日，郑州市经开区教文体局组织开展家庭教育线上直播周活动，邀请郑州市家庭教育专家团队每天晚上19：00至20：30讲授不同主题的家庭教育内容。郑州市关心下一代工作委员会副主任、全国家庭教育工作先进个人周慧玲等四位专家分别围绕当前家庭教育的痒点痛点问题、家庭教育的核心使命、双减政策下家长的适应和转变、如何进行有效亲子沟通、如何构建和谐的家庭养育环境及孩子行为习惯养成等主题，与家长进行了深入探讨。截至活动结束共有7万余人次参与收看学习，收到了较好的效果。

4. 切实做好婚姻家庭咨询指导服务

切实做好婚姻家庭服务，增进社会和谐；动员社会各界力量，积极参与家庭公益服务。2016年11月12日上午，河南省首家“幸福婚姻家庭咨询指导服务基地”在郑州市馨怡家园社区挂牌。“中国幸福婚姻家庭系列项目”是由中国婚姻家庭研究会和珍爱网联合启动的婚姻家庭调查研究和服务项目，“幸福婚姻家庭在社区”宣传倡导服务活动是一系列项目的重要组成部分，已在全国18个省（区、市）的28个城市社区建立了试点。郑州市中原区桐柏路街道馨怡家园社区作为河南省唯一试点社区。“幸福婚姻家庭在社区”宣传倡导服务活动正式启动后，馨怡家园社区将依托社区妇女之家，联系专业人员在社区开展婚姻家庭咨询指导服务，积极开展婚姻家庭法律政策和幸福婚姻家庭建设的宣传倡导活动，组织社区幸福婚姻家庭代表分享经验，开展青年男女宣传倡导联谊等活动，面向家庭、面向公众更好地普及《反家庭暴力法》和相关法律知识，促进婚姻家庭的健康发展。

（二）实践成效

1.“家家幸福安康工程”取得了长足进展

近年来，河南省妇联不断创新工作方式方法，持续深入推进寻找“最美家庭”活动在全省常态化开展。全年共分4个季度开展集中寻找活动，重点寻找家国情怀、移风易俗、绿色环保、廉洁治家、孝老爱亲、脱贫攻坚等最美家庭典型，并通过网站、微信公众号宣传家庭典型事迹，讲好家风故事，抒发家国情怀，在全社会营造学习家庭典型、争做最美家庭的浓厚氛围。2019年，全省共寻找出县级以上最美家庭9105户，河南省最美家庭200户。2020年至今，“家家幸福安康工程”取得长足进展。

2. 家教家风在基层社会治理中发挥重要作用

河南围绕提升基层治理水平，引导家庭在社区和谐、邻里和睦、美丽乡村、爱国卫生运动等方面积极参与、发挥作用。面向广大家庭深入宣传民法典，发挥其积极导向作用，增强家庭及其成员的责任感和义务感，使新时代家庭文明建设在推动法治中国建设、推进基层治理中的作用更加突出。加强联动联合，在基层党组织领导下坚持自治法治德治相结合，通过阵地共用、资源共享、工作互促、机制互通，携手广大家庭合力建设人人有责、人人尽责、人人享有的社会治理共同体。

3. 着力发挥妇女在家庭教育中的独特作用

妇女在社会生活和家庭生活中具有独特作用，在促进家庭教育、建设家庭文明、树立良好家风中具有独特优势。进一步激发妇女主体意识，修身齐家、勤俭持家、和睦兴家，带动家庭成员做好家庭建设。强化引领、服务、联系作用，为妇女平衡家庭和事业创造条件、提供支持，帮助妇女处理好家庭和工作关系，做对社会有责任、对家庭有贡献的新时代女性。

倡导男女共担家庭责任、共享家庭发展成果，推动将平等相待、和谐相处细化到家庭生活中，共同促进家庭和睦、亲人相爱、幼有所育、老有所养。

（三）主要问题

1. 家庭发展中关系不和谐问题

一方面，由于家庭成员之间矛盾较为突出，家庭环境经常性地处于紧张状态，成员之间也难免发生一些争吵和语言上的伤害，影响孩子的心灵健康成长；另一方面，夫妻之间的忠诚度降低。最近几十年，随着西方“情感自由”等文化观念的影响，人们对情感的忠诚度弱化了很多。一些公众人物的出轨事件以及身边一些所谓成功商业人士的婚外情现象等，都在潜移默化地影响着人们的婚恋观。这也是导致现代家庭不和、离婚率高的一个重要因素。

2. 家庭子女教育焦虑问题

家庭子女教育焦虑问题是当前全省家庭教育面临的主要挑战之一，也是关系到社会稳定与可持续发展的重大课题。在全省大力推进素质教育和贯彻落实“双减”政策的背景下，如何解决家庭子女教育的焦虑这一难题，促进孩子健康快乐成长，已成为家长们普遍关注的重要话题。一方面，孩子人生观、价值观和世界观的树立离不开家庭环境中长辈的言传身教，大多数家庭子女教育的焦虑问题受制于家庭中亲子关系的建设，家庭成员之间的关系需要进一步改善；另一方面，“双减”政策下变相违规开展教育培训的现象层出不穷，报班乱象的频发依然在加重着孩子的课业负担和家庭的经济负担。

3. 现代家庭养老负担较重问题

人口老龄化在加重家庭养老负担的同时，也削弱了家庭养老功能。传统家庭养老模式难以为继，比较典型的表现就是“4-2-1”家庭和“4-2-2”家庭结构。未来家庭规模和结构的变化，都不利于家庭养老功能发挥。一方面，家庭趋向小型化、少子化，家庭内部养老的人力资源持续缩减；另一方面，家庭结构显著老化。据预测，我国独居和生活在空巢家庭中的 65 岁以上老年人将在 2050 年达到近 2 亿。根据第七次全国人口普查统计数据，现在是 4 个劳动年龄人口（15~64 岁）供养 1 个 65 岁以上的老人。到 2035 年后，会减少为 2 个劳动人口供养 1 个老人，到 2050 年大概就只有 1.5 个劳动人口供养1个老人，不能忽略的是，这个劳动人口还同时担负着抚养孩子的责任。

三　河南进一步支持家庭发展的思路对策

（一）完善支持家庭生育养育教育的法律法规政策体系

法律法规政策体系是确保政府支持保障家庭养育儿童策略措施系统性、长期性、稳定性、有效性的关键。新儿纲提出支持家庭生育养育教育法律法规政策体系基本形成的目标，并在策略措施中提出，推进家庭教育立法及实施，完善三孩生育政策配套措施，增加优质普惠托育服务供给，落实产假制度和生育津贴，探索实施父母育儿假，加强税收、住房等支持政策，减轻家庭生育养育教育负担。同时，还提出规范提升家政服务水平，鼓励用人单位实施生育友好、家庭友好措施，优先支持保障困境儿童及其家庭等举措。

（二）积极发展家庭教育指导服务，落实儿童养育责任

新儿纲提出“教育引导父母和其他监护人落实抚养、教育、保护责任，树立科学育儿理念，掌握科学育儿方法”和“基本建成覆盖城乡的家庭教育指导服务体系，指导服务能力进一步提升”的目标，强调增强家长的监护意识和能力，进一步加强对家庭落实监护责任的支持、监督和干预，根据需求为家庭提供指导和福利保障。为此，新儿纲提出95%的城市社区和85%的农村社区（村）建立家长学校或家庭教育指导服务站点，要求县级以上人民政府依托现有机构设立家庭教育指导服务中心，统筹家庭教育指导服务工作，建立家庭教育信息共享平台，开设家庭教育指导课程等。未来十年，相关部门大力推动将家庭教育指导服务纳入政府购买服务指导性目录，进一步规范家庭教育行业管理与服务，帮助广大家庭和父母获得高质量、普惠性的家庭教育指导服务。

（三）强化责任共担促进家庭中的男女平等

男女两性平等参与家庭决策、共同承担家庭责任，建设平等尊重支持包容的良好婚姻家庭关系，是家庭中性别平等的重要标志，也是婚姻家庭

关系良好的重要体现。跨越 20 年的三期中国妇女社会地位调查数据显示，随着男女平等宪法原则与男女平等国策的贯彻落实，城乡家庭的性别关系已经得到极大的改变。但家庭中一直存在着传统性别规范、性别分工影响和家庭责任、家庭资源分配的男女不平等。家庭关系和家庭责任承担的不平等，不仅降低妇女对家庭和婚姻幸福的期待，也妨碍良好和谐家庭关系的构建，阻碍压抑妇女的自我发展与妇女社会地位的提高。推进家庭中的性别平等和构建良好婚姻家庭关系是“妇女与家庭建设”的应然目标。有效落实这一目标，除了政府和社会的支持服务，包括开展婚姻家庭辅导和婚姻家庭矛盾纠纷调解，促进家务劳动社会化以及相关政策的导向与公共服务的支持以外，更为重要的是，倡导促进全社会特别是家庭中男女两性改变思想观念和行为，倡导夫妻在家务劳动中分工配合，共同承担照料陪伴子女老人、教育子女、料理家务等家庭责任。同时，鼓励支持用人单位落实休假制度，创造家庭友好、生育友好的工作环境，支持男女职工共同履行家庭责任。

第七章　建设高质量教育体系

教育是国之大计、党之大计。教育兴则国家兴，教育强则国家强。习近平总书记强调，教育“是功在当代、利在千秋的德政工程，对提高人民综合素质、促进人的全面发展、增强中华民族创新创造活力、实现中华民族伟大复兴具有决定性意义”，[①] 要坚持把优先发展教育事业作为推动党和国家各项事业发展的重要先手棋，不断使教育同党和国家事业发展要求相适应、同人民群众期待相契合、同我国综合国力和国际地位相匹配。河南作为教育大省，始终以习近平总书记关于教育发展的重要讲话、重要指示精神为指引，坚持实施“科教兴豫”和“人才强省”战略，大力推进教育事业发展，将大力提高全省人口综合素质、提升人口受教育程度作为河南经济社会发展的基础性工程，教育事业发展取得了里程碑式的巨大成绩，人口素质得到了全面提升。

中原崛起，教育为基。回望河南这一人口大省的教育发展历程，教育事业长期负重前行，恰如大象起跑，沉重而有力，其每一分每一毫的进步都弥足珍贵。经过新中国成立以来 70 余年的发展，特别是改革开放 40 多年来的努力，河南的教育事业取得了跨越式发展，已从教育大省开始向教育强省迈进，进入新的发展阶段。数据显示，2020 年河南学前教育毛入园率达到 90.3%，小学学龄儿童净入学率 100%，初中阶段毛入学率 107.17%，九年义务教育巩固率 96%，高中阶段毛入学率 92.01%，高等教育毛入学率也首次突破 50%，达到 51.86%。[②] 可以看出，各级教育全部进入普及化阶段，以此为标志，2020 年河南全面进入“后普及教育时代”，这是河南教育

---

① 《习近平重要讲话单行本》，人民出版社，2021，第 275 页。

② 《河南省教育厅关于印发 2020 年河南省教育事业发展统计公报的通知》，河南省教育厅官网，http://jyt.henan.gov.cn/2021/03-24/2114107.html，2021 年 3 月 24 日。

事业发展的一个历史性时刻。不可否认，后普及教育时代的河南教育事业发展面临着新挑战和新任务，最核心的就是要始终坚持教育优先的发展战略，由数量、规模的扩张进入全面高质量发展的新阶段。《河南省国民经济和社会发展第十四个五年规划和二〇三五年远景目标纲要》专门列出了一章“建设高质量教育体系”，对新时代新阶段河南教育事业的高质量发展做出了宏观上的全面部署。2022 年 1 月颁布的《河南省“十四五”教育事业发展规划》提出要“开启河南教育现代化新征程”，明确了河南教育事业发展要实现“基础教育有品质、职业教育有优势、高等教育有突破、改革开放有作为、教育公平有保障”的“五有”目标，为河南教育事业全面高质量发展明确了具体方向和实施的路径。

第一节　推动基本公共教育均等化

百年大计，教育为本。基本公共教育的全面推进和均等化发展是维系社会公平、促进社会流动、实现社会和谐稳定的重要基石，也是实现人的全面发展的基本社会条件。作为基本公共服务的首要任务，基本公共教育均等化是实现基本公共服务均等化的关键。[①]

一　基本公共教育均等化的发展背景与重要意义

基本公共教育是基本公共服务的重要内容。要深入认识和把握基本公共教育，首先要对基本公共服务的概念及其发展有一个深入的理解。

（一）背景分析

公共服务关乎民生，连接民心，是社会民生建设的核心内容。公共服务主要包括两大类，即基本公共服务和非基本公共服务。基本公共服务是指“保障全体人民生存和发展基本需要、与经济社会发展水平相适应的公共服务”[②]。其供给主要由政府承担。非基本公共服务主要是指满足公众更高

---

① 梁朋、康珂：《基本公共教育均等化：基于财政预算投入的测量与评价》，《中共中央党校学报》2013 年第 6 期，第 64~68 页。

② 《“十四五”公共服务规划》，中央人民政府网，http：//www. gov. cn/zhengce/zhengceku/2022-01/10/content_5667482. htm，2022 年 1 月 10 日。

层次需求的服务，但是市场失灵导致供给不足的公共服务，其供给主要是通过政府购买服务的方式实现。2005 年，党的十六届五中全会最早提出了“基本公共服务均等化”的概念。2006 年，党的十六届六中全会通过的《中共中央关于构建社会主义和谐社会若干重大问题的决定》明确提出，要“逐步实现基本公共服务均等化”。党的十九届五中全会对推进基本公共服务均等化提出了新的目标，明确了新时代发展任务，提出“到‘十四五’末基本公共服务均等化水平要明显提高，到 2035 年基本公共服务要实现均等化”。①

明晰了公共服务和基本公共服务的概念内涵，我们也基本可以明确基本公共教育的内涵。对基本公共教育概念的认识，可以借助教育的准公共产品和纯公共产品的双重属性来分析。② 就基本公共教育来说，其是更为基础性的教育，满足公众最为基础性的教育需求，需要政府来提供，这突显出的是其纯公共产品的属性。也正是因为基本公共服务具有较强的正外部性，其收益更具社会性，但其成本却具有个人性，这就需要政府来承担，以更好地推进社会和谐发展。最初，基本公共教育主要是指义务教育。进入 21 世纪之后，随着经济社会的发展和民众整体素质的提高，基本公共教育的内涵开始扩展，主要是向下扩展至学前教育，向上扩展至高中阶段教育，这也是进入后普及教育时代的河南公共教育的现实需要和教育发展的客观需求。因此，我们这里所讨论的基本公共教育是指包括学前教育、义务阶段教育和高中阶段教育的大基础教育。

明确基本公共教育的概念之后，我们再来看一下“均等化”概念。均等化不是平均化，其更多体现的是公平意涵而不是平均的意思。公平，包含机会的公平和结果的公平，应该是从始至终的一种面向过程的公平。就基本公共教育均等化来说，它是指每一个受教育者接受教育这一公共服务的机会要公平，即都能够接受基础教育；结果公平，即都能接受到同等质量的教育。在后普及教育时代，基础教育包括学前教育都已经实现普及化，即大家基本能够获得教育这一基本的公共服务，但是均等化还未真正实现，这主要体现在大家接受的教育质量是不同的，在城乡之间、区域之间、学

---

① 《〈中共中央关于制定国民经济和社会发展第十四个五年规划和二〇三五年远景目标的建议〉辅导读本》，人民出版社，2020，第 19 页。

② 张侃：《义务教育择校问题治理——基于产权经济学租值耗散的视角》，《教育探索》2009 年第 5 期，第 17~20 页。

校之间的教育结果是不同的，而这也正是当下和未来若干年内我们教育发展所要着力推进的方向，即真正实现基本公共教育的均等化发展。

（二）推动基本公共教育均等化的重要意义

基本公共教育包括学前教育、义务阶段教育、高中阶段教育，其均等化发展的意义也可以从这三个方面来分别进行分析。

1. 推动学前教育的均等化发展是缓解家庭养育负担，夯实河南人口高素质发展基础的关键一环

人口老龄化和少子化是我国新时代经济社会发展面临的一大突出社会问题，也是作为人口大省的河南面临的重大问题。无论是“双减”政策的提出，还是“三孩”政策的颁布，其背后都有着解决人口难题的尝试和努力。而加快推进学前教育均等化发展，无疑是更好地减少家庭养育成本、缓解家庭养育负担的有效手段，是提升学龄前儿童整体素质的重要方式。无论城乡，学前教育的成本都是国民教育序列中最为高昂的，这一方面是因为学前教育的特殊性关联更高的施教成本，另一方面也和政府介入较晚、介入不足有关。目前，民办的学前教育机构占绝大多数，公立机构比例很低，而由于历史因素和各地发展水平不均衡等原因，民办学前教育机构的教育质量参差不齐，甚至出现教师虐童的现象，这也让很多家长顾虑重重，难以挑选出放心的幼教机构，凡此种种都大大提高了家庭的养育成本。这一方面不利于鼓励家庭多生孩子以解决人口老龄化和少子化的问题，另一方面也不利于孩子的学前教育，影响人口整体素质的提升。所以，做好普惠式学前教育十分重要，同时在此基础上积极探索 0~3 岁的托育服务，对于鼓励人口生育、应对少子化问题也具有十分重大的社会意义。

2. 推进义务阶段教育高质量均等化发展是实现河南人口素质全面提升的基本保障

河南的义务教育发展成就显著，小学学龄儿童净入学率 100%，义务教育巩固率 96%。在后普及教育时代，河南义务教育发展主要需要解决的就是发展不均衡不充分，无法满足广大民众对义务教育高质量公平性的需求问题。河南的经济社会发展具有城乡之间、区域之间的不均衡性，这种不均衡传导到教育领域，就造成了教育发展的区域差距过大问题。因为义务教育的发展实行的是以县域为主的管理模式，所以区域发展差异就更突出

地表现在义务教育阶段。如何实现义务教育服务供给的高质量均等化，无疑是河南当前需着力解决的重大现实问题。

3. 推进高中阶段教育高质量均等化发展是推进河南人口红利从数量型向质量型转换的重要举措

河南高中阶段的毛入学率也已经达到92.01%，目前其发展面临着两方面的任务。一是普通高中需要进一步提高质量，提升升学率，向高等教育输送更多的优质人才。二是中职学校的发展需更加多元化、特色化，要大力提高职业教育质量，向社会输送更多的技术性人才，为河南的经济发展、产业转型升级提供坚强的人才保障。伴随着河南人口老龄化的加快发展，河南的劳动年龄人口呈现出逐年下降的趋势，更好地将河南的人口数量优势转化为质量优势，对于未来河南的良性可持续发展具有十分重大的意义，在国家推行中考阶段分流的大背景下，河南的高中阶段教育需要做到“两手抓、两手硬”，同时提高两种类型高中阶段教育的质量，以更好地助推河南经济社会和人才的高质量发展。

二 河南基本公共教育均等化的发展现状

河南基本公共教育均等化发展成就显著，各级各类教育都在规模和质量上取得了显著成效，在教育公平和均等化发展方面也呈现出越来越好的趋向。

（一）主要做法与成效

河南始终坚持教育优先发展战略，通过大力推进教育改革，不断加大基本公共服务支出等手段，让河南的基本公共教育发展取得了丰硕成果。

1. 学前教育发展迅速，普惠性趋向日益凸显

总体上看，河南的学前教育发展迅速，在规模和质量两个方面都取得了丰硕成果。在规模方面，截至2020年底，河南全省共有幼儿园2.43万所，其中普惠性幼儿园1.66万所，普惠性幼儿园覆盖率达到73.7%；入园幼儿126.58万人，在园幼儿425.58万人，学前教育毛入园率达到90.3%；幼儿园教职工40.77万人，其中园长2.78万人，专任教师23.41万人。[①] 在发

① 《2020年河南省教育事业发展统计公报》。

展质量方面，河南学前教育资源不断优化，师资队伍整体素质水平不断提高。截至2020年底，河南全省学前教育专任教师学历合格率达97.77%，其中，专科及以上学历者占76.99%，副高级及以上专业技术职称者占0.43%，学前教育专业毕业者占79.84%，幼儿园生师比为16.28∶1。全省幼儿园占地总面积为8.69万亩，校舍建筑面积3050.02万平方米，图书达3028.38万册。[①] 学前融合教育试点园已覆盖全省所有县（市、区），158所省级示范幼儿园分别与316所农村薄弱园建立了帮扶联系，形成了“强园带弱园”的帮扶机制。河南“广覆盖、保基本、有质量”的学前教育公共服务体系得到了初步确立。[②]

2. 义务教育普及成果进一步巩固提升，优质均衡化发展成效显著

21世纪以来，河南的义务教育发展迅猛，规模持续扩大，覆盖面不断延伸，同时高质量均衡化也逐渐成为近年来的发展主流。2001年，国务院发布《关于基础教育改革与发展的决定》，义务教育的发展重心由此开始向均衡化、高质量发展转变。河南也立足于本省人口多、底子薄、区域间发展极不平衡的省情特点，有步骤地开展义务教育“全面改薄”工程，逐步推进义务教育区域间、城乡间的均衡高质量发展。2000年，全省“普九”地区人口覆盖率达到93%。2007年12月，河南“两基”工作通过国家验收，基本实现了义务教育的全面普及和全覆盖。[③] 到2020年，河南已经有138个县（市、区）成为全国义务教育发展基本均衡县（市、区），占河南县级行政区划的87%。2020年，河南全省九年义务教育巩固率为96%，小学学龄儿童净入学率为100%，小学毕业升学率为99.92%，初中阶段毛入学率为107.17%。[④] 2021年中共中央办公厅、国务院办公厅印发《关于进一步减轻义务教育阶段学生作业负担和校外培训负担的意见》，拉开了新的以减轻义务教育阶段学生负担，进一步推进义务教育阶段教育公平，彰显公益性、全民性、普惠性的教育改革大幕，为更好地推进基础教育良性发展、助推国家新人口政策的有效实施，奠定了坚实基础。这也给河南进一步推

① 《2020年河南省教育事业发展统计公报》。

② 《河南省“十四五”教育事业发展规划》。

③ 王日新、蒋笃运：《河南教育通史》，大象出版社，2004，第396页。

④ 《河南省教育厅关于印发2020年河南省教育事业发展统计公报的通知》，河南省教育厅官网，http://jyt.henan.gov.cn/2021/03-24/2114107.html，2021年3月24日。

进义务教育的高质量均衡发展指明了方向。

3. 高中阶段教育普及水平稳步提高，多样化特色发展格局逐步形成

河南在夯实义务教育基础的同时，高中阶段教育也得到了蓬勃发展。一是普通高中教育实现了量质双升。首先是数量上，办学规模快速扩张，在校生人数在2002年首次超过了100万人，2006年超过了200万人，到2020年在校生人数达到368.6万人。其次是质量上，办学条件取得了持续改善，2020年普通高中学校校舍建筑面积3828.53万平方米，比2006年增加了67.97%；专任教师学历合格率98.27%，比2006年提升了15.38个百分点；生师比为15.18∶1，比2006年提升了6.76个百分点。高中阶段毛入学率得到快速提升，2020年高中阶段毛入学率达到92.01%，是2000年的2.35倍，河南高中阶段教育已经实现全面普及（见图1）。二是中职教育发展也逐步走出了一条多样化特色化发展的河南路径。学校布局持续优化，学校由“十三五”初期的875所整合到2020年底的414所，校均规模由1502人提高到3472人；职业教育的类型教育定位基本形成，出台实施了《河南省职业教育改革实施方案》，深化产教融合校企合作，河南成为部省共建、整省推进职业教育创新发展高地建设的7个省份之一，郑州成为首批国家产教融合试点城市之一，9所高职院校被教育部认定为国家优质高职院校。[①]

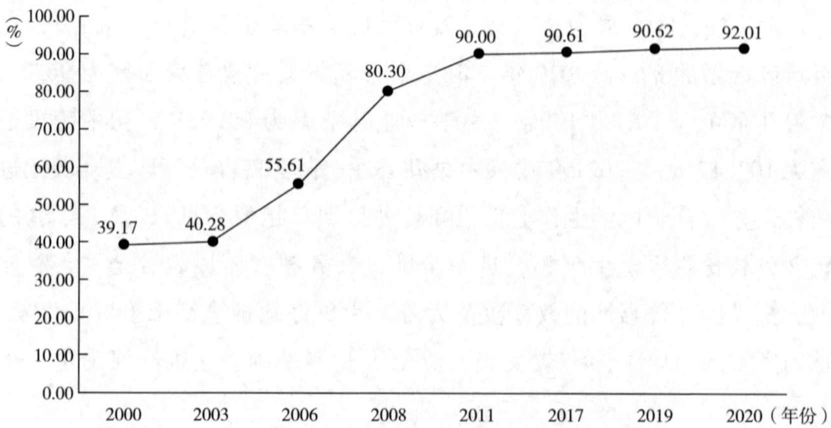

图1 2000~2020年河南省高中阶段毛入学率变化

资料来源：根据历年《河南省教育事业发展统计公报》整理。

---

① 《河南省“十四五”教育事业发展规划》。

河南的中职教育发展逐步走出了一条立足省情、多元化、高质量特色发展的河南路径。

（二）河南基本公共教育均等化发展面临的问题

当前河南省处在后普及教育时代，河南基本公共教育发展主要面临两大问题，一个是高质量发展问题，另一个是优质均等化问题。具体来说，河南基本公共教育均等化发展面临以下几方面问题。

1. 教育投入亟待进一步提升

进入后普及教育时代的河南教育，面临着新的挑战和任务，最核心的就是要始终坚持教育优先的发展战略，进一步加大教育投入，推进教育事业的高质量发展。其中最为重要的就是要进一步加大教育投入。不可否认，改革开放以来，河南的教育投入力度不断加大，2020 年全省一般公共预算教育经费占一般公共预算支出的比例为 17.74%，教育支出已成为河南省公共财政的第一大支出。① 但同时我们也应该看到，河南是教育大省，教育基础薄弱、教育人口众多、区域间发展不平衡问题严重，教育投入的不足仍长期存在，这从河南财政性教育经费支出占 GDP 的比重始终难以达标就可以看出。1993 年我国就提出，财政性教育经费支出要占到国内生产总值的 4%，我国在 2012 年首次实现了这一目标，可是河南直到现在也没有达到。2020 年，河南财政性教育经费为 2189.78 亿元，占 GDP 的比重为 3.98%，仍差 0.02 个百分点。

改革开放以来，河南各级各类教育都取得了跨越式发展，规模扩张迅速，在学人数和入学率都得到了大幅提升。但教育资源不足的问题也始终存在于教育发展的全过程，各级各类教育的内涵式、高质量、精细化发展亟待提升。如何进一步加大全省教育投入并提升教育经费的使用效率，大力推进各级各类教育的内涵式高质量发展，是河南在推进基本公共教育均等化、高质量发展进程中所要认真思考的最为重大的问题。

2. 学前教育质量仍需持续提升，普惠性发展任重道远

学前教育整体成本较高，质量参差不齐，公立机构过少，区域间、城乡间发展极不均衡等问题是当前制约河南学前教育普惠化、高质量发展的

---

① 《关于河南省 2020 年财政预算执行情况和 2021 年预算草案的报告》，河南省财政厅，http：//czt.henan.gov.cn/2021/01-22/2084432.html，2021 年 1 月 22 日。

核心问题。这也和学前教育发展时间较短、以往的重视程度不足有关。当前需要进一步完善制度设计、优化政策，建立起科学、可操作的普惠性学前教育成本分担机制，大力推进公立幼儿园建设，立足于公立学前教育机构的普惠性发展，才能够更高效地解决学前教育质量不高、质量参差不齐的问题。因为学前教育的教育对象是3~6岁的孩子，他们处于一个从日常生活还难以完全自理到准备进入小学教育阶段的时期，对教育环境、教育设施和教师的要求更高。如果学前教育出了问题，受伤害的就是学前儿童。因此，这就对学前教育机构运作质量、教师培训、饮食安全等提出了更高的要求。同时，家长承担的教育成本也不能过高，让生养孩子的家庭负担过重，只有这样才能起到学前教育的保育、看护作用，进一步鼓励家庭多生养孩子，缓解河南少子化的问题。

3. 义务教育城乡发展不均衡，“城镇挤，乡村弱”的问题仍十分突出

河南由于区域发展差异较大，城乡差别仍较为明显，所以城乡义务教育发展不均衡问题也较为突出。在城镇化快速推进、人口流动日益频繁、城乡制度区隔逐步消解的环境下，能够自由流动的群体自然会倾向于选择有优质教育资源的地区，以让自己的孩子接受更好的教育，从而为日后的向上流动奠定基础。这就造成了河南普遍存在义务教育“城镇挤，乡村弱”的现象。一方面，城镇的教育资源相对优质和集聚，也引发大量人口向此聚集，造成了城镇义务教育的大班额问题；另一方面，由于城镇化的快速推进，乡村大量人口进城打工，也导致了乡村学校的生源不足，大量的乡村义务教育学校难以招到足额的学生，大量的教室、教学资源空置，造成了不小的浪费。而最大的问题也是由于经济社会的发展，农村家庭越来越重视孩子的教育，将孩子带到城市入校就读，在客观上进一步造成了其教养成本的提升，也让农村的孩子由于家庭的主观意愿不同而受到不同水平的教育，在村里上学、乡镇上学和在县城上学、地级市上学所受到的教育水平差距往往很大。事实上，这也造成了教育公平的损失，同样学龄的孩子，所享受到的基本公共教育服务水平大相径庭。

4. 高中阶段教育双轨制发展亟待规范，高质量特色发展需完善顶层设计

推进普通高中教育和中等职业教育协调发展是大趋势，也是经济社会发展的现实需要。当然，是否应该保持普职比大体相当，在中考阶段就进

行这样一个大的分流，是当前社会各界都普遍关注、争论较多的一个问题。其实质上就是推行一种高中阶段教育的双轨制，一条轨道是普通高中教育，与大学和高等教育接轨；另一条轨道则是中等职业教育，直接与社会接轨，也可以通过考试进入更高一级的职业教育阶段或者进入普通高等教育阶段。高中阶段教育双轨制的发展，需要有更科学的设计、更完善的制度和更具可操作性的相互融合机制。其中，最重要的是，一方面要转变大家认为中等职业教育都是退而求其次的一种选择的观念，而这需要通过实质性条件改善来推进，比如读中职也能受到高质量的实用性教育，能够学得一技之长，进入社会后也能够找到技术工人、蓝领的工作且有较好的待遇；另一方面要大力提升中等职业教育的教育质量和教育水平，畅通职业教育和就业的渠道，加强产教融合，实现更好、更优质的就业。此外，还要注意两者的贯通，让接受中等职业教育的学生，也能有机会通过考试进入普通高等教育或者进入更高层级的高等职业教育进一步深造。

三　推进河南基本公共教育均等化发展的对策分析

基本公共教育更具有纯公共产品的属性，其正外部性更大，对推进社会发展、提升全体民众的综合素质具有重要的基础性作用，因此，政府的强力主导和大力投入是基本前提，同时要真正发挥出基本公共教育的公平性、公益性和均等化特性。对于河南的基本公共教育发展，一个亟须解决的最大问题就是发展不平衡、不充分的问题，其本质是高质量发展问题，这种高质量应该是均衡化的高质量、匀质化的高质量，是能够让所有受教育者接受到高质量教育。具体说来，推进河南基本公共教育均等化发展应从以下几个方面展开。

（一）完善学前教育保障机制，推进学前教育普及普惠

一是要进一步完善投入机制，构建完善对公立学前教育机构生均综合财政拨款机制和对非营利性普惠性民办学前教育机构的奖补政策。一方面，要大力加大公立学前教育机构的举办力度，快速增加公立学前教育机构占比，以更好地彰显学前教育的公益性和政府主导；另一方面，要鼓励引导民办学前教育机构向普惠性方向发展，同时强化对民办学前教育机构的收费监督，规范收费行为，严禁过度市场化的行为出现。二是要进一步完善

学前教育服务体系，优化城乡学前教育机构布局，推进城乡学前教育一体化发展。大力推进城乡学前教育机构建设，强化城镇小区配套幼儿园建设，治理无证幼儿园，确保新增幼儿园建设成为公立幼儿园或非营利性普惠性的民办幼儿园，完善县、乡、村三级农村学前教育公共服务网络，保证每个乡镇都有1~2所公立中心幼儿园。切实解决学前教育“入园难、入园贵”问题。三是要大力推进学前教育机构标准化建设，严格准入管理，持续提升保教质量。大力推进幼儿园的标准化建设，从硬件和软件两个方面进行城乡一体化的标准建设，推进学前教育的高质量均衡化发展。同时要严格防止学前教育的“小学化”倾向，让学前教育回归本然属性，促进孩子在生活中学习、在游戏中成长。

（二）加快城乡义务教育一体化建设，推动义务教育优质均衡发展

伴随着城镇化的快速发展，大量乡村人口持续向城镇流动是大势所趋，这也使得城乡一体化成为城乡发展的必然趋势。推进义务教育的均衡化发展，必然要走城乡义务教育一体化发展之路。我们要按照“乡村优先、城镇为主、城扩乡优、城乡一体”的发展思路，加快推进城乡义务教育的一体化建设。城市义务教育发展要进一步加大投入，加强顶层设计，做好城市扩容下的相应义务教育配套，彻底消除大班额问题；乡村义务教育要注重效率与公平的合理兼顾，提质增效、优化布局，真正盘活乡村义务教育资源，提升乡村义务教育的教学质量，逐步缩小城乡差距、推进一体化进程。其中还要注意处理好两对关系，即“民办和公办”的关系、“公平和效率”的关系。由于发展的不均衡和应试教育的影响，义务教育中的择校问题一直影响河南义务教育发展，这也是导致义务教育“拉丁美洲化”的主要根源。所谓“拉丁美洲化”，是指“大量中高收入的学生家长逃离公共教育体系，而在私立部门寻求更高水准的服务，公办学校特别是基础教育阶段的公办机构逐渐成为低劣机构的‘代名词’”的现象。[①] 究其根本，其实就是由于公立学校实行“就近入学”、非考入学和其他一些限制，民办学校在发展中获得了

---

① 王蓉：《中国教育新业态基础教育发展报告》，见王蓉主编《中国教育新业态发展报告基础教育（2017）》，社会科学文献出版社，2018，第26页。

更多优质的生源等优质教育资源，发展逐渐超过了公办学校，更加扩大了教育不均衡。其中，公立名校办民校也带来了公立学校优质教育资源流向民办学校的问题，导致一系列“超级中学”的出现，让基础教育的公平性和公益性都受到了极大损害。[①] 基础教育领域的这一系列乱象不仅仅存在于河南，而是在全国具有普遍性，这也引起了国家的重视。2019 年，中共中央、国务院印发《关于深化教育教学改革全面提高义务教育质量的意见》，明确规定了“民办义务教育学校招生纳入审批地统一管理，与公办学校同步招生，对报名人数超过招生计划的，实行电脑随机录取”。这无疑遏制了民办学校绕过政策对义务教育招考的限制“掐尖”优质生源的行为。2020 年，《关于进一步减轻义务教育阶段学生作业负担和校外培训负担的意见》《关于规范公办学校举办或者参与举办民办义务教育学校的通知》等一系列文件的颁布，拉开了义务教育阶段全面深化综合改革的序幕，也开启了新时代义务教育高位、优质、均衡化发展的全新改革之路。

（三）巩固提升高中阶段教育普及水平，推进高中阶段教育协调、多样、特色化发展

要进一步提升高中阶段教育的普及率，同时大力推进高中阶段教育的高质量发展。在现有政策导向之下，中考的分流让高中阶段教育具有了双轨制的特点。对此应该做好顶层设计，一是要大力抓教育质量的提升。普通高中教育要更强化素质教育理念，弱化单纯的应试教育，在不削弱选拔性的基础上进一步促进学生综合素质提升，在不弱化高考导向的基础上进一步淡化文理分科，倡导文理融合的通识性教育，以让学生能够真正地实现全面发展、综合提升，为后续的高等教育奠定一个坚实的知识基础。中等职业教育也要从两方面入手，一方面要提升职业教育质量，做好产教融合，做好与社会的衔接，让学生毕业时能够掌握一技之长，无缝衔接地进入社会职场，成为一名合格的技术工人；另一方面要实现职普教育的衔接融合，毕竟具有更高的学历、更深厚的知识积累才是更有发展潜力的基

① 张侃：《改革开放 40 年河南省义务教育发展的回顾与展望》，《河南科技学院学报》2019 年第 8 期，第 1~7 页。

础。所以，让中等职业教育的受教育者能够有更多的机会进入高一层级的教育进行深造也十分重要，通过高考或者专门的考试让学生进入高等职业教育或者普通高等教育进行深造也是学制设计中必须考虑的。因此，普通高中教育和中等职业教育双轨制既要做到协调发展，也要立足省情，实现多样化、特色化、高质量的内涵式发展。

第二节　提升高等教育质量

新中国成立 70 多年来，河南高等教育发展实现了从 0 到 1 的突破，实现了从弱到强的跨越，实现了从单一到多样的演变，取得了辉煌的发展成就。改革开放以来，河南高等教育进一步快速发展，取得了巨大的成绩，实现了从精英教育向大众化教育最后到普及化教育的转变、从单纯规模的扩大向高水平高质量发展目标的转变，为推动河南经济社会发展和国民素质提高做出了巨大的贡献，为河南从教育大省向教育强省的迈进提供了核心动力。

一　发展背景与重要意义

河南高等教育的发展取得了巨大成就，与之相对应的是，河南高等教育研究也经历了一个从无到有，从研究相对单一到范畴越来越大、研究成果日益丰富的过程。河南是人口大省，也是农业大省，农业人口较多，在很长的时期里河南人均受教育水平、人均综合素质都处于一个比较低的水平，河南高等教育发展水平也一直较低。改革开放特别是 20 世纪末开始的大学扩招以来，河南高等教育开始了跨越式的发展历程，实现了从精英化到大众化再到普及化的大变革、大发展。量变带来质变，规模的变化也相应地需要新理念、新制度、新设计。伴随着河南高等教育的大发展，河南高等教育研究也日益活跃，围绕河南高等教育实践中出现的热点问题与趋势，形成了一批研究成果，对河南高等教育的发展起到了助推作用。

（一）背景分析

高等教育研究由来已久。从中世纪大学的出现开始，就已经出现相应的研究。作为近代大学的原型，中世纪大学的很多特点和特质保留至今。中国近现代高等教育发端于洋务运动，中国模仿西方的大学构建起了自己的大学组织。但是如果从高等教育的视角来看，中国高等教育自古就有。从春秋战国时期“天子失官，学在四夷”开始，中国的高等教育机构就逐渐分离出来，并作为一种独立的教育机构存在。稷下学宫的出现与兴盛，把先秦的高等教育发展推向了一个高点，将之与亚里士多德的吕克昂学园进行对比，我们能够依稀看到以知识为核心的高等教育机构发展的趋同之处。之后太学的产生、书院的兴衰，煌煌中华两千余年的文明史，高等教育的发展始终贯穿其中并发挥了巨大作用。① 新中国成立以来，中国的高等教育发展几经周折，有成功经验也有教训反思，最终实现了跨越式发展，取得了丰硕的成果。就河南的高等教育研究来看，主要有两方面的趋向：一方面是从内部视角来看河南高等教育的发展，从教育历程、取得的成就、面对的问题、未来的发展等几方面进行了全面梳理和深入研究，最后系统总结归纳河南高等教育发展的规律，为河南高等教育未来的发展提供启示和路径；②③④⑤ 另一方面是从教育的外部规律来切入，分析河南高等教育发展对河南经济社会发展的促进以及相互影响等方面的研究。⑥⑦⑧⑨ 整体来说，河南高等教育研究还处于起步阶段，在如何立足河南实际发挥高校优势和特色助推河南经济社会发展，如何在进入普及化的高等教育发展阶段更好推进人口大省河南高等教育的高质量内涵式发展，以及高等教育

---

① 张侃：《在权力和知识之间：中国古代大学教育的萌芽与制度化发展》，《煤炭高等教育》2021 年第 5 期，第 91~99 页。

② 冉祥华：《河南高等教育：十年成就、面临困难与发展对策》，《商丘师范学院学报》2009 年第 7 期，第 116~120 页。

③ 于淑瑞：《河南省高等教育竞争力研究——基于中部六省比较的视角》，硕士学位论文，河南大学，2011。

④ 穆瑞杰：《试析河南高等教育供给存在的问题》，《河南教育》（高校版）2009 年第 9 期，第 89~90 页。

⑤ 来俊军：《河南高等教育高水平发展略论》，《河南社会科学》2008 年第 5 期，第 164~166 页。

⑥ 范如永：《河南省高等教育发展的制约因素及战略选择研究——基于中原经济区建设的层面》，《中国高教研究》2012 年第 10 期，第 30~33 页。

⑦ 史璞：《区域经济和区域高等教育协调发展研究——以河南的实证研究为例》，《泰州职业技术学院学报》2008 年第 4 期，第 114~116 页。

⑧ 高生：《河南省高等职业教育与区域经济协调发展研究》，硕士学位论文，天津大学，2008。

⑨ 熊光慈：《河南产业结构调整与高职教育专业建设对策研究》，《河南科技学院学报》2010 年第 6 期，第 10~13 页。

理论的建设发展等方面都需要更深入研究、拓展视野、提升水平，实现河南高等教育研究和高等教育实践的双发展、双跨越。

（二）提升高等教育质量的重要意义

河南的高等教育毛入学率也跨越了50%的分界线，进入了普及化发展阶段。量变的积累引致质变。进入普及化阶段的高等教育不仅仅是规模扩大了，更由此发生了一系列变化，让我们面临一系列的新问题、新要求、新变革、新发展。立足于河南，我们更应该看到，高等教育发展的底子还很薄，民众的综合素质和人均受教育水平还很低，高等教育整体发展还处于较低的水平。未来河南的发展必须立足于质量，走一条内涵式发展、特色式发展、本土化发展的道路，才能真正推进河南高等教育的高质量发展，实现河南高等教育的双一流发展。具体来说，提升河南高等教育质量的重要意义有以下几个方面。

1. 提升高等教育质量，走内涵式发展之路，是进入普及化阶段河南高等教育发展的必然选择

1999年以来高等教育扩招的实施有着各方面的实际需要和必然性，也取得了巨大的成功，让中国人口的整体素质在较短时间内有了一个飞跃式提高。但也带来了教育资源供给和受教育人数增加严重不匹配的问题。现在已经进入普及化阶段的高等教育发展，要开始逐步解决这一问题，大力推行内涵式发展，着力提升质量。第二大问题就是，毕业生适应社会需要的能力下降，造成了大量毕业生找工作困难，形成了招工难与就业难并存的现象，而就业市场供需错配，结构性失业加剧，客观上也造成了大量教育资源的浪费。现在强调提升高等教育质量、走内涵式发展之路就是要解决这两大问题，这其实就是要解决三个方面的问题，即入口的问题、中间过程的问题和出口的问题。入口有两方面的选择，适当提升难度以提升入学质量，或者不提升难度，采用宽进严出的方式，给更多人接受高等教育的机会，但是在受教育过程中要严格教学、主抓质量，在出口处进行淘汰。中间过程就是要严抓教学和学生综合素质，切实提高教育教学质量。出口问题就是要注重教育教学与社会、就业市场的对接，让毕业生能够适应市场，有更强的职业能力，更高效地为经济社会发展做出贡献。

2. 提升高等教育质量，走特色化发展之路，是进入普及化阶段河南高等教育发展实现突破的必然选择

河南是人口大省、农业大省和新兴工业化大省，独特的地方特色也必然要求河南高等教育充分发挥优势，走出一条具有河南特色的高质量发展之路。河南的高等教育发展，特别是在学科设置、专业设置、高层次研究方向的选择上都要立足河南实际，对于农业发展、粮食安全、新型城镇化、乡村治理、乡村振兴、黄河文化保护传承和黄河流域高质量发展等方面都要有意识地强化建设、深挖优势、聚拢人才，力求达到“双一流”的要求。在河南高校整体布局方面，也要立足建设郑州核心，以有着优质教育传统和资源的一些地方高校为重要节点，联结成一个河南高等教育发展的信息网络、资源网络、学术网络，打造一批高层次的高等教育师资队伍和研究团队，为实现河南高等教育的突破式发展、打造更多的“双一流”学校和学科不断努力。

3. 提升高等教育质量，走本土化发展之路，是助推河南发展、谱写新时代中原更加出彩绚丽篇章的必然要求

大学有教学、科研和服务社会三大职能。这三大职能是相互依存、相互促进、相辅相成的关系。教学是基础，科研是核心，而这两者的最后落脚点都是服务社会。河南的各类高校作为地方性高等教育机构，一个重要职能和作用就是服务当地的经济社会发展，提供智力支撑、决策咨询和科技创新等服务。河南是人口大省、农业大省，现在也正处在深刻的社会转型、产业升级、优势再造的关键阶段。新一届的省委班子提出了在“十四五”阶段锚定“两个确保”，全面实施“十大战略”，这些都需要全省各地的高校提供坚强的智力支持和科技保障。因此，河南的高等教育高质量发展一定要走好本土化发展之路，立足河南的现实需要，推进一流学科建设；立足河南转型升级的需要，推进一流学校建设；立足河南经济社会发展所急需的人才，深化学科改革和教学改革，最终走出一条教育、科研和服务社会相互促进、共同实现高质量发展的具有本土特色的发展之路。

二　河南高等教育的发展现状

河南高等教育发展取得了巨大的成就，特别是改革开放以来，河南的

高等教育发展一再提速，取得了规模和质量的双重提升，也大大提升了河南人口的人均受教育水平，助推了河南的经济社会发展。

（一）主要做法与成就分析

河南高等教育的发展是历届河南省委省政府高度重视持续改革的结果，是广大高教人不断拼搏无私奉献的成果。河南高等教育的发展不仅体现在量上，而且体现在质上，不仅是物质的发展更是精神的发展，不仅有利于当下河南经济社会建设，更是长远影响河南的未来发展。

1. 高等教育规模得到持续扩大，实现了从精英教育到大众化教育再到普及化教育的“三连跳”

河南是人口大省，但受过高等教育的人口与人口总规模不相称。新中国成立之初，河南全省只有 1 所高校，青壮年文盲率达 80.01%，受过高等教育的人更是屈指可数。新中国成立 70 多年来，特别是改革开放以来，河南的高等教育发展迅猛、成果丰硕，取得了跨越式发展，为助推河南经济社会建设、实现人口大省向人口强省的转变提供了核心动力。考察河南高等教育的发展，具体可以从数量和质量两个方面来看。在数量方面，河南高等教育规模不断扩大，毛入学率快速增长。2020 年，全省普通高等学校 151 所，是 1978 年的 24 所的 6.3 倍；本专科在校生 249.22 万人，比 1978 年上涨了 91 倍；在校研究生 69359 人，比 1978 年上涨了 499 倍；普通本专科学校校均规模 16499 人，比 1978 年上涨了 18 倍。伴随着规模的持续扩张，河南的高等教育毛入学率也得到了快速提升，2004 年首次突破 15%，标志着河南高等教育实现了从精英教育到大众化教育的跨越。2020 年首次突破 50%，标志着河南高等教育实现了从大众化教育向普及化教育的跨越，21 世纪河南的高等教育发展实现了“三连跳”。2020 年，河南每十万人中具有大学教育程度的人数达到 11744 人，是 1949 年新中国刚成立时的 143 倍（见图 2）。

2. 高等教育学校布局结构不断优化，高等教育的内涵式高质量发展持续深入

新中国成立之初，全省只有一所高校，高等教育资源匮乏，根本谈不上布局。改革开放之初，全省的高等学校主要集中在郑州、开封、洛阳等少数几个主要城市。当前，全省 18 个省辖市都有高等学校，其中 13 个省辖

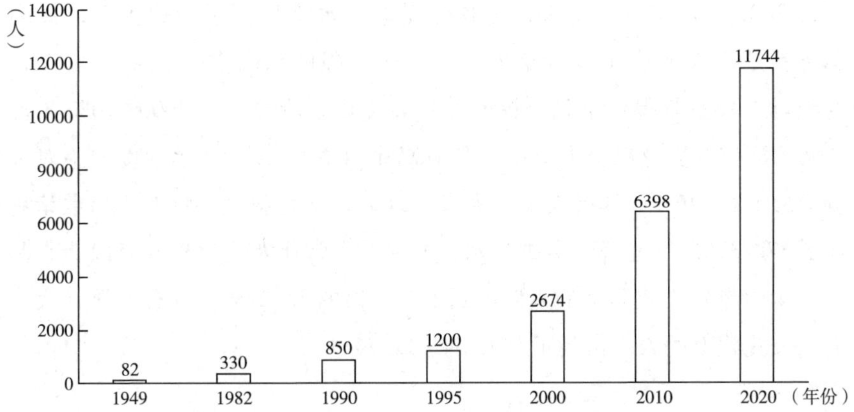

图 2　1949~2020 年河南省每十万人中具有大学教育程度人口变化趋势

资料来源：根据历年河南全国人口普查数据整理。

市有本科高校，全面广泛的布局，使高校为地方经济社会服务的职能不断发挥。[①] 在高质量发展方面，郑州大学 1996 年成为国家“211”工程建设院校，2017 年成为“双一流”大学建设高校；郑州大学和河南大学一共有 4 个学科入选“双一流”建设学科，这也成为新时期河南高等教育高质量发展的新开始。河南的教学和科研水平也得到了持续提高，优势特色学科建设工程深入推进，成效显著。据统计，2019 年河南有 10 所高校的 21 个学科进入 ESI 全球前 1%。[②] 目前，河南依托高校建设了国家级“2011 协同创新中心”6 个，国家大学科技园 2 个，国家重点实验室（培育基地）6 个，国家工程（技术）研究中心 6 个，国家国际联合研究中心 7 个，国家（地方联合）工程实验室 11 个；省部级重点实验室 12 个，工程研究中心 7 个，人文社科重点研究基地 2 个。[③] 可以说，高校在高精尖科技创新研发方面已成为河南绝对的主力军。

---

① 张侃：《河南省教育事业发展研究报告》，见何雄、谷建全主编《河南人口发展研究报告（2020）》，经济管理出版社，2021，第 163 页。

② 《我省 10 所高校的共 21 个学科进入 ESI 全球前 1%，你知道吗?》，搜狐网，https：//www.sohu.com/a/337990086_503494，2019 年 9 月 1 日。

③ 《2019 年河南省教育事业发展统计公报》，河南省政府官网，http：//www.henan.gov.cn/2020/04-13/1316794.html，2020 年 4 月 13 日。

3. 人口受教育水平快速提升，高学历人口占比显著增加

自2000年以来，河南人口的整体受教育水平得到了快速提升，最明显的标志就是拥有大学（指大专及以上）文化程度和高中（含中专）文化程度的绝对人口数量得到了显著提升。从表1可以看出，在2000~2020年的二十年间，河南6岁及以上人口中，具有高中（含中专）文化程度的绝对人口数量增加了64.46%，具有大学（大专及以上）文化程度的绝对人口数量更是增加了378.37%。“七普”数据显示，河南全省常住人口为99365519人，具有高中（含中专）文化程度的人口占到了总人口的15.24%，具有大学（大专及以上）文化程度的人口占到了总人口的11.74%。

表1　2000~2020年河南省6岁及以上人口受教育程度发展趋势

单位：人，%

教育程度	2000年	2010年	2020年	2000~2020年增幅
小学	30321740	22669174	24400943	-19.53
初中	35919247	39925272	37279870	3.79
高中（含中专）	9207135	12423541	15142251	64.46
大学（大专及以上）	2439521	6016007	11669874	378.37

资料来源：根据全国第五、六、七次人口普查资料计算得到。

从学历结构上看，由于教育具有长期性和一定的滞后性，我们把观察的时间拉长，就更能发现河南人口整体学历结构不断优化的趋势。从图3可以看出，自1964年到现在，河南人口文盲率快速下降，小学学历人口比例在出现一个外凸的弧形升高后达到平稳的状态，高中学历的人口比例得到了显著而又持续的提升，大学学历人口比例在进入21世纪后开始快速上升，出现了一个明显的持续提升。综合来看，河南人口无论是受教育程度的绝对数量还是人口学历结构，都得到了快速提升和持续优化，反映了河南人口受教育水平和整体素质的不断提高。

（二）河南高等教育发展面临的问题

河南高等教育发展面临的主要问题，依然是高等教育整体发展水平与经济社会发展需求不够契合，发展不平衡、不充分的矛盾突出。特别是在进入普及化阶段之后，高等教育毛入学率大幅提升，接受高等教育日益成

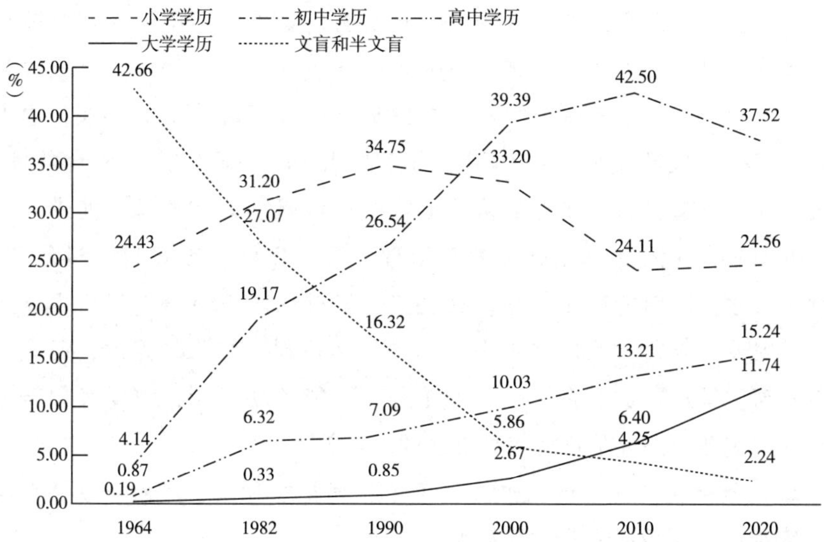

图 3　1964~2020 年河南人口学历结构变化

资料来源：根据历次全国人口普查资料和历年《河南统计年鉴》数据整理。

为广大民众最基本的一项教育诉求。在接受高等教育越来越容易的大背景之下，受教育者接受更优质的高等教育，提升社会竞争力、职业竞争力，日益成为当下社会对高等教育的基本期盼。就此来看，河南高等教育发展主要面临以下几个方面的问题。

1. 高质量高等教育仍相对稀缺，河南高等教育发展任重道远

由于历史原因，河南的高等教育在 20 世纪 50 年代院系调整之后，就一直处于十分弱势的地位。改革开放之后，河南也没能赶上国家高等教育大发展的一系列机遇，导致河南的高质量高等教育资源十分稀缺。一个 1 亿人口的大省，没有一所 985 高校，没有一所教育部直属高校，只有一所 211 高校且在全国的高校排名也不是很靠前。当前，大学招生本地化趋势愈发明显，河南考生很难考上外省的一流高校，而省内的好高校又凤毛麟角，河南的人才培养面临着极大的渠道阻隔。这又引发了一系列连锁反应。地处中部的河南虽然交通便捷，但整体的经济社会发展相对落后，对高精尖人才的吸引力不足，省内人才的外流也不容忽视。而人才短缺反过来又进一步导致高校的吸引力下降，不利于大学的后发快速增长。当前人口老龄化

加剧，劳动人口特别是高素质劳动人口成为各地疯抢的对象，而河南在这股抢人才、抢人力资源的风潮中并不占优势。显然，河南的人才发展环境亟须改善，对高新人才的重视、对人才的尊重还有待提高。高等教育是社会大系统中的一个子系统，它不可能脱离社会大环境而孤立存在，也不可能独立于社会大环境而发挥作用。河南高水平、高质量高等教育的发展，需要全社会一起努力，在外部营造更好的环境吸引人才资源，促进人才来豫干事创业；在内部优化高等教育治理，营造良好的教育教学科研环境，让优秀人才在河南能够干成事，成就人、发展人。正所谓十年树木百年树人，国内外一流大学的发展水平无不是长期积累的结果，因此，河南的高等教育高质量发展也将是一个长期工程，不能急功近利，需要我们努力拼搏、静待花开，持续孕育河南高质量的高等教育。

2. 更接地气更具市场竞争力的高等教育相对稀缺，河南高等教育与社会市场的精准对接仍需进一步发展

高等教育的基本职能是教学，目的是更好地培养学生，使其成为高素质人才。河南高等教育的高质量发展要走内涵式发展之路，最根本的一点就是要全面推行教学改革，以适应快速发展的市场要求。河南是人口大省、人力资源大省，但也面临着结构性的就业难题，一方面是大量的应届大学毕业生找不到合适的工作，另一方面则是大量的用人单位找不到合适的应聘者。这也是在推进河南高等教育高质量发展进程中，需要着力解决的一大问题。教育具有一定的滞后性，同时教育与社会互动的良好形态应该是教育稍超前于经济社会发展，从而起到引领作用。这就对高等教育的发展有了更高的要求，它不能是高高在上不谙世事的象牙塔，而应当是推进社会发展、引领社会进步的明灯。

3. 科研能力亟待提升，河南在建设一流研究型大学方面亟须加快推进

高等教育的核心职能是科研，教学需要依赖科研职能的发挥，因为高等教育区别于基础教育的本质就是其高深知识的教与学，而不是基本的确定性知识的简单重复，高等教育的教学本身就是对最新知识探索。高等教育服务社会的职能发挥，也依赖于其科研的实力和水平，没有对高新技术的掌握、没有对最新社会科学的把握，又如何能够将知识转化为推动经济社会发展的力量呢？所以，对高等教育机构来说，科研不仅是需要的而且是必不可少的，科研、教学与服务社会是相辅相成的关系，而不是对立的

无法兼顾的选项。河南高等教育最大的一个短板就是学术科研能力不强，最直观的表现就是当下一流大学和一流学科都稀少，与河南教育大省、人口大省、经济大省的地位不匹配，也无法支撑河南如此巨大体量的经济社会的发展。因此，改善机制、吸引人才，大力推进河南高等教育的学术科研工作，大力提升科研水平和能力，将是河南高等教育发展亟待解决的重点和难点问题。

三　河南推进高等教育高质量发展的对策建议

准确把握河南高等教育的特点是更好地推进河南高等教育高质量发展的基础。2020 年，河南普通本专科毕业生达到 63.82 万人，位居全国第一；河南的普通高校数量位居全国第四，高考报名人数和高校专任教师人数也都位居全国第一。可以发现，河南无论是学生数、教师数还是学校数都排在全国前列，是当之无愧的高等教育大省。然而，河南高等教育的整体质量却不高，河南没有一所部属重点高校，河南高考的本科率、一本率在全国排名都是倒数。2019 年的本科毕业生中，来自 211 高校的毕业生只占到 4%左右，“双一流”毕业生占比也不足 8%。分析来看，河南高等教育发展的特点是规模庞大，但整体质量有待提升。在高等教育已从大众化步入普及化的新阶段，要想改变这种大而不强的局面，河南高等教育只能通过大力推进内涵式发展和特色化发展来不断提升自身的质量和竞争力。

（一）大力推进高校分类发展

通过对高校的分类来合理构建高等教育层次结构，推进不同类别高校的不同发展。第一类，就是要加快一流大学建设，以河南“双一流”高校建设为抓手，重点建设好 2~3 所高水平的综合性研究大学，把河南高等教育的层次提上来，为河南经济社会发展输送所需要的高精尖人才。第二类，就是要选择若干学校和学科来推进特色骨干大学、特色骨干学科建设。关于这一点，河南已经开始实施。2020 年 11 月，省教育厅、省发展改革委、省财政厅联合发布了《关于印发河南省特色骨干大学和特色骨干学科建设方案的通知》，提出“确定立项河南农业大学等 9 所特色骨干大学建设高校、信阳师范学院等 8 所特色骨干学科建设高校，河南农业大学兽医学学科群等 41 个特色骨干学科建设学科（群）”。第三类，就是要选择一批高校实施高水平应用型本科高校建设工程，通过重点建设若干高水平应用技术类本科高校和一批适应河南经济社会发展需要特别是当地产业发展需求的专业群，提升高校服务区域经济社会发展的能力。第四类，就是要选择一批高等职业学校推进其高质量发展，发挥示范引领作用。通过重点建设一批优质高等职业院校，培养出能够更好服务区域经济社会发展的拥有专业技能和实际工作经验的高素质技术人才。借助于这样明确的高校分类分层，高校各司其职，多样化发展，避免高校建设的趋同化和盲目向高层次研究型大学发展。

（二）优化高等教育布局结构

通过科学制定高校设置规划，在高等教育资源薄弱、经济社会发展急需人才支撑、对高等教育布局结构具有明显补充作用的地市布局高校，构建以地市为依托、空间布局合理的高等教育发展骨干节点。积极鼓励社会资本，特别是各类企业投资举办高职教育，让高职教育与企业发展更好地结合，相互促进，营造良好的职教和产业发展共生共促关系。

（三）大力提升各级各类高校的科学研究和创新服务能力

根据高校的分类，分别在不同类型高校中，大力推进实施高校基础研究的增强工程、高校社会服务水平的提升工程、高校哲学社会科学的繁荣计划等一系列重点建设项目，提升不同高校的符合各自定位和职能的科研创新能力与社会服务水平。要聚焦重点，着力推进对一流大学和一流学科的持续性建设，坚持“扎根河南、中国特色、世界一流”的基本发展定位，加大投入、优化政策，以郑州大学和河南大学为核心持续推进“双一流”建设。要大力实施“双一流”高校内涵式建设提升工程、高等学校“双一流”创建工程、特色骨干大学和特色骨干学科建设工程，以项目培育人才，以工程凝聚资源，构建起具有河南特色的大学发展集群，多元化推进河南高等教育的内涵式高质量发展。

第三节　增强职业技术教育适应性

作为人口大省的河南，要想实现经济社会的高质量发展，实现人口素质的持续提升和产业转型升级，大规模的高质量职业技术人才不可或缺。当前，河南职业教育的类型教育定位基本形成，深化产教融合校企合作的改革逐步深化，河南成为部省共建、整省推进职业教育创新发展高地建设的 7 个省份之一；9 所高职院校被教育部认定为国家优质高职院校，黄河水利职业技术学院成为国家重点打造的 10 所世界一流高职院校之一，郑州市成为首批国家产教融合试点城市之一。[①] 站在新的历史起点之上，河南的职业技术教育也面临着新的机遇和挑战，如何高质量发展、特色化发展，不断增强职业技术教育的适应性，更好地助推河南“四个强省、一个高地、一个家园”建设，为河南经济高质量发展奠定坚实的职业技术人才基础，是当前河南职业教育发展面临的新任务。

一　发展背景与重要意义

经过新中国 70 多年来的艰苦探索和努力实践，河南职业技术教育实现了前所未有的跨越式发展，走出了一条河南独具特色的现代化发展之路。进入 21 世纪以来，河南职业技术教育的发展逐步提速，完整的职业教育框架得到了初步建立。

（一）背景分析

1949 年新中国成立时，河南全省只有 1 所大学，当年河南每万人中仅有 2 人接受中等职业教育。20 世纪 60 年代初期，河南中等职业教育规模实现了爆发式增长，每万人中接受职业教育人数达到 27 人。到 60 年代中后期，中等职业教育规模又出现断崖式下跌，此后发展一直处于较低水平。直到改革开放之后，河南的职业技术教育发展才重新焕发生机。一方面是规模不断扩大，另一方面体系也在逐步完善。1999 年，省教委会同省物价局、财政厅下发《关于高等职业教育和五年制实验班学费标准及有关问题的通知》，标志着高等职业教育体系的初步确立。2012 年，河南职业教育层次延伸到本科教育层次。目前，河南职业技术教育已经初步建成在普通小学、普通初中教育基础上的中等职业教育和高等职业教育体系。

在河南职业技术教育实践取得巨大成就、教育体系初步建立并逐步完

① 《河南省“十四五”教育事业发展规划》，第 3 页。

善的同时，河南的职业技术教育研究也得到了蓬勃发展。总体上看，河南的职业教育研究主要是从两方面展开的。一方面是对河南职业教育发展的整体脉络进行了梳理分析，在充分总结经验、规律的基础之上，对河南职业教育的发展路径提出相应的政策建议。[①②] 另一方面，则是立足河南经济社会发展的现实需要来思考河南职业技术教育应该如何发展，如何推进河南建设。[③④] 尽管河南的职业技术教育研究有了一定的数量和规模，但是深度不足、质量不高。在河南这样一个职业教育大省，没有形成一个较为固定、高质量的职业技术教育研究群体，在具体研究上更多的还是经验性、思辨性的理论探讨。一方面，缺少更具实证性的科学研究，难以提出有针对性且具可操作性的政策建议，对河南职业技术教育的实践发展助益不大；另一方面，缺少前瞻性方向性的探索研究，多为对河南经济社会发展状况的阐释性研究，比如之前有了中原经济区的国家战略，就出现了一批关于如何发展职业教育推进中原经济区建设的研究，更多的也只是一些理论上的探讨，而没有真正深入实践来分析河南的真实产业发展情况，以及如何在未来发展具有引领性的职业教育。当前，中央提出要增强职业教育适应性的发展目标，河南也没有及时抓住这一最新方向来深入开展研究。教育具有滞后性，同时对经济社会发展具有引领性，这二者是相辅相成的关系，相关研究只有具有前瞻性才能指导实践，从而最终弥补教育的滞后性，实现教育对经济社会发展的推进作用，实现受教育者进入社会时能够适应经济社会发展的需要和用人单位的需要，而河南的职业技术教育研究在这方面无疑还有很长的路要走。

（二）增强职业技术教育适应性的重要意义

较高的职业技术教育水平、完善的职业技术教育体系，是推进一个地

---

① 张翠翠、夏立：《关于构建河南特色现代职业教育体系的思考》，《教育与职业》2014 年第 23 期，第 11~13 页。

② 王建庄：《河南高等职业教育：现状与对策》，《河南职业技术师范学院学报》（职业教育版）2009 年第 3 期，第 16~18 页。

③ 王玉芳：《基于中原经济区建设背景下的河南职业教育发展探析》，《教育与职业》2012 年第 26 期，第 170~171 页。

④ 李向辉：《论职业教育集团化理论与机制创新——以“河南模式”分析为例》，《职业教育研究》2011 年第 4 期，第 5~7 页。

区产业不断升级、科技不断创新、经济社会高质量发展的基础性因素。站在新起点上，不断增强职业技术教育适应性，对于推进河南职业教育发展、更好地助力河南经济社会高质量发展，具有十分重大的理论和实践意义。

1. 增强职业技术教育适应性是新时代职业技术教育发展的新要求，需要高度重视，认真践行

2021 年，李克强总理在政府工作报告中提出要“增强职业教育适应性，深化产教融合、校企合作”。《国民经济和社会发展第十四个五年规划和二〇三五年远景目标纲要》明确提出，要“增强职业技术教育适应性，突出职业技术教育类型特色，大力培养技术技能人才”。2021 年 4 月召开的全国职业教育大会传达了习近平总书记对职业教育工作的重要指示，强调要“增强职业教育适应性，加快构建现代职业教育体系”。不难发现，增强职业技术教育适应性是新时代对职业技术教育发展的新要求，也是当前经济社会发展的现实需要。河南作为职业教育大省，需要正确把握这一最新要求，立足本省情况，遵循教育发展内部规律，探索出一条增强职业技术教育适应性发展的河南之路。

2. 增强职业技术教育适应性是职业技术教育面向 2035 年的核心任务和逻辑主线，需要立足河南实际进行有效落实

关于职业技术教育的适应性要求，早在 1985 年的《中共中央关于教育体制改革的决定》中就有所体现，现在又被作为新时代推进职业技术教育发展的新要求重新提出，其中用意何在，有何不同？回顾历史可以更好地认识当下。回顾三十多年以来职业技术教育的相关研究成果和实践可以看出，以往的适应性大多是聚焦职业教育与产业间的适应性，将职业教育的内部培养标准、专业设置、院校结构和现实产业发展进行比较分析来深入论证，这固然十分重要，但并不是完全的。现在我们所强调的适应性，是一个更加宽泛的概念，不仅是与经济结构、产业结构的适应，也是与受教育者的成长规律相适应，与社会发展的综合需求相适应，与产业发展的未来规划、转型升级等方面相适应。这是一个更系统、全面的适应，也正是在这一内涵范畴内的适应，才真正符合新时代高质量发展的需要，符合新时代人的全面发展的需要，同时也是河南建设“四个强省、一个高地、一个家园”的社会主义现代化河南的现实需要。这就为河南职业技术教育的

研究指明了方向，也为河南职业技术教育的深化改革和高质量发展指明了路径，需要我们深入理解、全面把握，在理论上持续深化研究，在实践上不断科学推进，使之有效落地、高效实施。

3. 增强职业技术教育适应性是新时代凸显职业技术教育类型特色和吸引力的重要保障，需要河南结合时代要求和教育规律实现全面贯彻实施

增强职业技术教育的适应性，是一个系统工程，是一个有机结合经济社会发展的外部规律和职业技术教育发展的内部规律，立足于不同区域不同现实需要和实际条件不断创新、不断开拓、不断实践的过程。在这个过程之中，我们需要明确职业技术教育具有的特殊性，其与社会直接联系，紧密融合，对其发展的设计和路径的规划更是一个庞大的系统工程，不能就教育看教育，而要跳出教育看教育。一方面，从河南经济社会发展的现实需要和宏观路径出发，设计、规划好职业教育发展的方向；另一方面还要遵循职业技术教育发展的一般性规律，尊重学习规律、尊重技术的习得规律、尊重不同行业的发展规律，综合性地设计课程、设计教学，真正实现职业技术教育遵循规律、符合现实需要、积极应对市场变化、主动满足用工单位要求，同时还要兼顾学生的综合素质提升、职业能力规划和职业生涯的可持续发展，真正促进职业技术教育适应性的不断增强、不断提升与不断完善。最终，赋予河南的职业技术教育和普通教育体系一样的地位，使更多人愿意就读职业技术院校，更多企业愿意招收职校毕业生，使职业教育成为有更高社会认可和评价的教育类型，走出一条具有河南特色的优质高效适应性强的职业技术教育发展之路。

二　河南职业技术教育的发展现状

河南职业技术教育的发展从零起步，其发展过程虽有反复但成果丰硕，在体系建设、规模扩张和质量提升等方面都取得了跨越式发展，为河南的经济发展、产业转型奠定了坚实基础。

（一）主要做法与成就

1. 河南职业技术教育体系不断完善

河南的职业技术教育发展是一个从无到有、不断丰富完善的过程。新中国成立之初，特别是20世纪60年代初期，河南的中等职业教育得到了快

速发展。之后，虽说由于种种原因，中等职业教育的规模没有得到进一步扩大甚至出现了回落，但中等职业教育体系得到了持续完善，并且在改革开放之后迎来了新一轮发展。进入21世纪后，义务教育的逐步普及和中等职业教育的持续发展，为发展更高层次职业教育奠定了基础、提供了条件。同时，社会主义市场经济的飞速发展，科技创新的日益进步，也都促进了更高层次职业技术教育的发展。在21世纪初的几年间，河南的高等职业技术教育也实现了大发展。1999年初，河南成为按照新管理模式和运行机制试办高等职业教育的15个试点省份之一，当年7月下发的《关于高等职业教育和五年制实验班学费标准及有关问题的通知》，标志着高等职业教育体系的初步确立和“3+2高职”“五年一贯制”高职教育形式的产生。2000年，河南正式获得了设置审批高等职业学校的资格，之后河南高职教育飞速发展，到2010年全省已经建立62所高职高专院校。2012年开始，河南职业技术教育层次向上延伸到本科教育层次，其主要标志就是应用型大学的转型发展。2014年，国务院发布《关于加快发展现代职业教育的决定》，提出了要加快构建现代职业教育体系，引导普通本科高校转型发展。2015年，河南确定了黄淮学院、许昌学院、周口师范学院、黄河科技学院、安阳工学院5所学校为第一批应用技术类型本科院校建设“示范校”。本科层次的高等职业技术教育体系得以实质性建立，并开始逐步发展。由此，河南的职业技术教育实现了从中等职业技术教育到高等职业技术教育再到本科层次职业教育的跨越发展，逐步构建起了完备的职业教育体系。

2. 河南职业技术教育规模不断扩大

河南的职业技术教育经过70多年的发展，虽有多次反复，但整体上教育规模是在不断扩大的，特别是改革开放以来，河南的职业技术教育获得了爆发式增长，规模得到了快速扩张。河南的职业技术教育在1949年只有普通中专32所，在校生0.84万人。到2020年，河南中等职业学校达到639所，其中技工学校95所；在校生总计143.74万人；教职工6.87万人，其中专任教师4.61万人，生师比22.13∶1；学校产权和非学校产权独立使用占地4.75万亩（不含技校，下同），校舍建筑面积1576.96万平方米。在高等职业技术教育方面，2020年全省有高职（专科）院校94所（其中公办69所，中外合作办学1所），独立设置成人高等学校10所；在校生124.15

万人；高职（专科）院校校均规模达 10787 人。[①]

3. 河南职业技术教育质量持续提升

在职业技术教育规模不断扩大的同时，对其质量的提升也逐渐受到了越来越多的重视。2014 年，河南省政府下发的《关于实施职业教育攻坚二期工程的意见》，就对职业教育质量提升做出了明确要求。2016 年，河南在实施职业教育攻坚计划二期工程中，通过四大计划来着力提升职业技术教育质量，分别是品牌示范专业和特色专业建设计划、职业教育实训基地建设计划、"双师素质"教师队伍建设计划和信息化建设计划。在全省职业教育工作中重点推进了三大改革，即改革封闭办学模式，坚持市场需求和劳动就业导向，推动产学研紧密结合；改革单一的政府投资模式，支持引导行业、企业、社会组织和个人参与职业教育办学；改革省级职教奖补资金分配办法，有效调动改革主体积极性，提升办学质量。2017 年，全省已有 287 所项目院校通过省级验收，基本实现了重点建设 300 所左右品牌示范校、特色校的既定目标，初步建立了一批具有示范、引领、带动作用的骨干职业院校。河南职业技术教育的高质量发展成效显著，内涵式发展、适应性发展也已成为河南职业技术教育发展的主攻方向。

（二）河南职业技术教育发展面临的主要问题

总体来看，河南职业技术教育发展主要面临三方面的问题，即职业技术教育教学质量整体不高、与经济社会发展现实需要的匹配度不高、教育体系有待进一步完善。

1. 河南职业技术教育教学质量整体不高

职业技术教育教学的质量无疑是在不断提升的，但从新时代河南经济社会高质量发展对职业教育越来越高的要求来看，仍有较大的提升空间。职业技术教育的教学质量不高体现在三个方面，即生源质量不高、师资质量不高、教学质量不高。这既有职业教育自身发展欠缺的问题，也有历史原因，也包括社会惯性的意识问题。需要明确的是，职业教育发展中存在的这些问题，不仅仅是职业教育的问题，更是社会发展的问题、人的认识

---

① 《河南省教育厅关于印发 2020 年河南省教育事业发展统计公报的通知》，河南省教育厅官网，http：//jyt. henan. gov. cn/2021/03-24/2114107. html，2021 年 3 月 24 日。

整体不到位的问题。我们在看问题分析原因时，应该把眼界放开，只有这样才能真正看清问题、透视原因，也才有可能解决好问题。一是生源质量不高。中等职业技术教育招收的学生是中考中的后50%，入学门槛很低；高等职业技术教育虽然分自主招生和高考录取两块招收，但也都是分数很低门槛不高，这也必然导致学生的整体水平不高。当然这也不能归咎于职业教育本身，无论是社会地位还是社会报酬，职业技术教育出来的劳动者都低于普通教育的劳动者，显然难以吸引到较高素质的人才。二是师资质量不高。相较于普通高中教育和高等教育，职业技术教育所能吸引的教育资源相对较少，待遇方面也较低，相应地对教师的学历、专业技能要求也不高。三是教学质量不高。很多职业技术教育学校把职业教育教学普通教育化，在具体教学上和普通教育学校一样是课堂教学、书本教学、学校教学，没有突出师傅带徒弟式的实践学习，不利于培养出具有实际操作技术和经验的技术工人。此外，对于职业技术教育中很重要的实习阶段，很多学校并不注重边工作边指导边提升的教育模式，不是为了让学生从做中学，而是把学生输送给工厂做“临时廉价工”。显然，这样的“实习”除了让学生更加抵触以外，不会给学生带来任何的提高，需要相关部门和学校高度重视这一普遍现象并予以解决。

2. 河南职业技术教育发展与河南经济社会发展现实需要的匹配度有待进一步提升

当前，河南的经济社会发展正处于产业转型升级和现代化高质量发展的关键期，对于较高水平的具有实际操作技能和发展潜力的技术工人需求巨大，可是在现实求职市场上却存在着供需不匹配的结构性就业难题。一方面，大量的职校毕业生难以找到专业对口或者待遇合适的工作，不得不灵活就业，从事一些低要求的临时工作；另一方面，大量的制造业企业和高新企业难以招到合适的人才。出口端的受教育者难以适应市场或获得市场认可，这说明职业技术教育在专业设置、教学内容、培养模式、学校治理等方面存在一些问题。教育培养不仅要着眼于当前就业市场的需要，更要着眼于未来五年、十年乃至更长时间就业市场的可能需要，进行前瞻性的培养，只有这样培养出的人才才能具有更强的竞争力和发展潜力，有助于提升职业技术教育自身的竞争力和社会认可度。

3. 河南职业技术教育体系亟须进一步完善

应当明确的是，职业技术教育是一个教育类型，而不是普通教育的补充或者候补，不能用来接收从普通教育体系竞争中淘汰下来的“失利者”。如果不树立科学的发展观，职业技术教育永远无法高质量发展，也无法受到同普通教育一样的社会认同和尊重。直面中国产业转型升级和制造业的不断发展，职业技术教育的需求无疑会越来越大。事实上，职业教育的发展从来不缺机遇，缺的只是抓住机遇的观念和能力。在职业技术教育内部，虽说已初步建立完备的体系，但在高新技术产业蓬勃发展、经济转型升级不断深化的当下，还有很大的完善空间和潜力。职业技术教育体系，一方面要顺应当前社会发展趋势向上延伸，建立起更完善的本科、研究生阶段的高等职业教育体系；另一方面，要进一步打通职业技术教育体系内部的不同层次和阶段，打破职业教育和普通教育之间的壁垒，建立起上下左右贯通、职业教育和普通教育有机融合促进的大教育体系。只有这样，职业技术教育才能只是一个不同教育类型的存在，而不是具有质量和社会认可方面的差异，真正地实现与普通教育一样的地位。同时，国家也应当更加注重技术工人、工程师等职业技术人才的待遇，逐步扭转社会上对职业技术教育的偏见，让大家明白职业技术教育和专业技术人员的优势。在当今社会劳动力成本逐步升高、技术工人特别是高水平专业技术人才的需求不断增加的大环境下，职业技术教育的再次爆发成长已成趋势，增强职业技术教育适应性，走高质量发展之路，将是未来河南职业技术教育发展的必由之路。

三　增强河南职业技术教育适应性的实践路径

增强职业技术教育的适应性是一项系统工程。一方面，要苦练内功，大力提升职业技术教育的教学质量和竞争力；另一方面，要转变传统观念，大力推动技能型社会建设。具体说来有以下几个方面。

（一）大力完善职业技术教育人才培养体系

一是要不断完善现代职业教育体系。要明确职业技术教育作为类型教育的基本定位。它是和普通教育平行的一类教育，具有和普通教育同等的地位和重要性。在此基础上，我们要充分厘清职业技术教育的自身特殊性，大力推进遵循自身特点和规律的职业技术教育发展，不断提升职业技术教育的地位，发挥其作用。高等职业技术教育无疑是未来发展的重点和大方向。但我们还是要认清目前经济社会的发展阶段，坚持中等职业技术教育的基础性地位，在中等职业技术教育教学中兼顾文化知识教学与普通教育内容，为受教育者更具发展潜力的未来做充分的教育储备。在高等职业教育层次，要注重与高新产业发展和科技创新同步，注重提质培优，同时加强与中等职业技术教育的衔接和融合发展。在中等职业教育层次强化标准化建设和高质量发展。二是要大力构建高层次技术技能人才培养体系。稳步发展本科层次的职业技术教育，探索开展研究生层次的职业技术教育，同时与普通高等教育做好区分，注重优长的发挥。探索构建以经济社会发展现实需要、产业发展需求为导向的，以培养实践能力、实操能力为重点的，以产学研用相结合为基本途径的专业学位研究生培养模式。三是要深化职业教育三要素改革。对职业教育的教师、教材和教法进行深入创新改革。加强“双师型”教师队伍建设，逐步探索构建职业教育院校“新型学徒制”模式，大力提升教学质量和效率。在教材方面，要立基于实际岗位、实际操作和实际技术的开放式课程设计与教材设计，完善标准，推进模块化、系统化实训课程体系的建设。强化学生的实习实训，将之落地做实，而不能只是简单地送入企业做廉价劳动力。以技能大赛、教学大赛为抓手，让学生在比赛中提升，在比赛中成长。同时，要完善职业技术教育教学评价标准，成立第三方职业教育指导咨询委员会，进一步完善省级职业技术教育的评价与指导体系。

（二）大力构建纵横贯通的职业技术教育体系

完善的职业技术教育体系应该是纵横贯通的，通过系统性、全面性、多途径的职业教育与培训来推进职业技能的持续性提高。具体包括三大方面。一是职业技术教育内部系统的融会贯通，即不同层级职业技术教育体系的贯通。从中等职业技术教育到高等职业技术教育，再到职业本科教育、职业研究生教育，形成一个完备的职业技术教育培训体系和学历体系，让职业技术教育不再是低端化、体力劳动的代名词，而是和普通教育一样具有各个不同层级的教育，它们之间只是类型、教育侧重的不同，而不具有层次地位的差别。二是职前和职后之间的贯通。在一个技术高度发展的世界，终身学习将会贯穿职业生涯始终。要将职前的学校职业教育和入职后的在岗职业培训结合起来，通过系统化、模块化和具有针对性的专业化课程训练，让技能人才始终掌握最前沿的科技，成为一个不落伍的劳动者。三是不同类型教育之间的贯通、融合。职业技术教育和普通教育之间也要不断协作，相互促进。现在是义务教育之后进行一次分流，即中考分流，本来这只是两种不同类型教育的选择，可是由于历史和客观现实的种种原因，其变成了一种实质上的选拔淘汰机制，成绩好的学生会被选拔到普通高中，而成绩不好的则只能被“淘汰”进中等职业技术教育学校进行学习。但这只是一种暂时的状态，未来的发展趋势应该是，这两种教育是平等平行的，不是一种被迫的硬性淘汰机制。成绩好的也可以选择职业技术教育，成绩不好的也能选择普通教育，只是出于个人偏好和未来职业规划而自愿做出的选择。在职业教育体系的发展上，未来的趋向也应该是无论在职业教育体系之内还是在普通教育体系之内，都可以进行跨类型的深造选择。普通高中学生可以直接考到高等职业技术本科院校进行深造，中等职业技术学校学生也能够进入普通高等教育进行学习，两种教育类型之间是允许人才自由流动和选择的。也只有这样才能真正地实现两种教育类型之间的平行发展、均衡发展，最终实现职业技术教育的高质量发展。

（三）大力推进技能型社会建设

职业技术教育要想得到应有的社会认可与大众尊重，需要从两方面进行着力改革。一方面，要大力提升专业技术工作者、蓝领技术工人的工资待遇，注重工匠精神的培育，完善符合技术技能人才特点的职称评审与职务职级晋升制度，使得职业技术教育毕业生能够获得就业市场、用人单位的认可，拥有优厚的薪酬待遇和广阔的晋升空间。另一方面，要大力推行完善专业技术岗位的证书准入制度，所有相关专业技术岗位需要持证上岗，强调专业性和适用性，凸显出职业技术教育科班出身的优势。通过对技能型社会的建设，不断优化职业技术教育发展的制度环境、社会环境，在河南经济社会不断发展的进程中，逐步让职业技术教育发挥出其应有的优势和影响力，得到社会的认可、受教育者的认可、用人单位的认可，最终实现河南职业技术教育的高质量、特色化、可持续的良性发展。

第八章　提升居民健康素养水平

健康是促进人的全面发展的必然要求，是经济社会发展的基础条件，是民族昌盛和国家富强的重要标志，也是广大人民群众的共同追求。[①]“没有全民健康，就没有全面小康。”人民身体健康直接关系小康社会，建设小康社会，实现“两个一百年”的奋斗目标和中华民族伟大复兴的“中国梦”。发展卫生健康事业始终处于基础性地位，发挥着重要支撑作用。

人民健康是社会文明进步的基础。拥有健康的人民意味着拥有更强大的综合国力和可持续发展能力。在不同历史发展阶段，党和国家始终把保障人民健康放在重要位置。1952 年，毛泽东同志号召全国人民“动员起来，讲究卫生，减少疾病，提高健康水平，粉碎敌人的细菌战争”[②]。在社会主义建设初期，全国各地广泛发动群众开展了以除“四害”、讲卫生、整治环境为重点的群众性卫生活动，有效控制了鼠疫等重大传染病流行，人民健康状况得到了根本改善。改革开放以来，卫生健康事业迎来新的历史阶段，1982 年通过的《宪法》第二十一条“开展群众性的卫生活动，保护人民健康”，确立了爱国卫生运动的法律地位。我国卫生与健康事业快速发展，医疗卫生服务体系不断完善，基本公共卫生服务均等化水平稳步提高，公共卫生整体实力和疾病防控能力实现跨越式发展。

党的十八大以来，以民族伟大复兴为目标，全民大健康的号角被吹响。2014 年 4 月，国家卫生计生委发布《全民健康素养促进行动规划（2014—2020 年）》，提出要建立健康素养促进工作的长效机制，持续深入开展全民健康素养促进活动。2016 年 8 月，习近平在全国卫生与健康大会上强调，

① 《习近平出席全国卫生与健康大会并发表重要讲话》，央广网，http：//china. cnr. cn/news/20160821/t20160821_523044689. shtml。

② 中共中央文献研究室编《毛泽东年谱》第 1 卷，中央文献出版社，2013，第 628 页。

把人民健康放在优先发展战略地位，努力全方位全周期保障人民健康。2016年10月，中共中央、国务院印发《"健康中国2030"规划纲要》，发出建设健康中国的号召，提出要普及健康生活，加强健康教育，强化覆盖全民的公共卫生服务，提供优质高效的医疗服务，充分发挥中医药独特优势等。2019年7月，国务院发布的《关于实施健康中国行动的意见》对全民健康素养和健康生活方式提出了具体建设要求。2020年以来，新冠肺炎疫情给我国医疗卫生事业带来了前所未有的严峻考验，在党中央的坚强领导和全民同心抗疫、共克时艰的不懈努力下，我们坚持人民至上、生命至上，有力应对新冠肺炎疫情，最大限度保护了人民生命安全和身体健康。

当前，全球新冠肺炎疫情为人类健康敲响了警钟，全民健康素养再次被提升到更加重要的位置。然而，全民健康素养不是一朝一夕的事，健康素养水平提升也不是靠敲锣打鼓就能轻松实现的，必须从思想上提高认识，从行动上加强落实，从制度上完善顶层设计。铢积寸累，日就月将，不断提升全民健康素养水平，才能托举起健康中国。

第一节　构建强大公共卫生体系

2020年6月2日，习近平总书记在专家学者座谈会上的讲话中指出，人民安全是国家安全的基石。要强化底线思维，增强忧患意识，时刻防范卫生健康领域重大风险。只有构建起强大的公共卫生体系，健全预警响应机制，全面提升防控和救治能力，织密防护网、筑牢筑实隔离墙，才能切实为维护人民健康提供有力保障。新冠肺炎疫情发生以来，我国的卫生健康事业发展经历了非常重大的考验。新冠肺炎疫情防控斗争表明，人民健康不仅是民生问题，也是重大的政治、经济和社会问题。织牢织密公共卫生治理这张网，关键在基层、网底在基层。

一　构建强大公共卫生体系的重要意义

党的十八大以来，我国卫生健康事业驶入高速发展赛道，基本建立覆盖城乡居民的中国特色基本医疗卫生体系，健康素养水平不断提高，健康服务体系完善高效，人人享有基本医疗卫生服务和基本体育健身服务，基本形成内涵丰富、结构合理的健康产业体系，主要健康指标居于中高收入国家前列。[①]

（一）公共卫生体系建设是人民至上的价值体现

构建强大公共卫生体系是把人民放在心中最高位置的重要体现，也是全面战胜疫情的关键所在。完善公共卫生体系、医疗服务体系，是习近平总书记多次在不同场合重点提及的大事。2022 年全国两会召开之际，中国青年报社社会调查中心通过中青报全媒体平台，进行了一项题为“你最关心哪些两会议题?”的全国两会青年期待调查。截止到 2 月 28 日 16 时，共有 72242 人参与。调查显示，在医疗卫生领域，58.6%的受访者期待两会关注健全国家公共卫生应急管理体系，52.7%的受访者希望关注异地诊疗和医保报销。公共卫生体系建设是群众所需所想所盼，只有构建起强大的公共卫生体系，健全预警响应机制，全面提升防控和救治能力，织密防护网、筑牢筑实隔离墙，才能切实为维护人民健康提供有力保障。

（二）构建强大的公共卫生体系是健全国家治理体系的必然要求

确保人民群众生命安全和身体健康，是“国之大者”。我国对新冠肺炎疫情防控的成功经验充分说明，构建强大的公共卫生体系对于提高国家治理体系和治理能力的重要地位和意义。习近平总书记在湖北省考察新冠肺炎疫情防控工作时强调：“这次新冠肺炎疫情防控，是对治理体系和治理能力的一次大考。”[②] 新冠肺炎疫情全球蔓延，暴露了很多地方在重大疫情防控体制机制、公共卫生应急管理体系等方面存在的短板弱项，也暴露了国家在应对重大公共卫生事件的治理理念和治理举措上还存在诸多亟待提升的空间，如公共卫生体系的突发公共卫生事件预警能力、应对能力和处置能力等，迫切需要构建强大的公共卫生体系。

（三）公共卫生体系建设是经济社会发展的前提保障

著名经济学家、美国哈佛大学国际发展中心主任、世界卫生组织顾问

---

① 《中共中央 国务院印发“健康中国 2030”规划纲要》，中央人民政府，http：//www.gov.cn/zhengce/2016-10/25/content_5124174.htm。

② 《习近平主持召开专家学者座谈会并发表重要讲话》，中央人民政府，http：//www.gov.cn/xinwen/2020-06/02/content_5516848.htm。

杰佛里·萨克斯教授曾就“公共卫生与经济发展的联系”发表见解，认为疾病对经济增长有直接阻碍作用，疾病导致个体生产率下降、家庭储蓄率降低，影响企业效率，侵蚀“社会资本”，影响宏观经济稳定，对疾病的预防和治疗还会直接导致因病致贫。新冠肺炎疫情出现以来，全球政治生态、经济发展和社会秩序受到前所未有的巨大冲击。随着疫情在全球的跌宕反复，疫情防控进入常态化阶段，在坚定外防输入、内防反弹的防控工作不放松的前提下，加快健全完善公共卫生体系是保障经济社会健康发展的重中之重。

二　河南公共卫生体系发展的主要做法及存在的问题

新冠肺炎疫情对国际关系、区域经济社会发展带来巨大风险，也是公共卫生体系改革和完善的重要机遇。河南坚持以习近平新时代中国特色社会主义思想为指导，全面贯彻习近平总书记重要指示批示精神，聚焦新冠肺炎疫情暴露的公共卫生特别是重大疫情防控救治能力短板，调整优化医疗资源布局，集中力量加强能力建设，推动建立体系健全、运转高效、保障有力的公共卫生服务体系。①

（一）河南公共卫生体系发展的主要做法

1. 河南省公共卫生体系持续完善

2021 年，河南省公共卫生和医疗服务体系持续完善。3 个省级疫情救治基地项目已有 2 个基本建成；23 所市级“四所医院”建设任务中，已有 3 所妇幼保健院、3 所儿童医院合并建成，2 所儿童医院单独建成；53 所县级“三所医院”建设任务中，已有 23 所建成达标。实施疾控机构建设项目 30 个、县级医院服务能力提升项目 13 个，有效提升防治能力。“四级中心”联动格局更加完善，国家区域医疗中心试点项目增加 3 个，达到 5 个，15 个省医学中心示范引领，60 个省区域医疗中心布局到位，105 个县域医疗中心提质升级，疑难危重疾病救治能力持续提升，省域外转率降至 5%。县级建成三级胸痛中心 67 个、卒中中心 56 个、创伤中心 64 个，101 个危重孕

① 《河南省人民政府办公厅关于印发河南省公共卫生服务能力提升三年行动计划（2020—2022 年）的通知》，河南省人民政府，https://www.henan.gov.cn/2020/12-28/2067914.html。

产妇救治中心、104 个危重新生儿救治中心达标。电子病历分级评价平均级别达到 3.17 级，比上年提高 1.07 级。年无偿献血量突破 5 亿毫升。医疗质控目标管理切实加强，提升医疗服务十大举措有效落实，患者就医体验持续改善。

2. 医药卫生体制改革持续深化

河南持续巩固拓展健康扶贫成果与乡村振兴有效衔接，推动实施县域医疗服务一体化、均等化。省委将高质量推进紧密型县域医共体建设列入“我为群众办实事”清单，高位推进。目前，全省 103 个县（市）全部成立了由县委书记兼任主任的医管委，102 个县（市）实现人财物统一管理，95 个县（市）实行医保基金总额预付。河南省基层诊疗人次占比高于全国平均水平 7.98 个百分点。在县域设置 60 所三级医疗机构；73 所县级医院达到国家综合服务能力推荐标准，占比位居全国第四。服务能力达到基本标准的乡镇卫生院和社区卫生服务中心有 2211 所，占比 87.5%，新增 666 所；达到推荐标准的有 308 所，占比 12.2%，新增 84 所；达标社区医院 546 所，新增 313 所。城乡医疗机构对口支援实现全覆盖，全省有家庭医生团队 3 万余支，行政村卫生室和合格村医“空白点”动态清零，农村低收入人口基本医疗得到保障。基本公共卫生服务项目绩效考核居全国第十位。基本药物在基层、二级、三级医院使用比例分别达到 71%、52%、33%。成立省药事管理与药物治疗学委员会，医疗机构药事管理水平逐步提高。“互联网+监管”扎实推进，“智慧卫监”成效明显。

3. 健康中原行动扎实推进

河南公共卫生工作全面加强，艾滋病、肝炎、结核等重大传染病持续处于低流行水平，慢阻肺、脑卒中和癌症防治工作全国领先，地方病、职业病防控有力，食品安全风险监测敏感高效，全方位维护人民群众身体健康。全省居民健康素养水平明显提高，达 28.40%。建成无疫小区（村）49965 个、建成率 85%，创建五星健康文明家庭 20907 户，建设省级健康乡镇、村庄、单位等“健康细胞”655 个，河南省代表在全国会议上介绍“一科普六行动”经验。卫生城市、卫生县城、卫生乡镇覆盖率分别为 100%、95%、61%，无烟党政机关建成率达 90%。鹤壁市、荥阳市荣获全国健康城市建设样板市，开封市被列为健康影响评价评估制度建设试点城市。

4. “一老一小”和妇幼健康服务能力不断增强

修改《河南省人口与计划生育条例》，全面落实三孩生育政策，设立父母育儿假，落实普惠托育服务体系建设等配套措施。现有托育服务机构4000家，托位增加5万个，达到17万个。完善老年健康服务体系，全省现有老年医疗机构131所、医养结合机构360所，老年健康管理率达到70%。制定《医养结合机构服务质量评价标准》，支持医养结合示范项目83个。建成老年友好型社区100个，其中全国示范性社区43个。支持省市妇女儿童健康服务能力建设项目4个、县级妇幼保健院能力提升项目64个，72所县级妇幼保健院建设达标。办好妇幼健康民生实事，免费产前超声筛查58.9万例，筛查率69.31%，血清学产前筛查59.1万例，筛查率69.68%；新生儿“两病”筛查84.1万例，筛查率99.16%，听力筛查83.6万例，筛查率98.55%；宫颈癌筛查142.4万人、乳腺癌筛查146万人，超额完成年度任务。

5. 居民健康素养水平不断提升

近年来，随着健康中原建设步伐加快，全面实施《“健康中原2030”规划纲要》逐步落实，河南在持续优化健康服务、扩大普及健康饮食、培养健康行为、共创健康环境和繁荣健康产业方面持续发力，全民健康水平再上新台阶。2020年，河南深入贯彻落实习近平总书记关于爱国卫生运动的重要批示指示精神，组织发动群众开展了“一科普、六行动”、城乡环境卫生整洁行动等一系列重大活动，河南创新构建“两建三融四行动”工作格局，全面提升健康教育促进工作水平。数据显示，河南居民健康素养水平得到有效提升，从2019年的19.11%提升至2020年的26.76%，超过了全国平均水平3.61个百分点。[①] 有效改善了城乡环境卫生状况，群众健康素养水平显著提升，河南省重大疾病防治工作尤其是新冠肺炎疫情防控取得重大战略性成果。

（二）河南公共卫生体系存在的问题

河南人口基数大，公共卫生需求多，但目前公共卫生服务供给结构还不能有效满足人民群众日益增长的健康需求，主要表现在：一是基层公共

① 《2020年河南居民健康素养水平达26.76%超全国平均水平》，人民网—河南频道，http://henan.people.com.cn/n2/2021/0615/c351638-34777257.html。

卫生服务能力存在短板弱项，目前，全省尚未达标的317所基层机构，大多数是最难啃的“硬骨头”，不同程度地存在着基础差、底子薄、管理弱等问题。二是社区卫生服务机构发展与全国平均水平尚有较大差距，河南社区卫生服务中心在机构数量、举办主体、政策支持、资金保障、硬件条件、服务能力等方面都有较大差距，明显滞后于城镇化快速发展对基本公共服务的新要求。2020年，全国平均每个街道建设社区卫生服务中心1.12所，而河南省仅有0.75所；全国政府办社区卫生服务中心占比69.69%，而河南省仅52.5%。三是基层卫生人才短缺问题较为突出，河南省基层卫生人员队伍整体不强，素质普遍偏低，专业人才数量不足，技术水平落后，不能满足基层人民群众对医疗服务的需求。四是缺乏过硬核心技术。当前，河南公共卫生体系科研攻关指挥、行动、保障体系还不完善，全省医学领域科技创新资源还未统筹协同，医学科技创新服务和转化平台还不完善，前沿尖端医疗技术还不够多。

三　河南加快构建强大公共卫生体系的思路对策

2020年6月2日，习近平总书记主持召开专家学者座谈会时指出：“在实现‘两个一百年’奋斗目标的历史进程中，发展卫生健康事业始终处于基础性地位，同国家整体战略紧密衔接，发挥着重要支撑作用。”[①] 习近平总书记强调：“只有构建起强大的公共卫生体系，健全预警响应机制，全面提升防控和救治能力，织密防护网、筑牢筑实隔离墙，才能切实为维护人民健康提供有力保障。”2021年新冠肺炎疫情和“7·20”特大暴雨事件是对河南公共卫生体系的双重大考，进一步凸显了公共卫生体系建设的极端重要性。面对突发公共卫生事件日益增多与复杂的新形势，必须深刻认识加快构建强大公共卫生体系的重要性和紧迫性，进一步改革完善疫情预防控制体系、建设重大疫情防控救治体系、健全公共卫生应急物资保障体系、加快核心技术攻关，做好“一老一小”照顾和妇幼健康服务，继续提升全民健康素养水平。

---

① 《习近平主持召开专家学者座谈会并发表重要讲话》，中央人民政府网，http：//www.gov.cn/xinwen/2020-06/02/content_5516848.htm。

（一）改革完善疫情防控体系

防范化解重大疫情和突发公共卫生风险，事关国家、地区安全和发展，事关社会政治大局稳定。[①] 一是提升疫情监测预警和评估能力。预防是最经济最有效的疫情应对策略。要建立智慧化预警多点触发机制，完善传染病监测哨点布局，健全网络直报、医疗卫生人员报告、科研发现报告、舆情监测等多渠道监测预警机制，强化实时直报，及时研判风险，提高评估监测敏感性和准确性。[②] 严格执行医疗机构和医务人员传染病报告制度，拓展专业机构、政府部门、社会信息报告渠道，实现国家、省、市、县四级信息同步共享。二是优化疾病防控网络。优化完善疾控机构职能设置，构建防治结合、军地融合、全社会协同的省、市、县、乡镇、村五级疾病防控网络。创新医防协同，建立医防机构人员通、信息通、资源通和监督监管相互制约机制，推动公共卫生与医疗卫生服务无缝衔接。三是加快完善公共卫生法律法规体系。要加快构建系统完备、科学规范、运行高效的公共卫生法律法规体系，健全权责明确、程序规范、执行有力的疫情防控执法机制，普及公共卫生安全和疫情防控相关法律法规，提高全民知法、懂法、守法、护法、用法意识和公共卫生风险防控意识。

（二）建设重大疫情防控救治体系

习近平总书记在中央全面深化改革委员会第十二次会议上提出，针对这次疫情暴露出来的短板和不足，抓紧补短板、堵漏洞、强弱项，该坚持的坚持，该完善的完善，该建立的建立，该落实的落实，完善重大疫情防控体制机制，健全国家公共卫生应急管理体系。一是健全科学有效的疫情防控救治协同机制。要统筹应急状态下医疗卫生机构动员响应、区域联动和人员调集，建立健全分级、分层、分流的重大疫情救治机制。加强重大疫情救治基地、国家区域医疗中心建设，提高应急综合救治能力。要健全重大疾病医疗保险和救助制度，统筹基本医疗保险基金和公共卫生服务

① 《织牢织密公共卫生防护网》，人民网，http：//health. people. com. cn/n1/2020/0525/c14739-31722136. html。

② 习近平：《构建起强大的公共卫生体系 为维护人民健康提供有力保障》，《求是》2020 年第 18 期，第 2~3 页。

资金使用。二是提升疫情防控应急响应能力。加快完善多学科融合、多层级衔接、多环节协同的高效率救治体系。提高疾病预防控制能力，改善基础条件，提升检验检测和信息化水平。全面加强公立医院传染病救治能力建设，完善综合医院传染病防治设施建设标准，落实发热门诊“三区两通道”规范化建设和管理，持续提升实验室检测能力。三是加快构建智能化疫情救治体系。完善“互联网+医疗健康”信息共享平台，建立医疗健康数据库，加快公立医院与社区医院的医疗健康数据共享，实现居民基本健康信息和检查检验结果、医学影像等健康信息共享，鼓励与引导互联网、大数据、云计算、区块链和人工智能技术等科学技术运用到临床医疗救治中，促进医院、专家与相关医疗资源高效整合，积极推进远程医疗、远程会诊、远程培训服务，切实提高疾病诊断与危重症病患救治能力。

（三）健全公共卫生应急物资保障体系

中央全面深化改革委员会第十三次会议审议通过的《关于健全公共卫生应急物资保障体系的实施方案》提出，打造医疗防治、物资储备、产能动员“三位一体”的公共卫生应急物资保障体系。一是加快补齐医疗防治方面的硬件短板。要以“防”为基础，加大各级疾控机构和相关生物安全实验室建设投入，统筹优化检验检测资源区域布局。要以“治”为重点，加强与传染病救治相关的国家医学中心、区域医疗中心建设，在省市两级设置重大疫情救治基地，优化完善基层医疗救治设施布局，协同开展重大技术攻关。加快“平急转换”医疗布局，借鉴方舱医院建设经验，推广实施大型体育场馆、展览馆等公共设施平急两用改造。二是加强公共卫生应急物资储备建设。着力在“储”“采”“调”上下功夫，确保应急物资储备的品种规模质量，支持鼓励社会和公众参与储备。健全完善应急物资征用、采购制度，积极拓展应急物资来源渠道。建立健全应急物资调配协同联动机制，加强应急物资信息互联互通，确保物资供需及时高效。三是提升公共卫生应急物资生产动员能力。要进一步厘清需求、优化流程、建立机制、优化产能协同保障和区域布局，增强医疗物资和装备的应急转产能力，确保储备物资消耗后能及时填补缺口。

（四）加快核心技术攻关

关键核心技术是国之重器，对推动我国经济高质量发展、保障国家安全具有十分重要的意义。习近平总书记对打好打赢关键核心技术攻坚战做出一系列重要论述，强调“要坚持面向世界科技前沿、面向经济主战场、面向国家重大需求、面向人民生命健康，加强基础研究和应用基础研究，打好关键核心技术攻坚战，加速科技成果向现实生产力转化”①，这些重要讲话为加快推进构建强大公共卫生体系提供了行动遵循。一要提升科技创新能力。要优化科研攻关体系和布局，研究建立重大疫情等紧急状态下科研攻关指挥、行动、保障体系，加强全省医学科学院建设，推进实体化、平台化发展，将医疗、科研、教学融为一体，统筹全省医学领域科技创新资源，构建完整的医学科技创新体系，建立医学科技创新服务和转化平台，加快推动前沿尖端医疗技术临床应用。二要加大人才培养力度。加快培养符合时代需要的医疗技术骨干、学科带头人、中青年科技创新人才，建立学科完善、梯度合理的医学人才体系。实施基层疾控骨干人才培训等项目，支持基层疾控机构提升现场流调等能力。加快药师队伍建设，加强基层卫生骨干培训，支持家庭医生团队开展签约服务技能培训。三要提升信息化水平。加强远程医疗和信息化设备配备，提升医院信息化工作水平，加快布局 5G 医疗专网，实现各种医疗应用场景网络协同，打造河南省临床医学研究与智能医疗共享服务平台，推进人工智能、3D 打印、区块链技术在医疗业务中的应用，充分利用远程教学、远程会诊、远程指导等信息化手段，引导优质医疗资源下沉，提高优质医疗资源可及性。推动智慧健康管理大数据创新应用中心建设，探索健康管理服务新模式。建设覆盖全省基层医疗卫生机构的医学人工智能辅助诊疗系统，为基层医师、家庭医生提供诊断决策支持，带动基层医疗服务水平提升。

（五）做好“一老一小”照顾和妇幼健康服务

幼有所育、老有所养，“一老一小”和妇幼健康向来是事关千家万户的

① 《习近平在浦东开发开放 30 周年庆祝大会上的讲话》，新华网，https：//www. chinanews. com. cn/gn/news/2010/06-20/2352068. shtml。

民生大事，也是加快构建强大公共卫生体系的改革难事。一是持续实施老年健康促进行动，提升二级以上综合医院设立老年医学科比例，持续提升基层医疗卫生机构护理床位。全面开展医养结合机构服务质量评价，推进医养结合示范项目建设。强化基层医疗卫生机构康复、护理服务，开展家庭病床、上门巡诊等居家医疗服务，推动社区居家养老服务体系建设。二是依法实施三孩政策，落实支持生育的配套政策，进一步释放生育政策潜力。完善生育登记制度，优化便民服务。实施托育服务能力倍增行动。深入推进“规范托育服务中原行”活动，争创全国婴幼儿照护服务示范城市。三是实施妇幼健康服务能力提升计划，推进妇幼保健机构标准化建设和规范化管理，落实母婴安全五项制度，推进妇幼专科服务能力建设，切实保障母婴安全。持续提高妇女儿童健康保障水平。要以持续提升服务质量为核心，如期完成适龄妇女免费宫颈癌、乳腺癌筛查，孕早中期产前筛，新生儿“两病”和听力筛查。

（六）继续提升全民健康素养水平

建设健康中国，既要靠医疗卫生服务的“小处方”，更要靠社会整体联动的“大处方”，树立大卫生、大健康的观念，把以治病为中心转变为以人民健康为中心，提升全民健康素养水平。一是深化爱国卫生创建，推动卫生城乡联动、县域同创，加快推进健康城市、健康细胞建设和无烟环境建设，用千千万万个健康小环境为健康中原建设奠定坚实基础。二是加快健康知识普及，以群众健康需求为导向，健全健康教育体系，以老年人、儿童、妇女等人群为重点，以新冠肺炎疫情防控为抓手，广泛普及文明健康、绿色环保的生活方式，引导广大人民群众掌握维护健康的知识与技能，营造健康中原新生态。三是创新工作方式方法，支持把健康素养作为素质教育的重要组成部分，从大中小学学校抓起，从医学院校抓起，从前端提升全民健康素养；加强社会动员，鼓励卫生健康行业学会、协会组织专家和社会力量开展多种形式的、面向公众的健康科普活动和面向机构的培训工作。

第二节 全面提升医疗服务能力

2014 年 12 月 13 日，习近平总书记在江苏镇江市丹徒区世业镇卫生院调研时指出："没有全民健康，就没有全面小康。医疗卫生服务直接关系人民身体健康。要推动医疗卫生工作重心下移、医疗卫生资源下沉，推动城乡基本公共服务均等化，为群众提供安全有效方便价廉的公共卫生和基本医疗服务，真正解决好基层群众看病难、看病贵问题。"[①] 2020 年 2 月 14 日，习近平总书记主持召开中央全面深化改革委员会第十二次会议时指出，要持续加强全科医生培养、分级诊疗等制度建设，推动公共卫生服务与医疗服务高效协同、无缝衔接，健全防治结合、联防联控、群防群治工作机制。人民群众的获得感、幸福感、安全感都离不开健康。随着经济社会发展水平和人民生活水平不断提高，人民群众更加重视生命质量和健康安全，健康需要呈现多样化、差异化的特点。人民群众不但要求看得上病、看得好病，更希望不得病、少得病，看病更舒心、服务更体贴，对政府保障人民健康、提供基本卫生与健康服务寄予更高期望。

一　提升医疗服务水平的重要意义

高水平的医疗卫生服务是人民对美好生活向往的重要组成部分，不断提高医疗服务质量和水平是民心所向、政之所往，是"国之大者"。习近平总书记多次强调，要推动公共卫生服务与医疗服务高效协同、无缝衔接，要为群众提供安全有效方便快捷的公共卫生和基本医疗服务，真正解决好基层群众看病难、看病贵问题。

（一）提高医疗服务水平体现了以人民为中心的发展理念

人民群众健康是最大的民生问题，提高医疗服务水平，更好满足人民群众的健康需求，顺应人民群众对美好生活的向往，努力为人民创造更美好、更幸福的生活，是中国特色社会主义"五位一体"总体布局的重要组成部分，是我们党治国理政的重大任务。坚持以人民为中心的发展思想，既是根本立场，也是根本要求。习近平总书记强调："要把人民健康放在优先发展战略地位，努力全方位全周期保障人民健康，加快建立完善制度体系，保障公共卫生安全，加快形成有利于健康的生活方式、生产方式、经济社会发展模式和治理模式，实现健康和经济社会良

① 习近平：《在江苏调研时的讲话》，《人民日报》2014 年 12 月 15 日。

性协调发展。”①

（二）提高医疗服务水平是促进社会健康稳定发展的基础

2020 年 9 月 22 日，习近平总书记主持召开教育文化卫生体育领域专家代表座谈会时指出：“加快提高卫生健康供给质量和服务水平，是适应我国社会主要矛盾变化、满足人民美好生活需要的要求，也是实现经济社会更高质量、更有效率、更加公平、更可持续、更为安全发展的基础。”② 健康是人民的基本需求，是经济社会发展的基础，人民健康是民族昌盛和国家富强的重要标志。提升医疗技术能力和医疗质量水平是维护全民健康的主要手段，也是提高人民生活质量的有效措施。近年来，我国不断加大资金投入，在政府主导、行业推动和医务人员的不懈努力下，我国医疗技术能力和医疗质量水平显著提升。

（三）提高医疗服务水平有利于增进人民健康福祉

没有全民健康，就没有全面小康。提高医疗服务水平是维护人民群众健康福祉的重大民生、民心工程。党的十八大以来，党中央把人民健康放在了优先发展的战略地位，加快推进健康中国建设，努力全方位、全周期保障人民健康，全面深化医药卫生体制改革持续推进，医疗服务水平持续提升，全民共享“健康红利”。我国医疗服务总量位居世界之首，医疗质量和医疗服务能力显著提升，医疗质量和可及性进步幅度位居全球前列，为实现中华民族伟大复兴的中国梦打下坚实的健康基础。

二　河南提升医疗服务水平的主要做法及存在的问题

近年来，河南紧扣“奋勇争先、更加出彩”主题，全面落实健康中国战略，以供给侧结构性改革为主线，持续实施“十大提升工程”，补短板、强弱项，打基础、强基层，有效破解不平衡不充分等突出问题，全省医疗卫生资源总量大幅增加，医疗服务能力大幅提高，居民主要健康指标大幅

---

① 《在教育文化卫生体育领域专家代表座谈会上的讲话》，新华网，https：//www. chinanews. com. cn/gn/news/2010/06-20/2352068. shtml。

② 习近平：《论把握新发展阶段、贯彻新发展理念、构建新发展格局》，中央文献出版社，2021，第 404 页。

提升，对全省经济社会发展起到了稳定、保障和促进作用，探索出一条卫生健康事业高质量发展的路子。

（一）河南提升医疗服务水平的主要做法

河南始终把人民群众生命安全和身体健康放在首位，坚持新时代卫生与健康工作方针，以基层为重点，预防为主，中西医并重，统筹做好疫情防控和卫生健康工作，切实保障群众看上病、看好病、少生病，为人民美好生活奠定健康基础。

1. 加强顶层设计，强化制度引领

近年来，河南以制度建设为引领，深入实施五大制度，全面推进健康强省建设。一是完善分级诊疗制度，按照“基层首诊、双向转诊、急慢分治、上下联动”的改革目标，在城市建设医联体，在县域建设医共体，远程医疗覆盖到县、延伸到村，加快构建功能互补、优质高效的整合型医疗卫生服务体系。二是探索现代医院管理制度，落实好党委领导下的院长负责制，协同推进职称、编制、薪酬等制度改革，加强医院经济运行管理，发挥好绩效考核“指挥棒”作用，逐步建立起维护公益性、调动积极性、保障可持续的公立医院运行新机制。三是巩固全民医保制度，不断完善覆盖全民、城乡统筹、多层次的医疗保障体系，落实城乡居民医保“六统一”，推动完善公平适度的待遇保障机制，扩大大病保险保障病种，改革医保支付方式，深化医疗服务价格改革，调动医疗机构预防疾病、控制成本的积极性。四是健全药品供应保障制度，先后取消药品、耗材加成，落实国家基本药物制度，做好短缺药品保供稳价，开展药品使用监测与综合评价，扩大药品集中采购和使用范围，让改革红利更多惠及群众。五是实施综合监管制度，从重点监管公立医疗卫生机构转向全行业监管，从注重事前审批转向注重事中事后全流程监管，从单项监管转向综合协同监管，从主要运用行政手段转向统筹运用行政、法律、经济和信息等多种手段，提高监管能力和水平。

2. 大力提升县域医疗卫生服务能力

县域医疗服务能力是河南省医疗卫生体系的基础，也是制约河南省医疗卫生事业发展的短板和痛点，更是河南省卫生健康工作亟待解决的重要问题。县域医疗服务能力相对薄弱，群众看病不方便、不及时情况普遍存

在，由此造成小病拖成大病、大病托成重病、重病拖垮全家，是造成脱贫后返贫的一个主要因素。河南省委省政府高度重视基层医疗卫生服务能力提高工作，近年来出台了一系列的政策，不断加大政策支持力度和资金投放的力度。早在 2018 年，河南省就制定了贫困地区基层医疗服务能力 2018~2020 三年攻坚计划，全面提升贫困地区基层医疗服务能力，2020 年底河南已基本实现基层卫生医疗机构建设的“五个一”工程[①]。2020 年，《河南省基层医疗卫生机构建设三年行动计划（2020—2022 年）》出台，提出按照“保基本、强基层，补短板、强弱项”的原则，全面推进基层医疗卫生机构标准化建设和服务能力建设，打造优质高效的基层医疗卫生服务体系，让广大人民群众享有公平可及、系统连续的基本医疗卫生服务，促进城乡医疗卫生资源均衡配置，推动卫生健康事业高质量发展。

3. *着力解决优质医疗资源发展不均衡问题*

河南省优质医疗资源总体上存在供给不充分、配置不平衡问题。为了解决这一问题，一是建强公立医院，公立医院是维护人民健康和社会安全的重要战略资源。河南推动公立医院高质量发展，要坚持以人民健康为中心，坚持基本医疗卫生事业公益性，坚持医防融合、平急结合、中西医并重，以健全现代医院管理制度为目标，强化体系创新、技术创新、模式创新、管理创新，促进医疗服务高质量发展，为更好提供优质高效医疗卫生服务、防范化解重大疫情和突发公共卫生风险、建设健康中国提供有力支撑。二是优质医疗资源扩容和区域均衡布局，采取引平台、引人才、引技术、引管理的方式，大力推进六大国家区域医疗中心建设，实施城市“四所医院”提升工程和县域“三所医院”提标扩能工程，积极构建国家区域医疗中心、省医学中心、省区域医疗中心、县域医疗中心“四级中心”联动格局，全面提升省域内疑难危重病例诊疗水平、医学研究能力和综合管理效率，让全省人民群众不出省就能“看得好病”。三是做强县域医共体建设，采用责权利一体、人财物统一的合作模式，统筹推进城乡融合发展，推动优质资源下沉，实现资源共建共享，构建定位明确、分共协作的新型县域医疗卫生服务体系，让群众在家门口就能方便、便宜、放心、舒心地

① 每一个县建设一所综合性医院、一所中医院、一所妇幼保健院。在每一个乡建设一所乡镇卫生院，在每一个行政村建设一所村级卫生室。

看病就医。

4. 全面提升医疗服务综合能力

2021 年 3 月，河南省印发《河南省提升医疗服务十大举措（2021 年版）》，提出预约服务精准化、支付方式多样化、门诊取药便捷化、远程医疗常态化、病案复印便民化等提升医疗服务十大举措，推动各项便民惠民措施落地见效，增强人民群众看病就医获得感。在预约服务精准化方面，二级以上医疗机构落实预约诊疗制度，大力推行分时段和中长期预约诊疗和医技检查集中预约。在支付方式多样化方面，优化支付方式集约化管理，建立多样化的便捷付费结算方式。在门诊取药便捷化方面，缩短患者取药等候时间，提升患者取药体验感，二级以上医疗机构提供 24 小时急诊取药服务。在综合服务集中化方面，二级以上医疗机构设置患者综合服务中心，为门诊和入、出院患者提供“一站式”综合服务。在多学科诊疗（MDT）高效化方面，二级以上医疗机构推广多学科诊疗模式，提高救治效率，建立 MDT 专家团队。在远程医疗常态化方面，二级以上医疗机构建立远程医疗中心，提供常态化远程医疗服务。在用血费用报销简约化方面，继续巩固无偿献血者及其家庭成员临床用血费用减免成果，让信息多跑路、患者少跑腿，临床用血在医院直免率达 90% 以上。在病案复印便民化方面，二级以上医疗机构提供病案复印预约和邮寄服务。在膳食服务科学方面，二级以上医疗机构设立“营养食堂”，提供科学的膳食服务。在医院公厕洁净化方面，二级以上医疗卫生机构厕所全部达到国家“二类以上公厕”标准，做到干净、卫生和整洁。

5. 激发医疗服务发展内生动力

河南省高度重视医疗服务人才建设，不断营造调动医务人员积极性的良好环境。一是完善医疗机构民主管理制度建设，通过健全以职工代表大会为基本形式的民主管理制度，保障医务人员参与医院的民主决策、民主管理、民主监督，调动医务人员参与医院管理的积极性。二是增强医务人员人文关怀，加强以关心关爱医务人员为重点的文化建设，着力改善医务人员工作环境和后勤保障条件，通过提高职工餐饮质量、改善值班保障条件、开展假期子女托管、提供青年职工公寓、协助新进职工落户等方式，全面落实人才保障服务政策，解决医务人员后顾之忧。三是加强执业环境安全建设，深入开展“平安医院建设”，做好人防、物防和技防建设，建立应急安保队伍，开展安检工作，建设符合标准需要的监控设备，严把患者探视实名登记制度关，确保患者与医院人员人身安全。四是着力做好医务人员培养教育。一方面扎实做好医疗服务人才队伍建设，继续巩固落实住院医师规范化培训，利用多种平台渠道提升专科医师规范化培训，加大对毕业生医学教育政策倾斜和投入力度，积极拓展职业发展空间；另一方面，注重医务人员职业素养和人文关怀教育，通过岗前培训、晋级培训等多种方式培养医务人员职业精神，增强责任感、自豪感和认同感。

（二）河南提升医疗服务水平存在的问题

提升医疗服务能力，农村和基层是短板、难点，也是要突破的重点。2021 年 11 月，国家卫生健康委办公厅通报“十三五”期间全国县医院医疗服务能力评估情况，河南取得了县医院医疗服务能力基本标准和推荐标准符合率都位居全国第四的优异成绩。据悉，河南共有 104 所县医院参加评估，在县医院医疗服务能力基本标准评估方面，2016 年基本标准符合率为 84. 26%，2020 年基本标准符合率为 93. 27%，在参与评估的 28 个省（自治区、直辖市）中，位居第四。在县医院医疗服务能力推荐标准评估方面，2016 年推荐标准符合率为 53. 02%，2020 年推荐标准符合率为 73. 91%，在参与评估的 28 个省（自治区、直辖市）中，位居第四。在县医院电子病历系统应用水平分级评价方面，河南上报单位认证率为 99. 04%，位居全国第二，三级及以上医院占认证医院比例为 96. 12%，位居全国第三。

当前，新冠肺炎疫情仍在持续，百年变局加速演进，外部环境复杂严峻。与人民群众日益增长的对美好生活的向往相比，河南提升医疗服务能力还存在基层医疗卫生人才短缺、科技创新能力不强、医防融合不够、信息化建设滞后等短板弱项。从根本上看，人才和技术问题是制约基层医疗服务能力的两个最重要环节。一是基层医疗服务人才短缺，存在人才“引不进、留不住、盘不活”的问题。基层医疗机构待遇不高，但准入门槛高，优秀的医学院毕业生被大城市医疗机构截流，一些吸引人才到基层医疗机构工作的扶持政策还存在落实不到位、执行有偏差等情况，暂时留下的人才因缺少学习空间、发展空间不足等问题而不能长期留下。二是基层医疗机构技术短缺，基层医疗机构设施简陋，现代医疗技术难以开展，只能开展简单医疗服务，无法应对复杂医疗问题，难以让患者产生信任，一旦出现医疗事故，往往对医疗服务机构和服务能力产生严重负面影响。

三　提升河南医疗服务水平的对策建议

新时代，人们日益增长的健康需要与医疗服务水平发展不平衡不充分的矛盾更加凸显，人民群众从看得上病、看得好病的要求提升到希望不得病、少得病，看病更舒心、服务更体贴这一更高要求。人民群众对健康服务寄予的更高期望是提升医疗服务能力的基本遵循，为此，要从以下几方面全力提升医疗服务能力。

（一）引导优质资源扩容下沉

2022 年《国家卫生健康委关于印发“十四五”卫生健康标准化工作规划的通知》指出“标准化推动优质医疗资源扩容下沉、均衡布局，持续改进医疗质量标准，提高不同地区、不同医院医疗服务同质化水平，促进分级诊疗开展”。为此，一要加快国家区域医疗中心建设，加快实施国家区域医疗中心“5+3”工程，在建好儿童、心血管、神经疾病、中医肿瘤医疗、呼吸 5 个国家区域医疗中心的同时，争取肿瘤、中医骨伤、中医脑病 3 个项目纳入国家第三批试点。二要推动优质医疗资源扩容和区域均衡布局，加快新乡、信阳、南阳、周口、商丘布局建设 5 个省区域医疗中心，推动建设区域空间布局合理的医疗资源体系。三要以“会诊式培训”模式为抓手，提升优质医疗资源下沉效果，立足国际国内双循环新发展格局，加强与国际、国内一流高校、医疗机构和科研机构的合作交流，不断提高合作层次与质量，针对大病会诊中的经典病例，组建专业团队对诊断思路、相关文献进行整理，制作视频，供地方医生反复观看学习，提升地方医生“医-教-研”水平。

（二）完善医疗服务体系

河南省第十一次党代会和省委十一届二次全会对进一步提高医疗服务能力提出了具体要求，加快完善医疗服务体系，要切实做好四个统筹。一是统筹发展和安全。牢固树立安全发展理念，将安全稳定与医疗服务工作同部署、同考核、同落实，织紧织密公共卫生“防护网”，筑牢筑实疫情防控“隔离墙”，切实守牢公共卫生安全、国家安全、生物安全底线，为经济社会发展营造健康安全环境。二是统筹城市和农村。把城镇和乡村贯通起来，实施等额对调、对口帮扶，立足县域强基层，推动优质资源、增量资源向基层、农村下沉，持续提升急需和薄弱领域服务能力，不断增强城乡之间的均衡性，助力乡村振兴。三是统筹预防和医疗。实施疾控体系改革，重塑公共卫生体系，核定人员编制，公共卫生服务融入医共体，人员、装备、机制全面优化，切实筑牢健康屏障。同时，针对河南省医疗卫生资源结构特点，按照“抓两头、带中间”的思路，扩充优质高端医疗资源，提升基层医疗卫生服务能力，构建城乡贯通、高效便捷、互联共享的分级诊疗服务体系，不断夯实健康保障。四是统筹中医和西医。支持中医药守正创新、传承发展，注重用现代科学解读中医药学原理，推动传统中医药和现代科学相结合、相促进，推动中西医药相互补充、协调发展，推动中医药在疫情防控、疾病防治和康复中发挥更大作用，为人民群众提供更加优质的健康服务。

（三）加强基层服务能力

近年来，从中央到地方都相当重视基层卫生服务体系建设。一要继续做好基层服务下沉，深入开展基层医疗卫生机构“填平补齐”建设，确保基层医疗卫生服务的可及性，以“优质服务基层行”活动为抓手，实现现有乡镇卫生院、社区卫生服务中心和新增基层医疗卫生机构服务能力全面达标。二要加大政策、资金支持力度，要加大财政保障力度，提高基层医务人员待遇，建立乡村医生养老保险机制，稳定乡村医生队伍。落实基层医务人员激励保障政策，推动落实“乡聘村用”制度，提高基层岗位吸引力。三是推进健康乡村建设，坚持基本医疗有保障、公共卫生服务全覆盖目标，健全防止因病返贫动态监测机制和精准健康帮扶机制，对脱贫户和“三类户”等群体，继续实行 30 种大病专项救治、“先诊疗后付费”、家庭医生签约服务，全面落实城乡医疗机构对口帮扶政策。

第三节 推动中医药传承创新

中医药学是中华民族的伟大创造和中国古代医学的瑰宝，也是打开中华文明宝库的钥匙，为中华民族繁衍生息做出了巨大贡献，对世界文明进步产生了积极影响。党的十八大以来，以习近平同志为核心的党中央把中医药工作摆在更加突出的位置，中医药事业发展迎来新的历史机遇。2021年3月6日，习近平总书记看望参加全国政协十三届四次会议的医药卫生界、教育界委员时指出，要做好中医药守正创新、传承发展工作，建立符合中医药特点的服务体系、服务模式、管理模式、人才培养模式，使传统中医药发扬光大。要科学总结和评估中西药在治疗新冠肺炎方面的效果，用科学的方法说明中药在治疗新冠肺炎中的疗效。2021年5月12日，在河南南阳市调研的习近平总书记，来到东汉医学家张仲景的墓祠纪念地医圣祠，了解张仲景生平及其对中医药发展做出的贡献，了解中医药在防治新冠肺炎疫情中发挥的作用，以及中医药传承创新情况。习近平总书记强调，要做好守正创新、传承发展工作，积极推进中医药科研和创新，注重用现代科学解读中医药学原理，推动传统中医药和现代科学相结合、相促进，推动中西医药相互补充、协调发展，为人民群众提供更加优质的健康服务。

一　充分认识中医药传承创新的重大意义

习近平总书记指出，中医药学凝聚着深邃的哲学智慧和中华民族几千年的健康养生理念及其实践经验，是中国古代科学的瑰宝、是打开中华文明宝库的钥匙[①]，也是中华文化走向世界的闪亮名片。在中国乃至世界卫生健康体系中，流传数千年的中医药文化瑰宝熠熠生辉。特别是新冠肺炎疫情出现以来，中医药全程参与疫情防控，为疫情防控工作贡献了巨大力量，形成了中西医并重、中西医结合、中西药并用的中国疫情防控方案，被多个国家借鉴和使用。

（一）新时代中国特色社会主义事业的重要内容

《中共中央　国务院关于促进中医药传承创新发展的意见》指出，传承创新发展中医药是新时代中国特色社会主义事业的重要内容，是中华民族伟大复兴的大事，对于坚持中西医并重、打造中医药和西医药相互补充协调发展的中国特色卫生健康发展模式，发挥中医药原创优势、推动我国生

① 习近平：《中医孔子学院为中澳增进传统友好搭起桥梁》，中国新闻网，https：//www.chinanews.com.cn/gn/news/2010/06-20/2352068.shtml。

命科学实现创新突破，弘扬中华优秀传统文化、增强民族自信和文化自信，促进文明互鉴和民心相通、推动构建人类命运共同体具有重要意义。中医药学是中华民族的伟大创造，在几千年的发展进程中形成了特色鲜明的理论体系、技术方法和独特的发展规律。中医药文化也是中华优秀传统文化的杰出代表，是为中国百姓广泛认同，与人们日常生活密切相关、有实用价值的一种文化形态。中医药是中国特色卫生健康发展道路的重要组成部分，在治未病、疾病治疗及康复中有着独特优势和价值作用。

（二）发展中国特色卫生健康发展模式的必然要求

健康是促进人的全面发展的必然要求，是经济社会发展的基础条件，是民族昌盛和国家富强的重要标志，也是广大人民群众的共同追求。习近平总书记指出，我们党始终把保障人民健康放在优先发展的战略位置，要遵循中医药发展规律，传承精华，守正创新，坚持中西医并重，推动中医药走向世界，充分发挥中医药防病治病的独特优势和作用，为建设健康中国、实现中华民族伟大复兴的中国梦贡献力量。“十三五”期间，我国中医医疗机构数量快速增长，中医药服务能力持续提升。中医药发展不仅是健康中国战略的重要内容，也是当前深化医药卫生体制改革的着力点之一，更是打造中西医相互补充、协调发展的中国特色卫生健康发展模式的必然要求。中医药传承创新有利于完善优化中医药服务体系、增强服务能力，不断提升中医药服务健康中国建设的贡献，增强人民群众的获得感。

（三）推动构建人类命运共同体的重要载体

中医药在促进文明互鉴、维护人类健康方面发挥着日益重要的作用，已逐渐成为构建人类命运共同体的重要载体。近年来，中国加强在发展中国家特别是非洲国家开展艾滋病、疟疾等疾病防治，先后派出中医技术人员 400 余名，分赴坦桑尼亚、科摩罗、印度尼西亚等 40 多个国家。援外医疗队采用中药、针灸、推拿以及中西医结合方法治疗了不少疑难重症，挽救了许多垂危病人的生命，得到受援国政府和人民的充分肯定。2019 年，中国推动在国际标准化组织（ISO）成立的中医药技术委员会（ISO/TC249）已发布 45 个中医药国际标准，中医药正快步融入国际医药体系，为人类健康福祉做出越来越大的贡献。特别是随着抗击新冠肺炎疫情“中国方案”

走上世界舞台，中医药的显著疗效日益为国际社会关注，中国与有需求的国家分享参与疫情防控的经验，努力将中医药打造成为全球卫生健康治理的国际公共产品，为构建人类卫生健康共同体贡献“中国智慧”。

（四）推动中华优秀传统文化走向世界的重要文化符号

中医药与中华文明相伴而行，是世界重要文化遗产。在国际传播中，中医药本身是很重要的文化符号，中医药文化在助推中华优秀传统文化复兴、助力中华文化“走出去”中发挥了巨大作用。中医药对外传播始于秦代，早期以赠送药物为主，汉晋以来，中医理论与技术水平进一步提高，出现了《黄帝内经》《伤寒论》《脉经》等一批重要经典医学书籍。2 世纪末，《内经》《伤寒论》等中医典籍传入韩国，与当地传统医学结合发展成为韩医学的主流。[①] 5 世纪，中医由朝鲜进入日本。随着丝绸之路和海上丝绸之路的畅通，中医中的针法、灸法相继传入英国、德国、法国等国。“一带一路”倡议提出以来，国家中医药管理局积极推进中医药参与“一带一路”建设，中医药为增进共建“一带一路”国家人民健康福祉做出了重要贡献，中医药的“朋友圈”越来越大，已传播到全球近 200 个国家和地区。我国也先后与 40 多个外国政府、地区主管机构和国际组织签署了中医药合作协议。

二　河南推动中医药传承创新的主要做法及存在的问题

中医药工作是卫生健康工作的重要组成部分，在经济社会发展中发挥着不可替代的重要作用。河南作为中医药学的重要发源地和医圣张仲景的故乡，长期以来一直将中医药工作融入健康中原建设大局统筹考虑，协调推进，并不断加快中医药传承创新发展，中医药强省建设步伐铿锵有力。

（一）河南推动中医药传承创新的主要做法

河南深入贯彻落实习近平总书记关于中医药工作的重要论述，充分发挥中医药在健康中原建设和保障人民健康中的作用，通过完善中医药医疗

---

① 孔卓瑶、张宗明：《中国古代医药文献对外传播及其影响》，《医学与哲学》2015 年第 1 期，第 86~89 页。

服务网络、提升中医药在疾病治疗中的优势、发挥中医药在公共服务中的作用，发展中医治未病服务，强化中医药特色康复能力。加快中医药强省建设步伐。

1. 做好顶层设计，加快中医药强省建设

省委、省政府印发《关于促进中医药传承创新发展的实施意见》，明确加快建设中医药强省，让中医药在健康中原建设中发挥更大作用。省委、省政府还调整充实河南省中医药工作领导小组，由省委常委、常务副省长任组长，分管副省长任常务副组长，成员单位充实到 28 个。此外，河南还将《河南省实施〈中医药法〉办法》列入省人大常委会地方立法审议计划和省政府地方立法项目。

2. 加快中医药传承创新发展步伐

河南大力推进国家中医药传承中心、中医疫病防治基地建设，建设省中医药循证医学中心，制定中西医结合临床疗效评价标准，让中医药在新时代焕发新活力。同时，河南还统筹中医和西医，支持中医药守正创新、传承发展，注重用现代科学解读中医药学原理，推动传统中医药和现代科学相结合、相促进，推动中西医药相互补充、协调发展，推动中医药在疫情防控、疾病防治和康复中发挥更大作用，为人民群众提供更加优质的健康服务。

3. 健全中医药服务体系

2021 年，河南大力推进 12 个国家区域中医（专科）诊疗中心建设并取得阶段性成效，中医肺病、儿科、骨伤专科排名进入全国前列；新建 443 个中医馆，遴选 129 个示范中医馆；6 所中医医院通过三级甲等评审，6 个县（市、区）通过全国基层中医药工作先进单位复验，综合医院、专科医院、妇幼保健院中医药科室标准化建设全面启动；中医药全程参与疫情救治和灾后防疫，协同效应明显；成功创建省心血管疾病临床医学研究中心，遴选 40 家省中医药重点实验室建设单位，获得国家自然科学基金项目 47 项。声驱千骑疾，气卷万山来。符合中医药规律特点的政策体系，已见雏形。目前，河南以中医医院为主体，多层次、多形式、覆盖城乡的中医医疗服务体系已基本形成。全省超过 1/3 的县区荣获“全国基层中医药工作先进单位”称号。以张仲景文化为标志的河南中医药文化体系逐步形成，文化建设基础更为坚实，行业文化自信明显增强，中医药在健康中原建设中的作用更加明显。

（二）河南推动中医药传承创新发展面临的主要问题

虽然河南在建设中医药强省方面取得一定成绩，但我们也要看到，河南在推动中医药传承创新方面还存在不足：中西医并重方针仍需全面落实，遵循中医药规律的治理体系亟待健全，中医药发展基础和人才建设还比较薄弱，中药材质量参差不齐，中医药传承不足、创新不够、作用发挥不充分等，特别是优质中医药服务能力不强，基层中医院设施有待完善；专业人才梯队尚未形成，省级、国家级知名度较高的名中医不多，高层次学术带头人不足，基层中医人才匮乏，已成为制约中医药事业发展的关键因素；中医药产业发展能级不高，中医药产业集聚水平低；科研能力弱，创新动能不强；张仲景品牌宣传力度不大，建设中医药强省还需努力。

中医药是我国独特的卫生资源，中西医对生命健康的理解不同，中医和西医的理论体系不同、对病因病机的认识也有差异。加快中医药文化传播，开启中医药的国际化进程，还需要高质量的疗效证据。科学说明中医疗效、文化，讲清中医道理，还需要遵循中医药发展规律，传承精华，守正创新，切实把中医药这一祖先留给我们的宝贵财富继承好、发展好、利用好。

三　推动河南中医药传承的对策建议

国家中医药管理局局长于文明在河南调研时指出，河南是中医药大省，新时期要加强中医药服务体系和人才队伍建设，推动基层中医药服务能力提升，继续为全国中医药事业发展做出表率和示范，建设在全国有重要影响的中医药强省。省委、省政府对河南省中医药工作寄予厚望，要求充分发挥河南中医药大省的独特优势，在中医药人才培养、科技创新和药品研发上下功夫，推动中医药在传承创新中实现新发展。我们要把领导讲话和批示要求转化为推进中医药传承发展的具体行动，把抗疫精神与新时代卫生健康职业精神转化为加快中医药强省建设步伐、推进健康中原建设的强大精神动力，为中原更出彩提供更加坚实的健康保障。

（一）发挥独特优势，提升中医药服务能力

中医药以其“简、便、验、廉”的特点和在疾病预防、治疗、康复等

方面的独特优势得到人民群众的广泛认可。一是完善中医药发展体制机制。各级卫生健康部门应充分发挥中医药在健康服务中的作用，不断提升服务能力，有序推动综合医院、专科医院中医药科室标准化建设工作，不断提升综合医院、专科医院中医药服务能力，扩大中医药服务阵地；持续强化中医医疗机构医疗质量控制管理，实施中医医院医疗安全能力建设项目，完善质控中心管理制度和质控监测指标，健全中医医疗机构医疗质量控制体系。二是加快推进区域医疗中心建设。争取国家区域中医肿瘤医疗中心项目落地，确保 26 个省级中医专科诊疗中心建设项目和 32 个省级区域中医专科诊疗中心建设顺利实施，再建 180 个基层医疗卫生机构中医馆；健全传染病中西医协同救治机制，做好国家中医疫病防治队伍建设，推出 10 个适合河南省的中医药诊疗方案。三是推进中医药治疗提质升级。利用“双核心指标”管理等手段，健全以中医特色管理和基础管理为核心的中医医院管理评价制度，不断强化以中医药服务为主的办院模式和服务功能，规范医疗服务行为，推动医疗质量持续提升；加快实现基层医疗机构中医服务全覆盖，推进中医馆提质升级，进一步提升基层医疗卫生机构中医药服务水平。

（二）遵循发展规律，加强中医药人才培养

中医药事业的可持续发展离不开强有力的中医药人才队伍的建设。一是优化人才成长路径。要着力在完善培养模式、优化人才成长路径以及健全人才评价体制机制方面持续发力，促进中医药人才队伍加快提质增效。要深化中医药学术传承，推进中医药传承与创新“百千万”人才工程（岐黄工程）、省中医药传承创新人才工程（仲景工程），确保有关人才项目和平台建设取得实效，重点培养和打造一批中医药人才。二是实施中医药特色人才培养工程，加大高水平中医药研究人才培养与引进力度，借鉴国内中医药研究领域成功经验，汇聚一批能干事、干成事的研究创新队伍，加快建设一批中医药重点学科、全国名老中医药专家传承工作室，充分发挥名老中医药专家的指导、引领作用。三是加强人才培训，“西学中”是中西医结合发展和教育培训的重要一环，是加强中医药人才培养、壮大中医药人才队伍、强化中西医协同作用的有益探索，要积极开展西医学习中医工作，完善细化河南省二级以上综合医院非中医类别医师学习中医培训工作

过程管理和考核规范，切实保障培训质量，真正对继承发展中医药学、实现中医药现代化做出贡献。四是完善人才评价激励机制，加快构建合理的中医药人才评价体系，把中医学的才能、医德医风等作为中医药人才的重要评价标准，把会看病、看好病作为中医医师的主要评价内容，构建不同层级相互衔接的人才评价表彰激励机制，以选树行业典型，增强行业荣誉感。

（三）推进中医药科研创新与弘扬中医药文化

加快科技创新是推动高质量发展的需要，是实现人民高品质生活的需要。要认真落实习近平总书记 2020 年 9 月 11 日主持召开科学家座谈会重要讲话精神，坚持需求导向和问题导向，面向世界科技前沿、面向经济主战场、面向国家重大需求、面向人民生命健康，不断向科学技术广度和深度进军。一要搭建中医药传承平台，加强中医药传承保护和重点领域攻关，抓好省中医药科研质控中心建设，加强河南省中医药科研管理，完善质量控制体系建设，以质控中心建设带动科研平台建设，进一步提升科研规范化水平，支持河南中医药大学组建河南省仲景实验室，努力说明白、讲清楚中医药的疗效。二要提升中医药科研能力，加强中医优势专科建设，加强中医治疗优势病种研究，加快河南省中医药重点实验室建设，争取更多的国家级、省部级科研大项目立项，产出更多有突破、有标志性的科研成果，带动全省中医药科研水平迈上新台阶。三要推动中医药科研成果转化与应用，加快中医药科研创新，进一步优化中医药科技创新和成果转化机制，促进更多适用于临床实际的特色技术、有效方药推广应用，提升临床服务能力。四要继续推进中医药文化弘扬工程，全力推进医圣祠文化园项目和张仲景国医大学复建工作，提升张仲景医药文化节和仲景论坛举办层次，提升仲景文化和仲景品牌知名度。

第九章　丰富群众精神文化生活

习近平总书记在党的十九大上指出："中国特色社会主义进入新时代，我国社会主要矛盾已经转化为人民日益增长的美好生活需要和不平衡不充分的发展之间的矛盾。"随着物质生活水平的日益提高，"美好生活"越来越多地体现在精神文化生活的满足上，而主要矛盾也因此更多地表现在美好生活的需求与整体精神文化发展不平衡不充分之间。针对主要矛盾的变化，习近平总书记多次指出："人民对美好生活的向往，就是我们的奋斗目标。"[①]"老百姓对美好生活的追求，就是我们的努力方向。"[②]简要回顾四十多年来的发展，早在改革开放初期，中国共产党就提出"物质文明和精神文明两手抓，两手都要硬"，以提高全社会精神文明为宗旨的文化建设长期处于各项工作的重要位置，党的十七届六中全会明确提出"建设社会主义文化强国"的奋斗目标，党的十八大进一步提出"扎实推进社会主义文化强国建设"，党的十九届五中全会明确建成文化强国的具体时间表。河南将各个时期关于文化建设的重大决策部署，落实到实践中去，积极推进城乡公共文化建设，不断丰富人民群众的精神文化生活，让人民共享文化建设的伟大成就。

第一节　提升公共文化服务水平

公共文化服务是指由政府主导、社会力量参与，以满足公民基本文化需求为主要目的而提供的公共文化设施、文化产品、文化活动以及其他相

① 《十八大以来重要文献选编》（上），中央文献出版社，2014，第70页。

② 中共中央文献研究室编《习近平关于实现中华民族伟大复兴中国梦的论述摘编》，中央文献出版社，2013，第13页。

关服务，体现了公益性、均等性、基本性、便利性的要求①。党的十九届五中全会提出要“提升公共文化服务水平”，并对相关工作做出总体规划与部署。随着社会主要矛盾的变化以及“文化自信”的提出，文化事业事关民生，事关国运，进入一个新的发展阶段，因此，“公共文化服务水平”应该被置于一个更加宏大的背景和更高层面上来看待。

一 提升公共文化服务的时代背景

（一）社会主要矛盾的变化

2017年10月18日，习近平同志在十九大报告中强调，中国特色社会主义进入新时代，我国社会主要矛盾已经转化为人民日益增长的美好生活需要和不平衡不充分的发展之间的矛盾。中国社会主要矛盾的变化意味着社会发展阶段的变化，从过去的以解决物质上的温饱问题为主，向解决人们精神上的“温饱问题”转变。换句话说，人们日益增长的美好生活需要已经从物质需求更多地向精神需求转移。基于这样一个基本判断，无论是国家，还是河南省，更好地为公众提供文化服务，可能是未来各级政府更重要、更多的公共产品供给内容。

（二）增强文化自信的要求

文化自信是一个国家、一个民族发展中更基本、更深沉、更持久的力量，党的十九大鲜明提出，文化是一个国家、一个民族的灵魂。文化兴国运兴，文化强民族强。没有高度的文化自信，没有文化的繁荣兴盛，就没有中华民族的伟大复兴。习近平总书记曾指出，我们要坚持道路自信、理论自信、制度自信，最根本的还有一个文化自信。可见，增强文化自信对于民族复兴、国家强大所具有的重大意义。而文化自信的提升，有赖于广大人民群众整体文化程度提高、文明素养的提升。大力提升公共文化服务，使公众通过学校教育以外的途径获得文化知识，培育文明素养，则是实现这一目标的重要手段和途径。

① 袁维海、邵明：《提升公共文化服务水平的五个着力点》，《光明日报》2021年3月22日。

（三）从文化大省向文化强省转变的路径选择

河南是文化大省，历史底蕴深厚，文化资源丰富，在全国具有无可比拟的优势地位。从文化大省向文化强省转变是长期以来河南文化建设的重要任务，在这一过程中，一方面，河南需要进一步挖掘、保护、搜集、整理优秀文化资源，把文化大省进一步做实；另一方面，要让资源优势真正为全省人民所共享，为全省人民提供文化大餐、精神食粮，就需要持续地推进公共文化服务，让资源优势惠及广大人民群众。

二　河南公共文化服务现状

近年来，随着经济社会发展水平的不断提高，河南全省人民对文化生活的需求和要求也逐步提高，满足更广大人民群众美好生活需要是党对人民的庄严承诺。因此，河南立足于自身实际，出台了一系列的措施，努力提高公共文化服务水平，各地公共文化服务不断提质增效、出新出彩，取得了积极的成效，河南丰富的文化资源得以大放光彩，文化精品频频“出圈”，为全省人民共享，为全国乃至世界所知。

（一）河南省提升公共文化服务的主要做法

1. 塑造“行走河南·读懂中国”品牌

按照河南省委经济工作会议提出的“十大战略”，文旅文创融合战略是其中之一。按照这一战略部署，文旅部门把“行走河南·读懂中国”作为新的重点打造品牌，以重大的历史人物和事件为主线，充分利用在中华民族的发展历史上具有较大价值、较大影响、较大意义的历史文化资源，全力打造具有全国影响力的重大文化标识。侧重于运用现代技术创新沉浸式研学游方式，打造文旅融合业态新谱系，建设中华文明连绵不断的探源地、实证地和体验地。

2. 增强新项目新业态发展动能

文化产业具有经济效益和社会效益。河南城市化水平不断提高，城镇人口持续增长，周末假期的旅游休闲消费是潜力巨大的市场，也是公共文化服务的重点。近几年来，河南持续打造高质量文化产业项目，“只有河南·戏剧幻城”、银基动物王国、冰雪大酒店等精彩亮相，成为河南文化旅游新名片。[①]

3. 充分发挥文博资源优势

随着央视推出的《国家宝藏》《中国考古学大会》等节目的走红，考古文博引起公众的广泛兴趣。河南充分发挥文博资源的优势，加快建设博物馆群，高水平谋划建设河南博物院新院，加快黄河国家博物馆建设进度，打造郑州“百家博物馆”和洛阳“东方博物馆之都”，全方位、分类别进行活态化展示、具象化传播。加快推进郑州商都遗址博物院、开封城摞城遗址博物馆等重点项目建设。[②]

4. 加强乡村文化合作社建设

河南创新工作方法，将合作社这样一种基层经济组织的思维扩大应用到文化领域。为推动河南省文化合作社规范发展，专门印发了《乡村文化合作社建设指导意见（试行）》，从河南省乡村文化合作社建设中梳理出9种不同模式，汇编成案例集发给各地，为各地提供可参考、可学习、可借鉴的样板，推动河南省文化合作社高质量发展。建设河南省文化合作社线上交流展示平台，供基层文化能人开展培训、交流学习，提升基层文化能人的能力素质和文化合作社建设水平。

5. 大力推进河南省公共数字文化服务

疫情、暴雨等突发事件对公众文化服务提出了新的要求。数字化成为解决这一难题的重要手段。截至目前，“文化豫约”注册用户194万，在线文化场馆3688家，发布文化活动25706场，在线累计观看人数达3500多万人次，已经完成和国家文化云对接，实现了与省辖市、直管县（市）互联互通。重点从传统景区转向大遗址、博物馆等文博场所的数字化升级改造，用数字活化文化、用数字展示文化、用数字诠释文化，推动建成一批沉浸式数字体验场馆，出台《关于推动数字文化产业高质量发展的实施意见》[③]。

6. 建立健全阅读服务体系

2022年河南政府报告提出：“实施文化惠民工程，深化群众性精神文明

---

① 《2021河南文旅知重负重 迎难克难》，河南省人民政府网，http://www.henan.gov.cn/2022/02-11/2397267.html。

② 《河南将高水平谋划建河南博物院新院 专家：将成河南又一文化新地标》，映象网，https://baijiahao.baidu.com/s?id=1724476189864533405&wfr=spider&for=pc，2022年2月11日。

③ 《盘点：河南省2021年公共文化服务十件大事》，河南省文化和旅游厅，https://hct.henan.gov.cn/2022/01-18/2384328.html。

创建，建设书香河南。”河南充分发挥公共图书馆在构建现代公共文化服务体系和丰富人民群众精神文化生活等方面的主阵地作用，推动“全民阅读”工作持续开展，大力推进书香河南建设，不断满足人民群众日益增长的学习阅读需求。为此，河南搭建了全国第一家个性化数字阅读平台——书香河南，免费向公众开放。

（二）河南公共文化服务建设取得的成效

1. 人民群众的文化生活需求得到极大满足

全省每年公益性文化活动逐年增加，各类文化惠民活动持续开展，送演出、送图书、送文化下乡；城市公共文化活动也更加丰富，公共文化馆、博物馆、美术馆、大剧院等文化活动场所，全年的展出、演出活动基本没有中断。此外，受洪灾、疫情等特殊情况影响，线上文化惠民活动也花样翻新，内容丰富，而且随着互联网、数字技术的进步，线上线下互动形式也日益增多，比如河南省少年儿童图书馆的有奖问答、作品大赛、线上手工艺授课等，从城市到农村，人民群众的文化生活需求得到了进一步满足。

2. 河南公共文化服务体系进一步完善

从统计数据看，河南全省的公共文化服务体系进一步完善，公共文化服务平台建设取得显著成效。根据 2021 年河南统计公报，全省共有公有制艺术表演团体 161 个、文化馆 207 个、公共图书馆 169 个、博物馆 361 个。全国重点文物保护单位 420 处，省级文物保护单位 1521 处，入选国家级非物质文化遗产名录 125 个。有线电视实际用户 698. 84 万户。广播综合人口覆盖率 99. 66%，电视综合人口覆盖率 99. 64%。全年图书出版总印数 4. 39 亿册，期刊出版总印数 0. 68 亿册，报纸出版总印数 12. 72 亿份。年末共有综合档案馆 177 个，已开放各类档案 609. 92 万卷（件）[①]。可以说，全省公共文化服务体系已经基本建立起来。

3. 河南文化品牌的知名度显著提升

这些年来，河南文化建设事业成就突出，打造了不少文化精品，仅仅以电视节目品牌为例，早些年的《梨园春》《武林风》《华豫之门》等，再

---

① 《2021 年河南省国民经济和社会发展统计公报》，河南省统计局，http：//tjj. henan. gov. cn/2022/03-10/2412169. html。

到近年来的“中国传统节日”奇妙游系列，频频“出圈”，不仅让河南人民不断享受节日文化大餐，而且受到全国观众的热捧，乃至世界媒体的关注。此外，李树建带领豫剧精品剧目走进高校，全国巡演，让地方文化品牌叫响全国。河南世界级文化遗产再添“新丁”，太极拳入选世界遗产名录，河南的文化遗产不仅数量增多，而且品牌影响力也不断提升，从安阳殷墟、洛阳龙门石窟、登封天地之中建筑群，再到大运河、太极拳，河南文化的深厚底蕴再次得到彰显，文化名片越“擦”越“亮”，从根本上提升了河南人民的文化自信。

4. 公共文化的服务能力稳步提高

在城市，随着城区面积的扩大，公共文化服务场馆的分馆、新馆不断增加，为满足新社区、新市民的文化需求，服务设施和能力同步跟进；在农村，除了乡镇文化站、乡村书屋以外，还有图书流动服务车、流动博物馆等。过去受城乡差异和客观条件限制的图书、文博工作也创新理念，拓展为农村服务的业务，缩小城乡差距。

（三）河南公共文化服务存在的问题

尽管河南的公共文化建设取得了很大的成绩，但由于河南人口多、城乡差距大的基本省情没有根本改变，因此，河南省公共文化服务依然面临着城乡发展不均衡、设施建设存在短板、设施管理和运行尚不规范、政府主体责任落实不够等主要问题。

1. 城乡发展不平衡

河南是农业大省，农业人口比重大，虽然河南的城镇化率已经超过50%，但城镇化的质量仍然较低。尤其是在县域及以下，包括公共文化服务在内的各类公共服务水平仍然较低。城乡的公共文化服务呈现阶梯式水平差异，省会大城市与县域之间存在较大差距，而县域与乡镇、农村之间同样存在较大差距，城乡发展不平衡问题仍将长期存在。

2. 基础设施建设短板明显

场馆是各级公共文化服务重要的载体，主要包括文化馆、图书馆、美术馆、剧院等。这些基础设施短板明显，一方面，公共文化服务与城市发展规模不匹配，配套设施跟不上；另一方面，公共文化设施管理和运行尚不规范。已经建成的公共文化设施存在一定程度的闲置或借用，尤其是基层的基础设施，这两方面问题都存在，贫困偏远地区更是如此。

3. 公共文化活动内容有待进一步丰富

除省会郑州之外，河南其余各地不同程度地存在公共文化活动内容丰富性不够的问题。地方文化场馆建好以后，如何引入高水平的活动内容是各地的一大难题。高端的展览需要提早谋划，基层难以获得布展机会；高质量的商业演出在地方上座率不高也难以引入；惠民演出一般优先安排在郑州；当地的文艺创作、文艺表演能力不足，也无法满足地方文化需求，地方公共文化服务面临"巧妇难为无米之炊"的困境。

4. 政府主体责任落实不够

按照《中华人民共和国公共文化服务保障法》的要求，政府在公共文化的组织、管理、提供和保障等多个方面的责任是刚性的，必须以公共财政为支撑。而公共文化服务是花钱的民生工程，对于当地财政紧张的地方，购买公共文化服务的财力不足，且其不是地方政府的财政支出优先项，压缩公共文化服务的支出是普遍存在的问题，财政保障不到位，地方政府主体责任缺失较为普遍。

三　提升河南公共文化服务水平的对策建议

河南省近年来的公共文化服务水平在逐步提升，但是与河南作为文化大省的地位、与河南人民文化生活需求比，仍然存在着较大的差距，针对河南公共文化服务方面存在的上述问题，建议从以下几个方面改进与提升。

（一）推动公共文化服务向高品质发展

坚持以人民为中心的发展思想，推动公共文化服务向高品质发展。坚持以人民为中心，牢记文化发展是为了人民，积极顺应人民群众对美好生活的新期待，努力推动公共文化服务向高品质发展。积极打造更多更好的文化精品，惠及更广大人民群众，积极引入更多经典、精彩、优质、高端的文艺演出、展览等。

（二）推进县域基本公共文化服务标准化建设

补齐短板，深入推进县域基本公共文化服务标准化建设。研究制定县域基本公共文化服务目录，进一步完善公共图书馆、文化馆、基层综合性文化服务中心等的建设和服务规范，发挥好标准（目录）的引领作用，实现内容无缺项、人群全覆盖、财力有保障、服务可持续。

（三）推动公共文化服务均等化

要缩小城乡文化的差距，就必须优化城乡文化资源配置，推进城乡公共文化服务一体化建设，推动基本公共文化服务均等化，促进城乡协同发展，缩小城乡公共文化服务差距。城乡协同发展，促进基层公共文化设施布局优化和资源共享，扩大优质文化产品和服务供给；盘活资源，完善设施，加快编织高质量公共文化服务网络，鼓励社会力量参与，统筹推进河南公共文化服务共建共享。

（四）推动数字化破解公共文化服务中的难点

随着移动终端、5G、大数据、云计算等的应用和普及，人们的生产生活方式发生了巨大变革，网络已成为满足人们文化需求的新的重要渠道。省文化和旅游厅于2020年初启动了河南省公共数字文化工程，确定了30个县（市）进行试点工作，并且搭建了省级数字平台“文化豫约”。各县（市）通过对接“文化豫约”供需服务平台，发布电子书籍、艺术鉴赏、讲座慕课等数字资源，策划开展戏曲、广场舞、大合唱、民间民俗艺术等群众喜闻乐见的网络展演及选秀活动，为人民提供更加便捷精准的公共文化数字化服务，弥补农村地区的公共文化服务短板，实现县域基本公共文化服务的均等化。

第二节　传承弘扬优秀传统文化

在新的时代背景下，中华优秀传统文化迎来了美好前景。《中共中央关于党的百年奋斗重大成就和历史经验的决议》指出：“中华优秀传统文化是中华民族的突出优势，是我们在世界文化激荡中站稳脚跟的根基，必须结合新的时代条件传承和弘扬好。”此后，中宣部印发《中华优秀传统文化传承发展工程“十四五”重点项目规划》，对未来中华优秀传统文化的传承发展制定了发展蓝图。河南地处中原，是华夏文明的重要发祥地，传统文化底蕴深厚，传承弘扬优秀传统文化，河南既有得天独厚的优势条件，又有义不容辞的担当与使命。从华夏历史文明传承创新区，到全国重要的文化高地，再到中华文化传承创新中心，河南始终围绕传统文化的传承创新持续发力，不断夯实中原更加出彩的基础。

一　河南传承优秀传统文化的现状

“得中原者得天下”，河南独特的地理位置、重要的历史地位决定了其具有悠久的文化传统、丰富的传统文化、浓厚的人文气息和持久不断的文化韧性。改革开放以来，随着人们思想观念的转变，传统文化的价值得到重新认识和肯定，而且越来越成为一种潮流和趋势。河南充分认识到自身的优势所在，传承弘扬优秀传统文化始终是历届省委省政府高度重视的一项工作，是广大人民群众高度自觉的集体行为。

（一）以祭祖大典为内容传承始祖文化

黄帝祭祖大典、人文始祖祭祀大典（伏羲）等祭祀先祖的一系列文化活动是中原地区作为华夏文明发祥地的重要体现，与其他地区相比，也是中原地区独具优势的特色文化类型。通过祭祖大典传递出炎黄子孙、华夏儿女对共同祖先的认同感，唤起海内外中华儿女的家国情怀；通过祭祖大典，传递出国家对于共同始祖的态度，同时将这一文化意义传递给各个不同地区的人群，民众无论在场与否，都可以经由祭祖大典感知彼此共同拥有的文化符号和情感纽带。

（二）以古代圣贤为内容传承圣贤文化

河南是老子、墨子、列子等诸子百家以及二程等思想文化大家的故里，圣贤遗迹及其留下的典籍，乃至典籍中蕴涵的思想文化仍然流淌在圣贤后人的血液中。河南地方充分利用本地此类文化资源，打造历史文化景观，举办与地方文化建设、旅游产业乃至经济发展规划相结合的学术活动，通过这类活动既能够弘扬传承圣贤文化，又可以宣传地方文化旅游资源，提升地方知名度，还可以将圣贤文化研究推向深入，比如鹿邑县老子故里连续举办老子思想研讨会，嵩县多次举办二程理学高层论坛等，积极打造地方文化地标，挖掘圣贤文化的时代价值。

（三）以姓氏文化为内容传承根亲文化

河南是姓氏文化大省，姓氏文化也是河南省独具特色的文化资源，“在有来源可考的4820个姓氏中，起源于河南的姓氏共有1834个，占38%；在按人口多少排列的占汉族人口90.14%的前120个大姓中，全源于河南的姓氏有52个，部分源头在河南的姓氏有45个，起源于河南的姓氏，人口数量占汉族人口的80%以上”①。以姓氏文化为纽带，以河南姓氏文化研究会为主要学术团体，广泛开展姓氏文化活动，对外，成为加强河南与海外华人华侨联系的重要桥梁，成为中原文化“走出去”的重要渠道；对内，各地相继成立地方姓氏文化研究团体，开展宗亲交流活动，编续家谱，整合了已经松散的家族成员之间的社会关系。无论对内对外，姓氏文化的兴起使其以更为活跃、生动以及深入的方式融入社会文化生活，民众得以积极主动继承。黄帝故里景区、中华黄国故城文化园等一批寻根文化园区成功建设，成为全球华人根亲文化圣地。

（四）以传统节日为内容传承节俗文化

河南的传统节日传承开展较早，内容丰富、形式多样，走在全国的前列，成为文化惠民的一项重要活动。浚县正月古庙会是中国传统春节文化和古庙会文化的活态化石和不可复制的中国民俗文化经典，长期是学术界研究春节和人民群众传承节俗文化的重要基地。除了河南卫视打造的传统节日奇妙游系列之外，河南省民间文艺家协会与中国民间文艺家协会合作，从乡村振兴、学术研究、传承创新的角度连续多年开展了一系列的“我们的节日”系列活动，与地方政府携手，把春节、清明、端午、中秋、重阳等传统节日活动与地方文化建设结合起来，挖掘了不少地方的传统文化资源，较好传承了节俗文化。

（五）以地方剧种为内容传承戏曲文化

河南是戏曲大省，地方剧种众多，戏迷观众数量庞大，传承戏曲文化

---

① 《中国姓氏分布图出炉，看看多少人的根在河南》，大河报网，https：//news.dahebao.cn/dahe/appcommunity/1413470？newsId=1413470。

具有深厚的群众基础和良好的社会环境。品牌电视栏目《梨园春》作为深受全国戏迷观众喜爱的节目，在传播、宣传河南地方戏，推动戏曲文化传承方面发挥了极大的作用，成为河南地方戏传承、弘扬的文化标志。群众性戏曲活动堪称河南传承优秀传统文化的典范，没有任何一类传统文化能像戏曲文化那样，被广大人民群众积极主动地传承弘扬，例如，各个城市的群众性戏曲茶馆茶楼，以郑州大石桥自发性的群众戏曲演唱为代表的各大公园、街角周末戏迷活动等，都是河南地方戏良性传承的重要表现，这些活动，既满足了群众的公共文化需求，又起到了传承戏曲文化的作用，是一种地方文化生生不息的体现。各个专业戏曲院团送戏下乡，以河南豫剧院院长李树建为代表的戏曲名家走进大学校园、走到全国其他城市，从专业演员的职责出发，积极推动河南地方戏的传播与传承。

（六）以非物质文化遗产为内容传承民间文化

非物质文化遗产是一个重要的传统文化门类，河南资源丰富，数量众多，截至 2018 年，全省拥有人类非物质文化遗产代表作名录项目 2 个，国家级代表性项目 113 个、代表性传承人 84 名，省级代表性项目 728 个、代表性传承人 832 名，市级代表性项目 2596 个、代表性传承人 3013 名，县级代表性项目 9021 个、代表性传承人 8515 名。[①] 可以说，在全省众多市、县，甚至很多村庄都有相当数量的非物质文化遗产项目和代表性传承人。非物质文化遗产主要传承民间传统文化，其传承方式是多元的，既有自主性传承，如民间拜师学艺，也有学校传承，如非遗进校园活动。既有个体传承，如一对一的师徒传承方式，也有集体性传承，如河南省开设的非遗生产性保护示范基地、非遗社会传承基地、非遗传习所、非遗展示馆等，这些以传承为宗旨的机构已经先后设立三批，例如，“登封二十四节气展示馆”等 31 个展示馆为河南省第二批非物质文化遗产示范展示馆，“少林功夫传习所”等 22 个传习所为河南省第二批非物质文化遗产示范传习所。

二　河南在传承优秀传统文化过程中存在的不足

与文化发达省份相比，与河南优秀传统文化资源的品质和数量相比，

---

① 《河南省非物质文化遗产资源概况及国家级、省级传承人和项目公示》，河南省文化和旅游厅，https：//hct. henan. gov. cn/2019/02-27/788386. html。

可以说，河南在传承优秀传统文化方面仍有相当长的路要走。

（一）优秀传统文化资源挖掘潜力仍有较大空间

一方面，我们看到河南的优秀文化资源非常丰富，从进入各类名录体系中的文化遗产到驰名全国乃至世界的文化符号，无不证明河南在这一方面具有较为明显的优势；另一方面，我们也必须认识到，河南仍有大量的文化资源被湮没在书库内，被埋藏在地下，被隐匿于民间社会的角落里，这些传统文化资源，既需要被我们挖掘出来，又需要我们充分了解和整理，并逐步让世人了解。比如，一年一度的重大考古发现基本上少不了河南，但这些考古发现发掘以及发掘完毕之后进一步开发利用的问题仍然有待深入研究。

（二）优秀传统文化资源的创造性转化仍有欠缺

党的十八大以来，以习近平同志为核心的党中央将“中华优秀传统文化创造性转化、创新性发展”摆在突出位置，推动中华优秀传统文化与时俱进，焕发新的生机活力。因此，对优秀传统文化资源的利用是传承传统文化的重要方面，但也是河南的一个短板。转化与发展的能力不足的原因在于思想观念落后，人才短缺。河南在文化资源的转化方面，可以说是“捧着金饭碗无饭吃”，这些文化资源，在旅游开发、文创产品制作以及与现代技术、现代生活的融合等方面都非常欠缺，特别是与省外同类资源的利用相比更是相形见绌。尤其是一些重大的文化遗产资源，开发宣传往往需要借助外力进行，从早年的禅宗少林音乐大典，到今天的黄帝千古情实景演出，无一不是如此。

（三）优秀传统文化资源的宣传力度仍显不足

河南的传统文化资源“墙里开花墙外香”，当代社会对传统文化资源的利用严重不足，传统文化资源除了基于历史地位、影响力形成知名度以外，更重要的是与现实生活发生关系。以大型考古遗址为例，河南自1990年开始评选至今，已经有多达50项入选，这些考古遗址在全国乃至在世界上都有相当的影响力和知名度，但也有一些资源的知晓度很低，河南对这些资源的利用率很低，这与其重申报不重利用、重发掘不重宣传的导向有很大关系，导致这些优秀传统文化资源仅仅是行业内部的一种优势，鲜少为外界所知。类似于二里头夏文化遗址博物馆之类的工程，既需要考古工作者的努力，更需要河南本省充分重视，大力宣传。

（四）优秀传统文化资源在惠民方面仍需加强

优秀传统文化资源在惠民方面，主要有两个方面的问题：一是文化精品在面向大众方面，向上多向下少。河南最近几年来推出的各种优秀剧目，如豫剧、话剧、京剧、儿童剧等，屡屡斩获大奖，但向上汇报演出多，城市展演多，下乡惠民少，基层巡演少，广大农村群众仍然缺少高水平高质量的公共文化服务。二是优秀传统文化资源行业内受益多，行业外受益少。非物质文化遗产、考古遗址、世界文化遗产等是河南的文化名片，大多数真正的精品仍处于“藏在深闺无人识”的境地，仍然停留在行业内部、专业人士之间交流的层面，在如何进一步接近观众、接近基层方面仍然需要做出更多、更为细致的努力，如何打通优秀传统文化资源惠民的“最后一公里”值得深思。

三　进一步促进河南传承优秀传统文化的对策建议

在河南传统文化资源丰富的基本省情之下，如何做好进一步传承弘扬既是义务、责任和使命，也是一项锦上添花的工作，我们既不能让河南人民守着文化宝库却无文化精品可听、可观、可感，也不能让本土文化资源依赖外力来转化和发展。

（一）文化发展也要一张蓝图绘到底

这些年河南围绕文化大省向文化强省转变，制定了不少的规划，提出了不少的目标，但这些规划、目标的可操作性与可持续性都有待加强，从河南省委、省政府印发《关于繁荣发展社会主义文艺的实施意见》和《华夏历史文明传承创新区建设方案》，到建设全国重要的文化高地，均明确提出实施中原优秀传统文化传承工程，设计实施一系列具有引领性的重点项目，推动优秀传统文化传承有抓手、发展有路径，取得实际成效。政策的不断叠加，需要一以贯之的思路，让许多重要文化工程能够得以长期持续，或者能够与新的规划目标对接。

（二）河南传统文化的传承向外更要向内

虽然说在日益开放的时代，文化的发展也要有开放的视野，更多地走出河南，走向世界，但总体来说，本土传统文化资源的受众首先是本地群众。近年来，河南的本土文化资源不断地走出去，特别是像一些具有跨区域影响力的文化，比如豫剧、太极拳、少林功夫等，其走出去的确为河南的文化传承起到了积极的宣传推动作用，但更多的应该立足于河南本地，让河南人民享受到、体验到本土优秀传统文化的魅力，产生更为强大的向心力和凝聚力，培养本土的传承人群体，花香自然引蝶来，通过做大做强自身的文化传播、传承，让河南优秀传统文化资源在本地开花结果，自然能够成为吸引外部关注的风向标。

（三）更加注重打造河南自己转化与创新的文化名片

文化最终是要为广大人民群众所共享，而共享的渠道就是新的文化产品，无论是文博领域的文创，比如河南博物院的盲盒，还是文艺领域的精品剧目，比如李树建的豫剧《义薄云天》、范军的话剧《老汤》系列等，要不断打造新的文化名片，而且是贴近生活、走进大众生活的文化名片。文旅方面，比如河南建业集团打造的“只有河南”等，河南卫视打造的传统节日奇妙游系列，这些文化名片，在现代传媒的推波助澜之下，迅速成为全省乃至全国的文化热点，进而引发受众对于传统文化的关注热情与传承热情，只有不断转化与创新，才能让传统文化的传承更有意义，更有可能。

第三节　移风易俗倡树文明新风

党的十八大以来，大力实施乡村振兴、加强和改进乡村治理，移风易俗成为推动乡村文化振兴、培育文明乡风的重要抓手，特别是 2019 年 5 月 29 日，中央全面深化改革委员会通过了《关于进一步推进移风易俗建设文明乡风的指导意见》，把移风易俗工作提到了前所未有的高度。最近几年，河南省按照中央的部署，先后召开全省推动移风易俗树立文明乡风观摩推进会，制定出台了《河南省推动移风易俗树立文明乡风三年行动计划》，《河南省乡村振兴战略规划（2018—2022 年）》等多份重要政策文件中均涉及移风易俗问题。因此，移风易俗问题事关重大，绝非小事。

一　推动移风易俗的背景意义

（一）移风易俗为乡村振兴创造风清气正的政治环境

为适应新时期乡村建设的需求，各级文明办针对婚丧嫁娶、封建迷信等较为突出的问题在人民群众中大力开展移风易俗活动，提高乡村社会生活的文明程度，促进乡风文明建设。对干部，以反腐倡廉为契机，加强基层政治文明建设，用党纪国法严格约束干部；对群众，以移风易俗为抓手，用政策引导群众，用宣传影响群众。如此一来，基层党员干部和人民群众上下联动，同步推进移风易俗，为乡村振兴创造风清气正的政治环境。①

（二）移风易俗为乡村社会治理提供有力支撑

党的十九大报告对乡村振兴战略提出了“产业兴旺、生态宜居、乡风文明、治理有效、生活富裕”的20字总要求，其中“治理有效”就是要加强和创新农村社会治理，加强基层民主和法治建设，让社会正气得到弘扬、违法行为得到惩治，使农村更加和谐、安定有序。移风易俗正是通过党委政府的引导，发挥人民群众的主体作用，实现乡村社会的文明、有序、和谐，这与社会治理所强调多元主体的共治具有内在契合之处。比如，不少农村成立的红白理事会、老人协会等群众性组织在农村移风易俗中发挥了主导作用，有效地帮助政府制约了婚丧活动中的不良风习。

（三）移风易俗为乡村文化振兴破旧立新

新时期的移风易俗，不是简单移易陈规陋俗，移易就是所谓的“破”，而这应该只是其中的一个方面，陈规陋俗的负面功能毋庸讳言，而破除陈规陋俗，目的是为乡土文明的重建、乡村文化的振兴扫清障碍，减少阻力。因此，移风易俗是乡村文化振兴的前提，这也是国家的方针政策屡屡把乡

① 闫德亮、杨旭东：《移风易俗在推进乡村振兴战略中的重大意义》，《决策探索（下）》2019年第6期。

村振兴和移风易俗相提并论的内在逻辑之所在。无论是挖掘传承优秀农耕文化，还是创造性转化农耕文化资源，都必须建立在对传统农耕文化的甄别、认同基础之上，剔除掉其中不好的成分，保留优秀的成分，既可以进一步滋养乡人，又可以继承、发展和转化。

二 河南省开展移风易俗的主要做法与成效

（一）主要做法

（1）遏制天价彩礼，提倡新事新办。最近几年来，一些地方，特别是农村偏远地区，由于男女比例不对称，再加上农村婚龄女性流失严重，大龄男青年结婚困难，彩礼居高不下，民间流传的“万紫千红一片绿”“一动不动在心头”[①] 之类的民间俗语充分证实了这一点。另据某移动互联网公司针对8000多名河南网民所做的问卷调查，35.29%受访者家乡的彩礼金额在5万~10万元，32.86%受访者家乡彩礼金额在10万~20万元，8.94%受访者家乡的彩礼金额超过20万元，后两者相加，彩礼金额超过10万元的占比高达40%以上，全省18个地市彩礼金额超过10万元的多达10个，其中濮阳市以平均13.91万元高居榜首。[②] 针对这一现象，各地采取的措施主要有以下几点。一是出台政策文件，对公职人员进行约束。例如濮阳市先后出台了《关于进一步规范党员和公职人员办理婚丧喜庆事宜的规定》《关于在党员中带头推动移风易俗树立文明乡风的通知》等文件，要求所有村小组长以上党员干部签订相应承诺书，一些地方还明确规定“彩礼不超6万元”；二是制定村规民约，成立红白理事会，对普通村民进行引导约束；三是设立荣誉激励机制。

（2）严禁大操大办，提倡丧事从简。丧事大操大办的负面影响除了造成资源浪费，还形成了攀比、“活着不孝，死了胡闹”的不良风气。具体的做法包括限制或者取缔丧事活动中的娱乐性表演；对过度招待、吃流水席

① 民间社会流行的彩礼俗语，前者是指1万张5元钞票（紫色），加1000张百元钞票（红色）、一片50元的钞票（绿色），“一片绿”新郎可以看着给；后者，“一动”指的就是可以在地面上移动的汽车，“不动”指的是不动产，男方在城市里购买的一套房产。

② 《2018年河南彩礼大数据报告出炉，看看林州排在哪?》，搜狐网，http://www.sohu.com/a/276137706_670367，2018年11月17日。

的做法进行规定，限制招待对象、操办时间、饭菜数量，长垣市办白事“一汤四盆菜，能省一万块”已经成为人们的共识。反对“二次葬”，提倡生态葬。“二次葬”是指火化后装进棺材再埋葬的做法，这种做法在推行火化之后长期存在，增加了丧葬成本，造成了资源浪费，一直缺少有效措施予以解决。针对这一问题，主要措施包括：一是增加农村公益性墓地供给；二是完善乡镇和行政村丧葬后续服务，为农村死亡人口提供多样化骨灰安置选择；三是鼓励水葬、树葬等多样化生态安葬方式，反对保留坟头；四是加大文明丧葬的宣传力度和频度，提高群众的生态安葬、文明安葬意识。①

（3）社会治安。从河南各地的移风易俗实践看，都把“黄赌毒”归入移风易俗的范畴。它们既属于社会不良风习，又带有违法犯罪的性质，是自晚清民国以来政府努力革除的恶习。改革开放之后，这类不良现象沉渣泛起，一直是政府严厉打击的对象。因此，治理此类陋俗恶习也是移风易俗的重要内容。主要采取的做法包括：硬的方面，实行一村一警制度，形成以驻村民警为中心、包村民警为补充、村组干部为纽带、农村群众为基本防控单元的点线面结合的治安防控网络，实现农村社会治安管理全覆盖，严厉打击性质严重、影响较大的“黄赌毒”现象；软的方面，加强公共文化建设，以多种形式（送文艺演出、送电影、建设农家书屋等）丰富农村精神文化生活；挖掘、激发农村传统文化活力，促进乡风文明建设；开展文明家庭评选，营造文明和谐健康的社会环境等。②

（4）孝老爱亲。针对孝道式微、老无所养等家庭不良风气，特别是近年来屡见报端的农村留守老人缺乏照料、子女不愿履行赡养义务等问题，河南作为外出务工人口流出大省，与其他省份比，这种现象相对比较突出。所采取的措施包括：一是不断完善居民养老的体制机制，加大养老方面的财政投入，探索居家养老、社区养老、医养结合等多样化养老模式；二是鼓励民营资本进入养老市场，据河南省民政厅公布的第一批养老服务机构名单，全省民营养老机构已经达到623家，③ 民营养老机构已经形成一定规

① 杨旭东：《新时期农村移风易俗的历史观照与现实思考》，《中州学刊》2019年第11期。

② 杨旭东：《新时期农村移风易俗的历史观照与现实思考》，《中州学刊》2019年第11期。

③ 《第一批河南省养老服务机构供需信息名单》，河南省民政厅，http：//www.henanmz.gov.cn/2019/08-29/944642.html。

模；三是开展形式多样的孝老爱亲活动，评选文明家庭、“好媳妇”“好婆婆”“孝老爱亲”模范等文明评选活动，引导社会形成尊老孝老爱亲的社会氛围。

（二）河南省推进移风易俗取得的成效

（1）减轻了家庭经济负担，助推农村脱贫攻坚。在当前进入脱贫攻坚的关键时期，移风易俗遏制了天价彩礼和婚丧大操大办，大大减轻了农民的经济负担，降低了因婚返贫的概率，助推了脱贫攻坚进程。例如，在河南省济源市一些村，之前办一场白事，主家要管5顿饭，放映6场电影，花费近3000元；现在减至3顿饭2场电影，花费1400余元。

（2）扭转了不良社会风气，形成乡风文明建设新格局。通过推动移风易俗，婚丧中的攀比、奢侈、浪费之风有所好转，发挥村民自治组织的作用，指导完善村规民约，严格婚丧事宜事前备案、事后报告制度，使村规民约切实发挥作用，推动乡风文明健康有序发展，基本形成了政府主导、村委会领导、群众性组织具体实施、群众积极参与的乡风文明建设新格局。

（3）治理了违规违法现象，促进社会文明和谐稳定。一系列有力措施，推动了殡葬制度改革，规范了宗教信仰管理，整顿了农村社会治安，化解了一些老大难问题，治理了农村长期存在的风俗乱象，增强了群众的法制意识和法治观念，将科学、文明、健康等理念融入移风易俗的具体措施当中，培育了新时代农民的生活新理念，促进了农村社会的文明和谐与稳定。

（4）整治了农村生态环境，提升了农村人居环境质量。厕所废污排放、陈年垃圾堆放等农村环境的顽疾得到有效治理，农村的村容村貌得到了极大改善，初步建立了农村环境清洁、治理的制度，农民的卫生健康意识明显增强。例如，周口在全市推广了“户分类、村收集、乡镇运输、县处理”的垃圾处置模式，切实改善了农村面貌，培养了村民爱护环境、建设美好家园的意识。

（三）存在的问题

虽然说各地在移风易俗方面做了大量的工作，也取得了一些明显的成效，但存在的问题也不容忽视。根据调研的情况，主要存在以下几个方面的问题。

（1）贯彻落实有些表面化。调研中发现，各地的移风易俗更多的是“挂在墙上，写在纸上，喊在嘴上”，真正对群众生活的影响无法切实衡量和评价。目前移风易俗所涉及的几个方面，除了公共卫生之外，大多涉及个体或者家庭，属于私人生活领域，在中国这样一个熟人社会，对于婚丧嫁娶这样的人生大事，碍于情面、关系亲疏等因素，使基层干部难以真正把移风易俗的政策落到实处，但为了应付上一级的检查、考核等，他们往往把本地的工作成效通过建立档案文字化、拍摄照片视频可视化、写标语画墙画景观化体现出来。诸如此类的工作手段和方法，实际上把移风易俗的推进落实表面化了，而且占用了基层的人力物力财力，真正的效果则并不乐观。比如所谓的“一约四会”，村规民约缺少民意基础，“四会”大多也是一个形式，这就是移风易俗表面化的典型表现。

（2）推进工作过于急功近利。从历史上看，今天的移风易俗对象大多自晚清以来就存在，这些陈规陋俗具有顽强的生命力，要切实推进移风易俗，需要久久为功，要有“随风潜入夜，润物细无声”的功夫。目前各级政府在推进移风易俗工作中存在着急于出政绩的急躁心理，政策制定都是三到五年一个周期，但百年来的那些陈规陋俗绝非一朝一夕可以彻底移易，因此，党委政府在政策制定上要做长远规划，各地和各职能部门在推进中要留有余地，留下缓冲时间，急功近利的政策做法只会激起民间的反弹和群众的敷衍。

（3）开展移风易俗的手段措施有限。新时期的移风易俗，虽然移易的对象具有历史的延续性，但是所面临的社会环境已经发生巨大的变化，开展移风易俗必须适应新的形势、新的要求。首先是手段措施单一，信息化时代的移风易俗仅仅依靠刷标语、开大会、送演出已经难以奏效，某些方法上的创新还要关照到农村社会当前的主体，即老幼两个群体；其次是手段措施缺乏弹性，婚丧习俗在中国社会根深蒂固，在开展工作的过程中要充分考虑群众的情感因素、接受程度，不能过于强硬，也不能“睁一只眼闭一只眼”，而是要把工作做在事前，循序渐进推动；最后是手段措施过于程式化。“十里不同风，百里不同俗”的国情要求移风易俗的手段措施要有差异性，目前全省各地的移风易俗手段措施整齐划一，缺少对不同地域的差异化认识，比如信阳市的“人情消费”相对其他地区而言要严重一些，同样的手段措施估计难以达到预期的效果。

（4）正面引导的力量比较薄弱。一方面，我们要移易陈规陋俗；另一方面，党和政府需要提供可以替代、可以满足群众需求的风尚。特别是与移风易俗相同步，或者说属于其中一部分的精神文明建设的投入和建设力度仍然较为薄弱，无法满足群众日益增长的精神文化生活需求。全国一些先进的经验做法，比如发挥新时代文明实践中心站、所的职能，充分利用文化站、农家书屋的职能，引进外来力量参与当地精神文明创建。河南在这些方面仍然比较落后，完全依靠财政支持、依靠政府公共文化建设，难以形成正面引导的合力。而政府倡导的集体婚礼、低彩礼、丧事简办是否可以持续关键在于能否培育可以替代、群众接受的新风尚。

三　河南深入推动移风易俗的对策建议

新中国成立七十多年来，移风易俗工作有很多的经验可以借鉴，也有很多的教训值得吸取，因此，未来我们要深入开展移风易俗，总结经验教训，认清新的时代背景，建议从以下几个方面着力。

（一）建立推进移风易俗的长效机制

长期以来移风易俗阶段性推进的弊端和民俗风情的传承性特征表明，靠运动式地强硬推动、追求立竿见影效果和短平快的工作机制都需要摈弃，要立足于民俗长期存在的基本规律，破除过去工作机制的弊端，明确移风易俗的归口部门，建议归入农业农村部门，从县到乡镇、行政村，要有明确的具体负责人员，制定移风易俗的长远规划，建立一套包括推进部门、制度措施、参与力量在内的长效工作机制，长期、深入、逐步推进。

（二）因地制宜制定移风易俗政策

目前从国家到省的重大政策部署中都涉及移风易俗，文明办又专职负责这项工作，各种政策互有交叉，还有统一专门的移风易俗指导意见，多重政策往往带来操作的不便利，再加上各地的风俗差异、文明程度的差异、执行落实程度的差异等问题，统一的政策往往无法照顾到地区差异，“一刀切”势必会引起新的社会矛盾，因此，各地市宜在国家、省级统一政策的指导下因地制宜制定符合本地实际情况、可操作性强的政策。

（三）完善移风易俗的法律法规

从法律意义上说，法无禁止即可为，移风易俗，更多带有道德养成、文明建设的性质，可以引导、劝说，但不可以强制，这应该是移风易俗的底线。未来要确保移风易俗的合理合法合情推进，应在完善法律法规上下功夫，对陈规陋俗进行区别对待，比如治理“黄赌毒”问题更多应以治安法规为依据，对其他的问题也要进一步明确其问题归属，既可以明确职责，又能够分解任务，践行依法治国理念，将一些移风易俗行动放置在法律框架下解决。

（四）调动群众参与移风易俗的积极性

移风易俗，说到底是对群众生活方式和观念的改变，在这一过程中，党委政府应该以引导、服务为主，切忌越俎代庖。目前的移风易俗实践中，群众的参与积极性尚未充分调动起来，需要制定人民群众认可的村规民约，目前一些地方家家户户有家风家训，则有泛滥之嫌，这种制造出来的家风家训显然难以成为家庭的核心价值观，更无法成为移风易俗的精神资源。只有成立群众拥护、真正可以发挥作用的“四会”，才能对陈规陋俗起到约束作用。

（五）加强农村公共文化建设

无论对精神文明建设，还是移风易俗工作，农村文化建设既是基础工作，也是推动抓手。河南历史文化底蕴深厚，这是得天独厚的优势，在推进移风易俗工作中既要突破旧思想文化观念的禁锢，又要善于从中提炼出适应时代发展需要的精髓，特别是充分发掘、合理利用优秀的民间文化资源，使其成为农村公共文化建设的有力支撑。而这些优秀的民间文化资源，符合农民的精神需求，易于接受，又要赋予其时代色彩，真正助力农村移风易俗，加快农村向现代化迈进。

第十章　加强和创新社会治理

社会建设是党和人民的重要事业，社会治理是国家治理的重要内容和关键领域，也是一个社会能够健康有序良性运行的最坚实基础。习近平总书记曾深刻指出："一个现代化的社会，应该既充满活力又拥有良好秩序，呈现出活力和秩序有机统一""坚定不移走中国特色社会主义社会治理之路，善于把党的领导和我国社会主义制度优势转化为社会治理优势""要完善共建共治共享的社会治理制度，建设人人有责、人人尽责、人人享有的社会治理共同体""提高社会治理社会化、法治化、智能化、专业化水平""要加强和创新基层社会治理，使每个社会细胞都健康活跃""着力推进市域社会治理现代化试点，努力建设更高水平的平安中国、法治中国"；等等。不难发现，党的十八大以来，习近平总书记发表了一系列关于中国特色社会主义社会治理的重要论述，为新时代加强和创新社会治理提供了行动指引。历史地看，在中国社会形态变化的不同历史时期和社会阶段跃升的不同历史进程，"社会治理"始终是一个绕不开的重要历史议题，这一议题的动态推进伴随着社会治理制度体系的创新与完善、社会治理实践的丰富与发展，社会治理方式的革新与统合。加强和创新社会治理是理论与实践的统一，是传统与现代的结合，更是时代发展与现实要求的选择。当前，新形势下的社会主义现代化河南建设已经开启，《河南省国民经济和社会发展第十四个五年规划和二〇三五年远景目标纲要》明确了"一个家园"[①] 的建设目标。可以说，"幸福美好家园"标定了现代化河南社会建设的价值追求和目标导向，是人民群众获得感、幸福感与安全感的集中体现。然而，幸福美好家园不会凭空出现或轻易建成，它涉及社会大系统内的各个方面，

---

① 《河南省国民经济和社会发展第十四个五年规划和二〇三五年远景目标纲要》，详见河南省人民政府网。

其中社会治理的成效是一个关键因素，因为幸福美好家园的建成和运行必定是植根于良好的治理。社会治理有效运转，才能政令通畅、民生增进、社会稳定、和谐有序，这些都是幸福美好家园的基本元素，也是促成幸福美好家园的因素。换言之，加强和创新社会治理既是建设幸福美好家园的基础，也是内在要求。着眼于加快推进幸福美好家园建设，河南在加强和改进社会治理，尤其是在推进现代化河南建设征程中的社会治理现代化方面，还需继续下大力气，解决治理过程中所存在的一些突出问题，强化做实社会治理体系建设中的重点工作。从实践上看，围绕现代化河南建设大局，河南在加强和创新社会治理上未曾停止实践探索，也涌现出了一些社会治理创新模式和有益经验及优秀案例，但在治理理念跟进时代发展的革新上、在治理制度体系构建完善上、在多元共治格局拓展上、在治理方式方法创新上，河南与幸福美好家园和治理现代化的目标要求还有一定的距离。新形势下，河南加强和创新社会治理，今后仍需从意识理念、机制体系、多元协同、方式方法等层面进行系统性提升，并重点围绕健全基层治理体系、引导社会力量积极参与基层治理、加强和创新市域社会治理等内容，不断提升社会治理效能，夯实幸福美好家园建设的治理基础。

第一节　健全基层治理体系

“基层治”关乎“天下安”。如果说社会治理是开展治国理政的关键领域，那么，作为社会治理重心与重点的基层治理，则是国家治理大厦基础中的基石。一直以来，加强基层社会治理问题，始终是各级党委和政府的重点工作。

一　时代背景与现实意义

（一）健全基层治理体系是推进国家治理体系和治理能力现代化的题中应有之义

基层是国家治理的坚实根基，长期以来，党中央高度重视基层治理工作。尤其是党的十八大以来，基层治理作为一项重要工作被摆在了突出位置，中央和国家多次重要会议都就推进基层治理提出了意见或下发了文件，全国地方各级党委政府也将基层治理作为重点事项常抓推进。2019 年，党的十九届四中全会专门研究了“推进国家治理体系和治理能力现代化”的重大问题。[①] 2021 年，中共中央、国务院又专门围绕“基层治理现代化建设”印发了纲领性意见文件。[②] 在新的历史条件下，抓好基层治理体系建设、推进基层治理现代化，对于夯实党长期执政的基层基础、确保人民安居乐业、维持国家长治久安意义重大。从国家治理基本内容和实践操作看，基层治理无疑是核心组成部分，治国理政的重点和难点在基层，治理创新完善的突破点也集中在基层，同时国家治理效能、社会治理效果也最真实地呈现在基层社会运转过程中。不难理解，进一步加强和改进基层治理，不断提升基层治理体系和治理能力现代化是国家治理现代化大局的题中之义，更是其支撑性的存在。而切实做好基层治理现代化的一个重要方面就是，跟随社会实践变化不断完善基层治理体系，从治理机制优化上来提升基层社会治理，因为不管何时何地开展社会治理行动，总要依赖恰当的治理体系来推动社会治理运行，以健全的制度体系、合理的机制建设来助推社会治理效果呈现。

（二）健全基层治理体系是全面建设社会主义现代化国家的必然选择

当前，我国已全面迈入建设社会主义现代化国家的新征程。在这个历史方位的标定下，现代化国家图景是全面性的现代化，是基层建设发展水平提质跟上、现代化短板补齐的现代化状态。基层强则国家强，没有城乡基层的现代化就难以真正实现国家整体层面的现代化。站在伟大历史进程交汇点上，加强和改进基层治理，健全基层治理体系、提升基层治理能力是维护社会秩序安全与国家和谐发展、推进全面建成社会主义现代化强国目标实现的重要考量。可以预见的是，不断完善基层治理机制体系、提高基层治理现代化水平、扩展基层治理效能，将在新时代长征路上与达成现代化国家远景目标紧密相伴，同国际国内两个变局密切关联。唯有基层稳固强大，基层治理有序安定，才能最大限度地保证社会和谐、运行有序、

① 《中共中央关于坚持和完善中国特色社会主义制度 推进国家治理体系和治理能力现代化若干重大问题的决定》，《人民日报》2019 年 11 月 6 日。

② 《中共中央 国务院关于加强基层治理体系和治理能力现代化建设的意见》，《人民日报》2021 年 7 月 12 日，第 1 版。

人民安居，也才能为国家战略推进与社会主义现代化强国建设构建良好的外部环境和基础保障。

（三）健全基层治理体系是保障人民群众美好生活向往实现的客观需要

基层是国家的“细胞”，基层单元越往下越接近民生实际，其治理成效直接影响人民群众生活质量。习近平总书记强调：“江山就是人民，人民就是江山。”① 中央和地方都在着力推动社会治理重心下移，其背后有基层社会治理现实矛盾与客观实际的需要，有基层量大面广的支撑国家治理的战略考量，更有基层治理运转与人民日常生活紧密相连的民本意识。随着新时代条件下社会主要矛盾的深刻变化，在发展中平衡与保障人民群众日益增长的美好生活向往成为治国理政的核心主线，体现到治国实践中考验的是基层治理成色，其在公共服务提供、发展成果共享、社会空间共建、生活品质提升上，适应人民群众的生活要求、满足人民群众的美好期待。而要达到此目标，运行于基层社会的治理体系必须适时依据社会实践形势变化做出调整，加快构建现代化基层治理体系，夯实人民群众畅享美好生活的治理基础，让民众在认同基层治理的同时增进获得感、幸福感、安全感。

二　河南基层治理体系的运行实践

从近年来河南的基层治理实践看，许多地方都在夯实社会治理基层上下很大力气，在推动社会治理重心向下移上做了不少探索，在健全基层治理体系上进行了创新实践，形成了一些成效凸显的基层治理运行经验与治理样本。

（一）运行现状与实践成效

1. 政策制度文本

近年来，河南省认真贯彻落实党中央的决策部署，将加强和改进基层治理工作列为重点任务接续推进，围绕健全基层社会治理体系、完善基层社会治理格局，出台了一系列政策文件，促进了河南基层治理工作实践。

① 《习近平在庆祝中国共产党成立100周年大会上的讲话》，《求是》2021年第14期。

“河南省委一号文件”每年持续关注加强农村基层治理建设问题，结合贯彻落实《中国共产党农村工作条例》和《中国共产党农村基层组织工作条例》，始终坚持和加强党对乡村治理工作的领导，持续推进党组织领导的乡村治理体系建设。为有效推进社会治理重心下移，河南省不断优化完善“两级政府、三级管理、四级网络”体制，在 2012 年 3 月就确定了社会管理创新的试点区域，着力搭建网格化管理的长效机制。同时，河南省还积极落实依法治理、源头治理、系统治理理念，建立省、市、县三级矛盾化解机制，并于 2014 年 11 月出台《省委政法委、省综治委关于完善基层矛盾纠纷预防化解机制的指导意见》。2019 年 3 月，河南省委、省政府正式印发了《关于加强和完善城乡社区治理的实施意见》，并将其作为一个纲领性文件对完善全省“城乡社区治理”做出了系统性谋划安排。[①] 2020 年 12 月，出台了《关于加强法治乡村建设的实施意见》，对河南法治乡村建设进行了系统性部署。2022 年 3 月，《河南省乡村振兴促进条例》正式施行，关于“乡村治理”，明确了要建立健全现代乡村社会治理体制，健全乡村社会治理体系。

2. 基层治理样本与实践成效

考察河南基层治理的创新性做法，邓州的“4+2”工作法（“四议两公开”）无疑是知名度和影响度极高的典型代表。从其实施成效和后续发展看，“四议两公开”的决策程序获得了全省推广，“4+2”工作法还获得了党和国家领导人的高度肯定和评价，“四议两公开”更是被写进了 2010 年的中央一号文件，中央明确提出要推广此经验做法以加强农村基层组织建设。为解决基层治理中的“小微权力”影响民生的大问题，漯河市郾城区紧紧围绕省委提出的“基层四项基础制度”，制度化推进了厘权、履权、监权的“阳光三权”体系建设，强化了基层组织建设，促进了基层权力行使机制的规范化建设，深化了群众参与基层治理，完善了基层社会治理体系。郝堂村在新农村建设中，探索出了“政府主导、农民自愿、专家协作、就地改造”的建设模式，其在集体经济发展、生态环境保护、乡村社会治理上都取得了显著成效，2013 年郝党村成为省内唯一入选全国首批 12 个“美

① 《中共河南省委、河南省人民政府关于加强和完善城乡社区治理的实施意见》有关政策解读，详见河南省人民政府网。

丽宜居村庄示范”村庄，2014 年农业部又将郝堂村列为全国“美丽乡村”首批创建试点乡村之一，形成了“郝堂经验”。实际上，河南许多地方都在基层组织建设融通社会治理上下了很大功夫，形成了一些党建引领下的基层治理经验做法。开封市 2018 年以来主动适应社会结构的新变化和城市治理的新需求，把加强基层党的建设作为贯穿基层治理的一条红线，强力推进“一中心四平台”建设，推动社会治理工作重心不断下移，促进了基层社会治理和服务群众水平的提升。孟津县探索发展了党建引领“三治结合”的乡村治理体系，形成了“1+3+1”的治理模式，以党支部建设筑牢了乡村治理的组织基础，以“三治结合”促进治理效能，以为民服务入村行动提高了社会活力和人民满意度。

（二）存在的主要问题

直面当前加速推进的现代化河南建设实践，反映到社会领域的助推渠道无疑就是不断增强基层社会治理创新，夯实基层社会治理效度保障。分析来看，新形势下的河南基层社会治理工作，尤其是基层治理现代化提升依然存在不少问题，还有很多改善空间，需要继续健全和完善基层治理机制体系，不断推动基层实现有效治理。

（1）基层社会治理中的治理意识还不够，治理行为存在管控与越位的偏差。不少基层政府仍然沿用传统管理思维和方式处理公共事务，过于依靠行政资源、职能下沉来发展社会事业、社会服务，防控社会风险，维护社会秩序，不仅削弱公众参与，而且带来管理成本增加、政策效率持续性不足。

（2）基层治理体系中的党组织治理主体建设有待加强，党组织引领社会治理的凝聚力和效能有待提高。一方面，有些基层党组织建设质量和水平较低，呈现出组织建设不规范和党员管理无规章等问题；另一方面，党建引领基层社会治理的思想认识不到位，没有从全局视野深刻理解“抓好党建就是最大政绩”，没有正确认识到基层党建在社会治理乃至国家治理中的重要地位，没有从政治上把握夯实执政基础、维护社会安定、保障服务人民的党建指向。同时，基层党建和社会治理有机融合不够，存在党建和治理“两张皮”的现象，悬浮化状态的党建很难真正融入基层社会治理全域，加剧了基层党建工作的形式主义风险。

(3) 基层社会治理工作机制有待优化，治理主体职责边界模糊存在失位问题。一方面，要解决好基层社会治理中的组织体系建设不强的问题，当前基层党建工作在机制设计上还不够完善，权力控制的态势倾向比较明显，社会建设的着力还需增强。基层乡镇政府权责不统一的问题依然存在，公众和社会力量参与社会治理的渠道仍未通畅便捷，共建共治共享治理格局打造中的公众参与机制仍需不断健全。另一方面，从国内一些地区的基层社会治理实践操作看，治理体系中各类治理主体的职责定位仍需进一步厘清，党组织领导下的村（居）民组织、民众、市场及社会组织等参与社会治理的机制不健全。社区的过度行政化已成普遍现象，而非必要职能承担过多导致其行使主要职能精力压缩或效果大打折扣，当前社会自治这一重要职能的行使就面临此种制约。

(4) 基层治理体系中的社会组织参与社会治理存在内外部制约，没有发挥出真正的效用。一方面，社会组织的培育机制尚不完善，虽然多地政府发布了支持社会组织发展的政策文件，但文件细化落实、试点操作的力度远远不足；另一方面，社会组织自身建设不力，力量弱小且分散，受行政权力的管制，缺乏自主性和与政府组织平等合作的意识。同时，缺少专业人才队伍，影响了社会组织提供高质量、专业化服务的能力。

三 健全基层治理体系的思路对策

作为国家治理的一个重要内容，基层社会治理是重点领域，也是难题集结领域。透过社会实践的历史演进可以发现，不论是中央精神要求，还是河南实践探索，不断健全基层治理体系始终被强调，因为只要基层治理实践持续在推进、社会发展阶段持续在演进，与之相对应的基层治理体系就必然要随之更新改善。具体来说，有以下几个方面的基础性工作，需要在推进新时代河南基层治理体系建设中实践并着重做好。

（一）持续强化党组织建设，不断提升基层治理体系中的党组织治理引领力

中国共产党百年基层治理实践变革，百年城乡社会发展变迁，百年城乡治理成就跃进，如果要找寻其中最重要的成功秘籍，归纳总结其核心密码，必定集中指向中国共产党的领导。顺利推进党和国家各项工作的根本

保障也在于坚持党的领导地位不动摇。新时代，无论是开展治理实操行动，还是标定治理实践方向，坚持党的领导尤其是要抓好基层党组织政治领导功能都是推进基层治理的关键环节，能够为基层社会治理做好切实引领与护航，以党建引领促进基层社会治理各项工作的有序开展，从根本上保障基层治理稳定有序。总结分析基层治理实践和城乡发展成就，一个基本的事实是，党的基层组织建设越是强而有力，当地的发展程度、建设水平则越高，反之，则发展落后。一个有力的例证是，在党领导开展的彪炳史册的脱贫攻坚战中，有一个被广大民众普遍反映和要求的声音“给钱给物不如给个好支部”，其深意不言而喻。因此，为更好地奋进在基层治理新征程上，坚定党的领导，加强党的建设，把党的领导贯穿于基层社会治理全域，[①]发挥党组织的政治引领和协调各方的领导作用，最大限度地发挥各大治理主体在基层治理过程中的合力作用，共同推进共建共治共享基层社会治理格局的构筑。

（二）着力推进基层治理方式变革，持续完善新时代基层社会治理机制

加强和改进社会治理，需要不断完善社会治理制度机制以逐步促进治理体系效能的提高。从我国的国情和河南基层治理实践操作看，始终坚持党对基层社会治理的全面领导是最基本和最核心的治理逻辑，完善社会治理制度机制也一定是不断健全党组织领导下的基层治理体系，吸纳不同社会力量去共同创新基层治理方式、推进基层治理质效。应当看到，构建党组织领导的基层治理体系，不管是从本质指向还是操作实践上看，都不是一个简单的叠加组合，而是一个复杂的系统优化，无论是治理实践的理念先导与价值思维，还是制度设计与运行体系，或是治理结构与方式方法，都应当与时俱进地进行现代化转向。要以更新治理理念为先导，转变基层治理意识，着重从制度建设层面来理清理顺城乡社区治理的机制和体系设置，提升基层治理的科学民主与协同化。从治理运行思路与治理方式手段整合上来说，应坚持党对城乡基层治理的领导，坚持自治为本、德法结合，激发社会组织、经济组织等多元主体社会治理积极性，将自治、法治、德

① 李三辉：《将党的建设贯穿乡村治理全过程》，《学习时报》2021 年 9 月 10 日。

治融合进纷繁复杂的治理实践中，使它们在不同领域、不同事务情境下能够恰当发挥应有的作用，并自觉对接时代更迭中的信息技术革新与技术治理，丰富完善“自治、法治、德治、智治”相结合的城乡治理体系。从城乡基层治理力量的基础维度上讲，基层自治无疑是核心方式，这也是我国长期以来基层治理实践发展得出的重要有效经验，只有基层居民内生动力强劲、能力充足、精气凝聚，治理实践才会推进迅速且高效恒久，最终趋同于自我治理和自主治理的本质追求。

（三）不断深化基层党组织和各主体协同共建的“一核多元”共治模式

基层治理，从本质上看是一个系统工程，重在实践操作过程，这就需要治理主体强大有力从而更好地推进治理工作的开展，系统内主体元素也就成为关键一环。因为无论是具体实施各类治理方式、采用治理技术手段，还是达到治理高效高质的预期目标，都需要治理主体去行动。事实上，不管是考察国外社会治理模式，还是分析国内城乡治理实践，都很容易发现，治理体系中的主体构成是多元化的。奋进新时代，走好现代化河南新征程中的基层治理之路，也应当在基层治理主体结构上继续坚持多元共治的治理理念和治理模式，在党的坚强领导下，持续深化居民自治、社会多元力量共治实践，不断推动形成融合正式与非正式力量的基层社会治理共同体，不断提升“一核多元”治理主体能力，推动基层治理开创新局面。基层党组织要自觉担当起推进新时代基层治理的政治责任，切实为基层治理实践发展把准方向、锚定目标，持续将党的政治优势有效转换为治理能力和治理效能。从基层社会治理的主体参与看，政府的政策引导与资金投入是重要推动力，基层政府当以强化和促进公共服务为抓手转变职能方向，推进政府管理与基层自治有效对接，改善政府与自治主体间的关系。同时，居民作为城乡基层治理的最重要主体地位角色必须充分得以体现，并通过激发内生动力来拓展居民自治实践，提升自治能力。此外，基层社会领域的各类合作社、协会以及其他社会组织应获得积极培育，以政府、社会、市场的关系理顺集聚社会共治力量，拓展基层治理主体，并充分发挥社会力量参与基层社会治理的协调作用。

第二节 引导社会力量积极参与基层治理

培育发展社会组织是社会建设的重要内容，也是推进社会治理的重要力量。一直以来，社会自治都是社会治理实践运转的内在手段之一，而其所凭借的就是社会力量的自觉协同参与。新形势下，尤其是党的十八大以来，我国的社会治理无论在治理理念，还是治理体制机制上，都发生了深刻变化。其反映到治理主体格局上，就是多元化的治理主体或治理力量日渐形成，以各类社会组织为代表的社会力量协同社会治理成为时代趋势。近年来，河南省委、省政府认真践行"共建、共治、共享"治理理念，高度重视社会组织的发展，河南省社会组织发展逐步走上正常化、制度化的轨道，社会力量参与基层社会治理的机制体系、渠道途径和运行效度不断拓展。

一 时代背景与现实意义

（一）引导社会力量积极参与基层治理是新时代加强和创新社会治理的基本要求

作为基层社会治理的基本主体和重要力量，以社会组织为代表的社会力量面临着新的时代机遇和形势要求，其在基层社会治理创新中将发挥越来越重要的作用。从我国社会治理的体系构建看，2012 年党的十八大以来，社会治理体系的形成与发展就步入了新阶段。党的十八大报告提出"加强和创新社会管理，加快形成党委领导、政府负责、社会协同、公众参与、法治保障的社会管理体制"。党的十八届三中全会通过的《中共中央关于全面深化改革若干重大问题的决定》，首次提出以"社会治理"代替"社会管理"，社会治理体制的变革、治理方式创新不断推进，并持续强调了"社会协同、公众参与"①，鼓励汇聚各方社会力量参与社会治理。党的十八届五中全会又提出"加强和创新社会治理，推进社会治理精细化，构建全民共建共享的社会治理格局"。党的十九大在此基础上进一步延伸提出了"打造

① 魏礼群：《党的十八大以来社会治理的新进展》，《光明日报》2017 年 8 月 7 日。

共建共治共享的社会治理格局”,[①] 着力强化推动社会治理重心向下移。党的十九届四中全会决议在先前论述基础上又进一步做了深化丰富，在加强和创新社会治理体系上，增添了“民主协商”“科技支撑”[②] 等新内容，完善拓展了党委领导下的多元主体参与、多重力量协同的社会治理机制体系。2021 年《中共中央 国务院关于加强基层治理体系和治理能力现代化建设的意见》又指出，要“建立起党组织统一领导、政府依法履责、各类组织积极协同、群众广泛参与，自治、法治、德治相结合的基层治理体系”。分析我国关于社会治理与基层社会治理的政策论述，可以发现，加强和创新社会治理是我国政治生活尤其是党的十八大以来的重要命题。而积极推进社会共治元素力量参与基层治理，又是其中一条贯穿始终的拓展路线，是治理理念的更新完善，也是适应治理实践形势变化的政策调适。

（二）引导社会力量积极参与基层治理是打造共建共治共享的社会治理格局的使命必然

毋庸置疑，“共建、共治、共享”经由很长一段时间的探索、实践、深化、完善，已逐步发展成为政府部门与社会各界对做好社会治理工作的价值共识，其一个核心要义就是强调“共治”，而共治就是多元主体共同治理，绝非单一性主体，否则就谈不上共治。结合中国共产党领导的百年基层社会治理实践看，基层社会治理主体越来越多元化，也越来越符合基层社会发展实际，越来越能促进基层社会治理有效。从实践操作来看，中国基层社会治理一直在朝共建共治共享的治理格局迈进，其主体组成架构已扩展并基本形成了中国共产党“一核”领导与若干主体参与治理的“多元共治”模式。但是，基层社会治理现代化建设进程中的社会力量发展仍然处于相对滞后的状态，打造共建共治共享的社会治理格局，势必正视“政府、社会、市场”三者间的关系变化和力量格局变化，扫除社会力量有效参与社会治理的各类障碍。奋进新时代，走好新征程中的基层社会治理之路，必然要求我们在加强和改进基层社会治理的过程中，确立多元协同的

① 习近平：《决胜全面建成小康社会　夺取新时代中国特色社会主义伟大胜利——在中国共产党第十九次全国代表大会上的报告》，《人民日报》2017 年 10 月 18 日。

② 《中共中央关于坚持和完善中国特色社会主义制度、推进国家治理体系和治理能力现代化若干重大问题的决定》，《人民日报》2019 年 11 月 6 日。

治理理念，在治理的善治根本共识的基础上，政府、社会、市场、个体等主体各司其职、各尽其责。为此，必须在基层社会治理主体结构上继续坚持多元共治的治理理念和治理模式，在党的坚强领导下，深化完善基层自治制度，在社会建设上下功夫，培育社会组织等社会力量健康发展，汇聚社会力量参与社会治理。

（三）引导社会力量积极参与基层治理是激发社会活力与增进社会治理社会化、专业化的客观需要

伴随着各地基层社会治理实践的推进和创新探索，社会力量参与基层社会治理已是不可或缺的部分，承载着基层社会治理的重要任务。党的十九大报告在明确提出“打造共建共治共享社会治理格局”的同时，也确定了着力提高社会治理“四化”水平的行动目标。新形势下，如何激发社会活力，发动社会力量参与到基层治理的方方面面，已成为各级党委政府面对的新课题。要实现基层社会治理的社会化，必然要突破单一线条的治理模式或方式，其治理方式和手段必然是社会性的，需构建起市场主体、社会力量广泛参与的网状治理机制。事实上，近年来各地在政府购买社会服务方面都出台了一系列举措办法，推动了政府、市场、社会职能的厘清，对各类合作社、协会以及其他社会组织的培育都起到了积极作用，一定程度上释放了社会组织等主体的治理能量。同时，随着各类社会力量借助不同渠道、不同平台参与到社会治理的方方面面，专业性的社会组织力量较好地促进了其在参与基层社会治理实践中的专业化水平。从这个意义上来说，大力引导社会力量积极参与基层治理，让专业的人做专业的事，对于激发社会活力来拓展基层社会治理实践，提升基层社会治理的社会化、专业化水平意义重大。

二　河南基层治理中的社会力量参与现状

（一）主要做法与实践成效

（1）以转变政府职能完善政府、市场、社会三者关系，不断扩大社会事业开放。近年来，河南省认真推进政府职能转变，理清政府、市场、社会三者的关系，不断优化公共服务，强化了社会参与，扩大了社会事业开

放。一是健全和完善了促进行政体制改革的政策法规。2014 年以来，河南省委、省政府陆续出台了《关于省政府职能转变和机构改革的实施意见》《关于市县政府职能转变和机构改革的意见》《河南省党政机构改革方案》等，指导开展省级政府和市县政府职能转变和机构改革工作，以深入推进政府职能转变为载体不断提升政府治理社会的能力。二是持续开展简政放权行动，不断优化社会服务。近年来，河南省陆续取消和调整行政职权事项，持续用“组合拳”深化“放管服”改革，规范了行政权力、优化了营商环境、方便了民众生活，以高效的政务服务促进了治理体系和治理能力提升。三是将扩大社会事业开放与社会治理创新结合起来。近年来，河南省社会事业领域项目不断扩大向社会资本开放，利用社会力量发展社会事业的步伐不断迈进，相继出台了《河南省人民政府关于创新投融资机制鼓励引导社会投资的意见》《河南省政府购买社会工作服务实施办法》等文件，民间资本在城市基础设施、社会事业、交通等方面的参与渠道不断拓展，政府购买服务工作有序推进，实现了政府与社会组织的良性互动。

（2）不断推进社会组织管理体制改革，社会组织的政策法规日益健全。党的十八届三中全会通过的《中共中央关于全面深化改革若干重大问题的决定》明确提出，要“激发社会组织活力，推进社会组织明确权责、依法自治、发挥作用”。近年来，河南省委、省政府高度重视社会组织的发展，推动社会组织发展逐步走上正常化、制度化的轨道。河南省相继出台了《河南省〈社会团体登记管理条例〉实施办法》《基金会管理条例》《民办非企业单位登记管理暂行条例》《关于加快行业协会商会改革和发展的实施意见》《关于加强社区民间组织培育发展与管理的意见》《河南省培育发展社区社会组织专项行动实施方案（2021—2023 年）》等政策法规，引导、支持和规范了社会组织健康有序发展。

（3）培育和发展社会组织，社会组织的规模不断壮大。近年来，河南省十分重视社会组织的培育发展，社会团体、民办非企业、基金会三类社会组织数量规模呈现出较为快速的增长趋势，涵盖了全省经济社会发展各领域，社会组织发展体系日益完善。《河南社会治理发展报告（2021）》指出，2012 年河南省各类社会组织数量为 20970 个，2020 年为 47371 个，居中部六省首位。而且从 2020 年全国社会组织数量的平均增长幅度来看，2020 年河南省社会组织的增长速度为7.74%，高于全国平均增长速度（3.21%）。[①] 其中，河南省社会团体的增长速度和民办非企业单位的增长速度均高于全国的平均增长速度。

（4）大力发展社会工作服务，凝聚基层社会治理与服务的重要力量。近年来，河南省在发展社会工作服务、强化社会工作人才培养等方面做了很多工作，极大推进了全省社会工作服务机构、社会工作人才队伍的建设发展。2020年，河南省民政厅、省委组织部等21部门联合发布了《关于加强河南省社会工作人才队伍建设加快推进社会工作发展的意见》，提出到2025年，全省社会工作服务机构达到500家，实现县（市、区）社会工作服务机构全覆盖。[②] 从实践上看，2021年河南积极推进乡镇（街道）社工站建设，累计投入资金9579.35万元，建成社工站621个，服务群众31.89万人次，[③] 社工站协力社会治理作用持续彰显。2021年河南省人民政府还印发了《河南省“十四五”人才发展人力资源开发和就业促进规划》，对“十四五”期间河南省社会工作人才队伍的发展进行了规划。2022年《河南省“十四五”民政事业发展规划》也正式发布，强调了大力发展社会工作这一重要事项。

（二）面临的主要问题

从整体上来看，当前河南社会组织的整体发展较弱，社会组织参与社会治理面临内外受制的境遇，没有发挥出应有的功用。一是培育扶持社会组织发展的制度和机制仍不健全。虽然多地都针对社会组织发展有政策文件制定、试点培育，但文件细化程度、可操作性、落实力度并不尽如人意，长效培育机制还十分欠缺。政府购买服务存在购买服务类型较少、项目设置有限的问题，并且集中在养老医疗、文教等领域。同时，政府购买社会服务缺乏详细的监督、考核与追责机制，竞争机制和第三方评估机制没有真正形成，这些问题制约了社会组织的稳定发展。二是社会组织自身建设不力，服务能力有限。在思想认识和自身定位上，社会组织对公益性、民

① 郑永扣主编《河南社会治理发展报告（2021）》，社会科学文献出版社，2021。

② 《加强人才专业化建设，2025年社工人才达到5万人目标！河南21部门联合发文推进社会工作发展》，大河网。

③ 《2021年河南社工站建设取得重大进展》，九派新闻网。

间性和自身角色定位认识存在一定偏差，行政依赖性较强，独立性偏弱，行业协会脱钩尚未完成，领导兼职社会组织现象虽有削减但影响依旧存在。在管理制度上，一部分社会组织尚未健全机构，诚信建设、自律能力及内部监管不到位，资金流向透明度偏低。在资金能力上，社会组织的运行资金多来源于政府扶持经费和购买服务支付，自主筹资发展能力较低。在业务认知上，普遍存在不能高质量完成承接的服务事项的情况，部分社会组织承接服务多是为了获取政府经费资助，而不管服务效果如何，给社会组织的公信力和社会认可度带来不良影响。三是社会组织欠缺专业人才队伍保障。一方面，社会组织缺乏高素质、高学历、高技术资质、强业务能力的人才，因此难以承接专业性较强的服务项目；另一方面，社会组织从业人员待遇普遍较低、发展空间有限，造成专业性人才流失。同时，一些社会组织之间存在争抢专业人才现象，甚至出现内部专业人员互挖的情况，影响社会组织提供高质量、专业化服务的能力。

三　河南引导社会力量积极参与基层治理的思路对策

（一）以政府管理与社会自治有效对接，统合自上而下与自下而上的两种治理力量

党的十九大报告明确指出："要推动社会治理重心向基层下移，发挥社会组织作用，实现政府治理和社会调节、居民自治良性互动。"① 这就进一步为基层社会治理中政府与社会自治间的关系标定提供了支撑，要加快构建起以互助、合作为指导方针的社会自治机制，不断提升自治水平和能力。要认清政府并非社会治理的唯一主体，切实转变政府职能，将自下而上的治理方式融入传统的治理体系中，实现从社会管理到社会治理的过渡，同时还应当适时调整国家与社会、政府与基层间的关系，实现治理力量和主体的多元化。同时，随着社会治理现代化的不断推进，基层治理的创新理念也正在深入人心，公民参与基层公共事务治理的意识与能力也在不断增强和提高，社会组织和公民个体都应认清自身定位，平等合作，共同成为

① 习近平：《决胜全面建成小康社会 夺取新时代中国特色社会主义伟大胜利——在中国共产党第十九次全国代表大会上的报告》，《人民日报》2017 年 10 月 18 日。

社会治理的主体，各尽其责，达到社会治理的理想状态。公共事务需要社会共治，社会共治归根到底是主体间的协同，没有公众与不同社会力量的多元参与就不会有完整的社会治理格局。因此，加强和改进基层社会治理，推进基层治理现代化必须改变政府职能，实现政府管理与社会自治的有效衔接。

（二）消除社会组织参与基层社会治理的内外障碍

判断一个社会达到治理现代化的标志就是治理主体的多元化，这种多元化的实现离不开现代社会组织的发展，其重要意义不仅是作为适应现代社会的必要产物，更是作为政府部门的补充力量，参与到社会治理体系中弥补政府在公共服务方面的欠缺。培育社会组织是当前完善社会职能的一项重要举措，要不断营造宽松的政策准入和社会环境，谨防行政干预，不断激发社会组织的内生活力，提升其参与社会治理的能力。一是要营造宽松的社会环境，减少行政力量的干预，激活社会组织发展的动力，自发形成有利于其产生的社会氛围和条件，提高社会组织自身的自主自治能力。二是要放低准入条件，吸引更多的社会组织参与到社会治理的大格局之中，多样化的需求产生多样化的社会组织。三是政府要认清社会组织、专业社工机构的服务理念与价值认识，真正领会“市场经济越发达，越需要专业的组织、机构和专业人员从事专业服务”，正确认识社会组织和社工、志愿者、义工在社会治理中的作用，更加重视社会组织参与社区治理的意义。此外，对社会组织的管理应该多采用软性措施，形成健康和谐、诚信自律的社会氛围。

（三）着力培育和发展新型社会组织，引导各种社会力量参与社会治理

从我国基层治理的实践来看，基层社会治理机制是在党建领导下进行的，一方面要坚守党组织作为领导核心的原则做好组织架构设计，做好强化基层党组织建设的各项工作；另一方面，要不断增强基层党组织协调全局的效力，完善基层党组织对群众组织、自治组织和社会组织的引领机制，支持集体经济组织、农民合作组织、新型社会组织等民间力量参与经济社会事务治理。尤其需要注意的是，当前河南农村地区的社会组织发展程度

较低，孕育机制很不健全，乡村社会组织普遍存在功能定位不准、自身建设不力等问题，专业人才队伍缺乏限制了其专业化水平提高和社会服务能力提升。这就需要我们进一步从治理机制优化上来提升社会治理，以政府、市场、社会的关系理顺集聚社会共治力量，大力培育新型社会组织，不断激活妇联、团支部、残协等公益性、互助性、服务性社会组织的活力，不断提升与拓展各类社会治理力量参与社会事务管理的积极度和纵深度，从而弥补市场化条件下政府在公共服务供给上的欠缺，推动各种社会自治力量积极参与基层社会治理。

第三节　加强和创新市域社会治理

市域是社会治理的重要单元，它无论是在所辖地域范围上，还是在拥有的治理资源上，都在国家治理大厦中具有举足轻重的地位。新形势下，加强和创新市域社会治理越来越被各地党委政府摆在重要位置，市域社会治理也被时代赋予了越来越重要的责任。加强和创新市域社会治理，推进市域社会治理现代化，不仅关系国家治理现代化的推进、“中国之治”的市域现代化治理模式探索，更关切民生福祉保障、社会安定维护，关系国家长治久安。

一　时代背景与现实意义

（一）加强和创新市域社会治理是推进国家治理现代化的时代任务

综览国家治理体系层级架构，市域社会治理是联结国家治理与基层治理的中间层级，切实做好市域社会治理工作关乎国家治理全局。从党中央的战略部署看，党的十九届四中、五中全会相继就“加强市域社会治理”做出了谋划安排，从国家治理现代化大局构建的角度着重强调了“加快推进市域社会治理现代化”[①]“加强和创新市域社会治理”[②]，以夯实社会稳定

① 《中共中央关于坚持和完善中国特色社会主义制度、推进国家治理体系和治理能力现代化若干重大问题的决定》，《人民日报》2019年11月6日。

② 《中共中央关于制定国民经济和社会发展第十四个五年规划和二〇三五年远景目标的建议》。

与国家发展稳固的治理基础。可以预见的是，市域社会治理作为国家治理体系重要层级，全国各地将在“十四五”时期和今后一段时期内不断推进其提质提速，通过积极探索社会治理的创新模式来促进共建共治共享社会治理制度的完善，为我国新发展阶段城乡深度融合进程中的社会治理走向和效度实现探寻新路子。这势必会有力带动社会治理现代化水平提升和基层社会治理创新实践深化，有利于夯实社会大局稳定的治理基础、促进平安社会建设进程，最终统一于推进国家治理体系和治理能力现代化的总体目标。

（二）加强和创新市域社会治理是维护社会和谐稳定与治国安邦的重要保障

一段时期以来，我国经历了举世瞩目的快速城市化进程且仍在持续，城市的数量和规模都获得了较大增长，与之相伴的是大量人口和资源的流动与集聚，而且大多数城市的实际情况是兼具城市形态和乡村地域。从这个意义上来说，市域单元是国家整体系统的最真实的中坚层级，它直接关联数量庞大的城乡人口，把握着丰富的治理资源，支配着关切民生的利益分配，是社会矛盾纠纷化解与治理的前沿防线，其治理运转和效度将直接影响城乡社会秩序和城乡发展格局。因此，认清了市域社会治理在国家治理格局中的显著地位和中枢作用，无论怎么强调市域社会治理的重大意义都不为过，关系社会和谐稳定的市域社会治理必须持续增强，深刻影响经济社会生活秩序、民众福祉增进、国家安全发展的市域社会治理必须不断强化，从而真正以市域社会治理创新推动国家治理实践深化，以市域治理安全有效保障人民安宁与国家发展稳固。

（三）加强和创新市域社会治理是探索具有时代特征、中国特色社会治理模式的实践要求

作为国家治理体系的重要中间环节，市域是功能较为齐全、力量整合较为强大的相对自主管理空间，能够较为有效地指导和推动基层社会治理实践。也正因为此，市域也天然地成为基层社会治理创新的生发地，具备先行先试开展基层社会治理模式探索的政策空间和实践空间。从实践上看，市域社会治理现代化的试点工作已在我国多省市进行，《河南省国民经济和

社会发展第十四个五年规划和二〇三五年远景目标纲要》就明确提出，要“积极推进市域社会治理现代化试点，探索具有河南特色、时代特征的市域社会治理新模式”。[①] 着眼于社会治理制度机制优化完善、社会治理实践中的突出问题，开展市域社会治理创新探索、模式构建，可以尝试多重治理手段、治理方式、治理力量去解决问题，有助于为社会治理政策制度调整、治理体系完善、治理机制优化提供实践借鉴，为推动社会治理现代化和国家治理现代化提供符合时代要求和本土特色的模式经验。

二　河南推进市域社会治理的实践

从近年来河南加强市域社会治理的具体实践看，许多地市都在加强市域社会治理上做了许多有益探索，形成了一些具有地域特色的河南治理样本。

（一）实践探索与运行成效

（1）家事审判“法院+”多元解纷的新乡模式。2015 年以来，新乡中院积极稳妥推进家事审判机制改革，制定了《关于推行家事审判机制改革的实施意见》，逐渐形成了多元社会力量参与的家事纠纷化解机制，开创了家事审判“法院+”多元解纷的市域社会治理新模式。[②] 从实践操作看，该模式建立了“党委领导、政府支持、综治协调、法院推动、社会参与”的运行体系，统合了法院、人民调解员、心理咨询师、志愿者等多方力量进行纠纷化解，规范了家事案件审理，创新了调解手段。从实践成效上看，该模式极大革新了家事审判理念，弘扬了传统家庭美德，在修复家庭、减压司法、社会和谐上都取得了积极效果。从社会影响上看，新乡家事审判在 2016 年被中央政法委确定为多元化解纠纷创新项目，2020 年被写入最高人民法院工作报告、入选全国“创新社会治理典型案例”。[③]

（2）“一中心四平台”的开封探索。2018 年以来，开封市主动适应社会结构的新变化和城市治理的新需求，在党建引领下持续推进“一中心四平台”建设，逐步探索出了“互联网+基层治理”新模式，促进了市域社会

---

① 《河南省国民经济和社会发展第十四个五年规划和二〇三五年远景目标纲要》，河南省人民政府网。

② 《河南省新乡市：家事审判“法院”多元解纷模式助推市域社会治理现代化》，搜狐网。

③ 《新乡法院家事审判工作再获殊荣》，详见澎湃新闻网。

治理和服务群众水平的提升。自2020年被确定为全国市域社会治理现代化第一期试点城市以来，开封市持续强化“一中心四平台”科技支撑优势，持续完善市域社会治理体系。具体来看，开封市突出党建引领，将全市各个领域的基层党员作为一个整体来抓，构建了党建引领基层治理的“1+7”制度体系，为开展“一中心平台”建设提供了重要的制度遵循。持续加强“一中心四平台”建设，依托“智慧开封”大数据平台建强市、县（区）、乡镇（街道）三级综合指挥中心，以“四个平台”（社会治安、市场监管、综合执法、便民服务）为依托，统筹优化各类公共服务资源以服务人民群众生活。从运行效果看，开展“一中心平台”建设有力促进了全域网格无缝覆盖，强化了基层工作队伍建设；借助网格化、数字化优势提升了基层治理效能水平；推进了群众关切的“八需八难”民生问题解决，提升了民众幸福感获得感，维护了社会和谐稳定。

（3）洛阳“党建+一中心+两基础+四治并进”的市域社会治理探索。近年来，为有效推动市域社会治理现代化试点工作开展，洛阳市始终坚持把“市域社会治理现代化工作”融入全市经济社会发展大局，成立了高规格工作小组以强化组织领导，推动社会治理实践难题破解，创造性形成了“党建+一中心+两基础+四治并进”的市域社会治理运行模式，在强化基层党建、激发社会活力、化解基层矛盾等方面取得了良好的治理效果。具体来看，此模式注重强化党组织建设以夯实基层基础，以高质量党建聚民心、引治理；以综治中心融合社会治理指挥中心、矛盾调处化解中心、社会心理服务中心，将其打造成了推进市域社会治理的核心平台载体，并以城乡社区（村）网格为基础形成了全市“一张网”统管的市域社会治理体系；结合时代发展和本地实际，积极推进“自治、法治、德治、智治”治理方式融合，有效提升了治理合力与效度。

（4）完善政府负责体制促进治理效能提升的鹤壁经验。近年来，鹤壁市着力强化社会治理中的政府主体责任，市域内各县乡在加强和创新市域社会治理实践中统一成立了以党政主要领导为组长的高规格领导推进小组，切实将基层社会治理现代化纳入各级党委政府的“十四五”规划中，完善了联动融合、集约高效的政府负责体制，提升了全域社会治理效能。[①] 从社

① 《河南鹤壁：完善政府负责体制 提升治理效能》，《法治日报》2022年4月15日。

会治理实践看，鹤壁市聚焦社会生活秩序持续推进“一评四会”治理机制，有效防范和化解基层矛盾纠纷，社会治安综合治理水平逐年提升。常态化开展“五强”乡镇、村和“五优”街道、社区创建，抓好党建引领、经济发展、社会治理、公共服务、城乡建设等，推动社会治理“城乡并进”。同时，盯紧发展与安全，不断压实各级各类主体责任，健全应急管理体系机制，社会公共安全管理水平日益提高。此外，鹤壁市借助近年来不断推进的5G智慧城市建设，不断优化社会治理信息化系统，让科技信息在社会治理、综治安全、公共服务中不断发挥效能。

（二）存在的主要问题

近年来，河南省各地市都将加强和创新社会治理摆在工作全局的重要位置，着眼于守护群众安宁、增进民生福祉、维护社会和谐等目标，进行了许多贴合现实、富有创造性的实践探索，也形成了一些治理成效突出、值得借鉴推广的经验模式。不可回避的是，河南市域社会治理在取得一定成绩的同时，也面临着若干个突出性的问题。概括来看，存在着市域顶层规划设计不足、实施方案的可操作性细化管理不够、基层治理主体能力弱化、层级高效联动不够等问题。

（1）市域顶层规划设计不足，实施方案仍需持续加强可操作化。推进市域社会治理工作，需要各地市委市政府这一主体发挥引领作用，从思路规划、宏图谋划上厘清本地市市域社会治理的目标方向与方案推进。然而，从一些地市的操作实践看，多数市域能够将市域社会治理工作当作重点工作进行部署安排，也出台了一些工作意见，但从多数地市缺失更具体的行动计划或方案、可操作性更强更细化的路线图、更明确的实施细则来看，许多地市都暴露出顶层规划不足、方案设计不全、行动细则缺乏等问题。值得注意的是，各县区乡镇等更基础层级在推动基层社会治理实践中本应该将治理举措落实、落细，或大胆创新治理方式，却存在基层社会治理实施意见或办法依然笼统不实的现象，难以有针对性地去指导实践、改进治理，这势必会影响市域社会治理体系的健全、市域社会建设标准的规范、市域社会治理力量的统合，进而延阻本地市域社会治理现代化进程，不利于推动全省社会治理创新实践发展。

（2）基层社会治理中存在“内卷化”问题。加强和推进市域社会治理体系与治理能力建设，关键在强化基层社区治理体系建设，最终落实到基层社区治理运转与治理效果呈现上。然而，当前基层社会治理中却存在着“内卷化”现象，影响着基层社会治理运行效果，制约着市域社会治理实践推进，需要给予高度重视。“内卷化”主要表现为内部的精细化、维稳化和压力化特征。[①] 在国家、省市出台的各种制度遭遇到复杂多元的基层社会后，内部设置部门越来越多，条块结构越来越复杂、低效，组织结构卷入精细化旋涡。“内卷化”之下的社会只在表面上消解了矛盾、促成了短期稳定，但并未从源头上解决社会问题。

（3）市域社会治理中的基层治理主体存在治理能力弱化和“空心化”缺位现象。社会治理有效目标的实现需要治理实践的不断深化推进，而实践操作的执行与创新改善靠的则是主体行动。毋庸置疑，无论是探索市域社会治理实践，还是推进基层城乡经济社会发展，呈现社会治理有效画卷，都需要实践主体、建设主体去行动、去奋斗，这就自然而然地指向了基层治理主体且要求其具备较强的治理能力。然而，从现实情况看，各治理主体在社会治理实践中的能力发挥普遍存在弱化倾向。基层党建和社会治理有机融合不够，存在对党建引领治理的思想认识不到位、党建“悬浮化”的情况，党建引领基层社会治理的作用发挥还不充分。贴近基层治理一线的县域治理体系、乡镇政权机制建设仍较弱，在财政保障力、社会整合力、公共服务力上都存在明显不足，急需结合市域治理现代化建设提升县域和乡镇治理能力。基层自治组织面对新形势下的社会治理发展态势和时代新要求，表现出自治能力弱、协调能力差等问题，其背后是治理主体的缺位、失位及能力不足问题，尤其是城镇化进程中的乡村“空心化”问题日益突出，严重削弱了乡村社会发展的主体动力和治理效能。可以说，现代化社会发展背景下的乡村治理所面对的一个最大的困境，就是乡村人口流失尤其是精英的缺位问题，需要有针对性地提升村民自治能力、协同合作能力和参与村务治理能力，消解村民主体被边缘化的风险。

三 河南推进市域社会治理的思路对策

新形势下，随着现代化河南建设的日益推进，市域社会治理作为基层

---

① 蔡辉明：《警惕社会管理中的“内卷化”现象》，《学习时报》2011 年 8 月 22 日。

社会治理的引领，其在推进社会治理现代化尤其是提升基层社会治理效能上将面临越来越重要的任务。推进新时代市域社会治理实践，必须坚持问题导向，瞄准实现社会治理现代化的总体目标，着力在完善市域社会治理体制机制、提升治理主体能力建设、创新治理方式方法等方面予以加强，不断增强市域社会治理效能。

（一）着力强化市域顶层规划，不断提升党委政府的治理领导力

规划是行动的先导，指导社会实践的开展。综观我国的治国理政实践，政策设计与规划行动在各个历史时期都是有力抓手，规划治理可以说是一个较为有效的经验。一个科学合理的政府规划方案往往能够有力推动社会实践发展与深化，促进经济社会良性运行。要切实推进市域社会治理，理当把握市域在社会治理中的特殊优势与资源基础，市域层级应发挥好做优顶层设计的作用，以完善合理有效的规划先行统筹市域全系统的社会治理行动，为城乡基层社会治理把向定航，使基层社会治理的拓展创新有政策依据、规划保障，也为市域内社会治理目标走向、治理标准、督导考核提供统一的基础支撑。除了走好市域社会治理整体规划的“先棋”，推进市域社会治理也需要首先完善市域社会治理制度机制，提高治理体系效能。为此，要不断强化市级党委、政府在社会治理体系中的领导力、统筹规划力建设。加强市级党委政府的全面领导，指导各地将基层社会治理的路线图、进度表、实施细则进行可操作化明确，引领护航社会治理实践创新。同时，深度促进党建引领与社会治理实践融合，发挥市级党委政治领导、组织整合、行动示范的作用。市级政府要借助自主施政的优势，统筹立法、行政、人事、资源等职能协调，构建市级内一体化的社会治理中枢平台，强化市级政府统筹力和聚合力。此外，市级政府也要敢于在政策空间内向基层放权赋能，使权责利和人财物对称向基层下沉，促进基层政府依法履责，不断提升基层治理能力和水平。

（二）统合凝聚各方共治力量，不断健全完善市域社会治理机制

当前，打造共建共治共享的社会治理格局已是社会基本共识。从本质上看，打造共建共治共享的社会治理格局，意在将政府、社会组织和公民个体全部纳入公共事务治理的主体框架，在平等的基础上相互协调，共同参与社会建设和社会治理，共同享有社会治理成果。事实上，治理主体多

元化本身就是社会治理现代化的基本标准，现代化市域社会治理应该是包括党委政府、市场力量、社会组织、居民等在内的多方共治。推进新形势下的市域社会治理，首先就是要不断提升完善市域社会治理的体制机制，最大限度地吸纳和汇聚各类治理力量提促社会治理，增进多元主体协同共治。这就要求我们，在开展市域社会治理的实践中，不但要在政策设计上做好通盘谋划，强化市级党委政府引领力、统筹力和聚合力，还要加强市域内社会性力量资源的整合，拓展共建共治共享的治理格局。要防范政府管理的越位问题，该交给市场和社会的就畅通渠道，真正建立政府和社会的良性互动机制，形成自上而下与自下而上两种治理力量的补充统合。要切实深化基层社会自治实践，强化基层民主协商治理，建立开放性的、保障民众权利和参与机会的民主表达机制，真正让民众等各类主体自由、有序、有效地参与基层社会治理，以增强社会认同与合力。要大力培育和扶植新型社会组织，加强对社会组织的监管，不断增强社会组织在社会治理中的作用。

（三）持续推进治理方式变革，不断提升市域社会治理运行效能

一直以来，加强社会治理方式方法的革新和改善都是推进社会治理创新的重要渠道。因为不管何时何地开展社会治理活动，总要依赖恰当的治理体系来推动社会治理运行，凭借治理技术运用和治理方式来助推社会治理效果呈现。近年来，河南省各地都结合自身实际，在创新社会治理方式、改进社会治理方法上进行了探索，力求发挥政治引领、法治保障、德治教化、自治强基、智治支撑作用，不断提升市域社会治理效能。新形势下，推进市域社会治理，首先要不断健全党建引领下的社会治理运行体系，强化社会治理的政治建设基础，把好市域社会治理的前进方向。其次，要构建“三治结合”不断深化的基层治理体系。从基层社会治理的主体核心看，要坚持自治为基，实现自我治理和自主治理的本质追求。要因应治理实践与环境条件变化持续拓展基层自治实践，激发民众参与公共事务的创造性和主动性，筑牢民主选举、民主决策、民主管理、民主监督的乡村善治基础，不断提升居民自治能力和基层活力。从基层治理的秩序运行看，要坚持依法而治，不断增强法治规范社会秩序、调适社会关系、优化制度环境的力量，夯实“三治结合”基层治理体系的底线保障。从社会治理的价值

自觉看，要坚持德治为先，德治是一种靠内在自觉而达到治理秩序的无形力量，更贴近治理核心，能够低成本、高效度地调和多元利益关系、增进社会文化认同，夯实社会善治的思想基础。此外，从社会治理的科技承载看，面对现代信息技术发展和治理形势变化，要推动现代科技与市域社会治理深度融合，把智能化建设上升为重要的治理方式，构建城乡一体的智能化社会治理体系，提升智慧治理水平和治理精细化。

后　记

正当中国迈步在全面建设社会主义现代化国家、实现第二个百年奋斗目标的新征程上，《建设幸福美好家园的河南实践》一书付梓了。《建设幸福美好家园的河南实践》是“习近平新时代中国特色社会主义思想的河南实践”系列丛书之一。本书深入贯彻习近平新时代中国特色社会主义思想，阐述落实习近平总书记关于美好生活、社会主义社会建设的重要论述，聚焦河南幸福美好家园建设的理论与实践，深入总结了河南在推进基本公共服务、强化就业、优化收入分配结构、健全社会保障体系、积极应对人口老龄化、促进妇女儿童和青年全面发展、建设高质量教育体系、提升居民健康素养、加强社会治理等方面的实践探索、进展成效、典型模式、经验启示等，探寻了新形势下河南推进社会建设、改善人民生活品质的路径方向。

本书在编撰的过程中得到了中共河南省委宣传部的悉心指导和大力支持。河南省社会科学院党委书记阮金泉、院长王承哲、副院长李同新高度重视系列丛书的创研工作。阮金泉书记多次提出指导性意见。王承哲院长全程参与本书的创研工作，在总体框架、撰写统稿、修改完善等各环节给予指导。院科研管理部给予了大力支持与帮助。人口与社会发展研究所所长陈东辉提出了全书的创研思路，明确了提纲框架。本书撰稿分工如下：前言，李三辉；第一章，刘畅；第二章，丁晓；第三章，马银隆；第四章，潘艳艳；第五章，孙月月；第六章，孟道琼；第七章，张侃；第八章，刘兰兰、冯金灿；第九章，杨旭东；第十章，李三辉。陈东辉、张侃、李三辉、潘艳艳对全书章节进行了统稿。在此，向所有参与本书编撰出版的同志表示衷心感谢。

让人民生活幸福是“国之大者”。正如习近平总书记所指出的：“牢记和践行为中国人民谋幸福、为中华民族谋复兴的初心使命，是贯穿我们党百年奋斗史的一条红线。”在新征程上，我们要牢记初心使命，持续以奋斗实干精神开创美好未来，不断推进和深化美好生活实践研究。由于水平有限，书中难免有差错和不妥之处，恳请读者批评指正。

编　者

2022 年 6 月

图书在版编目(CIP)数据

建设幸福美好家园的河南实践 / 陈东辉主编. -- 北京 : 社会科学文献出版社, 2022.9
ISBN 978-7-5228-0668-6

Ⅰ. ①建… Ⅱ. ①陈… Ⅲ. ①社会主义建设-研究-河南 Ⅳ. ①D676.1

中国版本图书馆 CIP 数据核字(2022)第 166351 号

建设幸福美好家园的河南实践

主　　编 / 陈东辉
副 主 编 / 张　侃　李三辉

出 版 人 / 王利民
组稿编辑 / 任文武
责任编辑 / 王玉霞
责任印制 / 王京美

出　　版 / 社会科学文献出版社 · 城市和绿色发展分社(010) 59367143
地址: 北京市北三环中路甲 29 号院华龙大厦　邮编: 100029
网址: www.ssap.com.cn
发　　行 / 社会科学文献出版社 (010) 59367028
印　　装 / 三河市龙林印务有限公司

规　　格 / 开 本: 787mm×1092mm　1/16
印 张: 17.75　字 数: 290 千字
版　　次 / 2022 年 9 月第 1 版　2022 年 9 月第 1 次印刷
书　　号 / ISBN 978-7-5228-0668-6
定　　价 / 68.00 元

读者服务电话: 4008918866